国家出版基金项目
NATIONAL PUBLICATION FOUNDATION

公共安全治理新格局丛书
New Patterns of Public Safety Governance Series

主　编 · **魏礼群**　　执行主编 · 李雪峰
Chief Editor · WEI Liqun　　Executive Editor · LI Xuefeng

社会安全治理新格局
The New Pattern of Social Security Governance

寇丽平　著
KOU Liping

北京 · 国家行政学院出版社
Beijing · Chinese Academy of Governance Press

图书在版编目（CIP）数据

社会安全治理新格局 / 寇丽平著 . —北京：国家行政学院出版社，2018.9
（公共安全治理新格局丛书）
ISBN 978-7-5150-2212-3

Ⅰ . ①社… Ⅱ . ①寇… Ⅲ . ①社会管理—研究—中国 Ⅳ . ① D63

中国版本图书馆 CIP 数据核字（2018）第 214272 号

书　　名 社会安全治理新格局
SHEHUI ANQUAN ZHILI XINGEJU
作　　者 寇丽平
策划编辑 张翠侠
责任编辑 曹文娟
出版发行 国家行政学院出版社
（北京市海淀区长春桥路 6 号，100089）
http://www.nsapress.com.cn
电　　话 （010）68920640　68929037
编 辑 部 （010）68922480
经　　销 新华书店
印　　刷 北京尚品荣华印刷有限公司
版　　次 2018 年 9 月北京第 1 版
印　　次 2018 年 11 月北京第 1 次印刷
开　　本 185 毫米 × 260 毫米　1/16
印　　张 16.25
字　　数 275 千字
书　　号 ISBN 978-7-5150-2212-3
定　　价 58.00 元

总序
Preface

公共安全是社会安定、社会秩序良好的重要体现，是人民安居乐业的重要保障。我国公共安全事件易发多发，公共安全问题处理得好不好，直接关系到人民生命财产安全、社会和谐稳定以至国家安全。正如习近平总书记强调的，“公共安全连着千家万户，确保公共安全事关人民群众生命财产安全，事关改革发展稳定大局”。

党的十八大以来，以习近平同志为核心的党中央把维护公共安全摆在更加突出的位置，作出了一系列部署。党的十八大提出要加强公共安全体系建设，十八届三中全会围绕健全公共安全体系提出了食品药品安全、安全生产、防灾减灾救灾、社会治安防控等方面体制机制改革任务，十八届四中全会提出了加强公共安全立法、推进公共安全法治化的要求。十八届中央政治局第二十三次集体学习专门讨论了公共安全问题。党的十九大又进一步重申“树立安全发展理念，弘扬生命至上、安全第一的思想，健全公共安全体系，完善安全生产责任制，坚决遏制重特大安全事故，提升防灾减灾救灾能力”。此外，党中央和习近平总书记就公共安全各领域工作作出了一系列新的部署。可以说，我国公共安全治理的新格局正在逐步形成。

“公共安全治理新格局丛书”，是阐释构建公共安全治理新格局的新理念、新战略、新政策、新措施、新方法的一套著作。丛书由国内相关领域的资深作者撰写，首批共包括六个分册：

第一分册，为《中国特色公共安全之路》。深入阐释习近平总书记关于“健全公共安全体系”“加快构建全方位、立体化的公共安全网”等战略思想，集中阐释我国公共安全治理新的总体理念、总体战略、总体政策，是全套丛书的总论部分。

第二分册，为《防灾减灾救灾新格局》。围绕防灾减灾救灾是“衡量执政党领导力、检验政府执行力、评判国家动员力、体现民族凝聚力的一个重要方面”

等论述，全面阐释自然灾害应对领域新的战略思想与战略布局，以及各级党委政府应当落实的新工作格局。

第三分册，为《生态安全治理新格局》。从“坚决筑牢国家生态安全屏障”的高度，系统阐释生态安全的新理念、新战略、新思路。

第四分册，为《食品安全治理新格局》。以落实“最严谨的标准、最严格的监管、最严厉的处罚、最严肃的问责”的思路，系统阐述食品安全治理体系，以及健全从农田到餐桌的每一道防线的工作机制。

第五分册，为《社会安全治理新格局》。以落实“系统治理、依法治理、综合治理、源头治理”的总体思路，深入阐释社会安全风险治理的系统工作思路。

第六分册，为《网络安全治理新格局》。全面阐释习近平总书记关于“要树立正确的网络安全观，加快构建关键信息基础设施安全保障体系，全天候全方位感知网络安全态势，增强网络安全防御能力和威慑能力”的要求，系统讲述各级党委政府抓好网络安全新的思路、方法与策略。

本套丛书具有如下特点：

第一，高端权威性。全面、深入阐释党中央关于公共安全治理的理念、战略与政策，为各级领导干部抓好公共安全工作提供权威的参考指南。

第二，思路创新性。着眼于国家治理现代化和全面深化改革的思路，各专题著作都在论述公共安全治理理念、战略、政策的基础上，对公共安全问题加以深度剖析，凝练核心概念，总括工作思路，前瞻性地阐发创新公共安全治理的思路与布局。

第三，实践应用性。本套丛书以各级党政领导和专业部门领导干部为主要读者对象，以领导干部工作需要为切入点，努力将思路、政策、策略、方法等提纲挈领地清晰表述，使丛书成为好用、管用的工作指导读本。

第四，内容可读性。本套丛书以读者为中心，努力成为读者友好型读物，在行文表述上力求表述生动、图文并茂、以案释理，成为好读、好用的政务参考书。

魏礼群

2018年5月

前言

Foreword

随着全球化的推进和信息化的发展，各种非传统安全威胁因素对社会安全的影响日趋复杂。在风险社会的大背景下，社会治理面临着更为严峻的形势。近年来，世界经济复苏乏力、局部冲突和动荡频发、全球性问题加剧的外部环境，使我国经济发展进入新常态。国安才能国治，治国必先治安。保证国家安全，是完善和发展中国特色社会主义制度，推进国家治理体系和治理能力现代化的有机组成部分。国家安全，必须在国家治理的大背景下来思考和筹划，必须以安全治理作为基本路径来维护和保障。2014年4月15日，习近平总书记主持召开中央国家安全委员会第一次会议并发表重要讲话，全面提出“总体国家安全观”，第一次明确地将社会安全纳入国家安全体系中，并赋予社会安全“保障”国家整体安全的重要职能。这一论述不仅大大提升了社会安全的地位，也深化了人们对社会领域问题的认知，标志着我们党和政府对社会治理的探索进入了一个新阶段。

社会安全要防范、消除、控制直接威胁公共秩序和人民生命财产安全的治安、刑事、暴力恐怖事件及大规模群体性事件等，为国家安全体系提供重要保障。党的十八大以来，我国进入“经济新常态”、新型城镇化大背景下的发展模式和转型阶段，面临更为复杂多变的新危机、新困境与新挑战，社会转型出现“新拐点”。随着经济的高速增长，各种矛盾和问题也不断累积。“经济新常态”下，不平衡、不充分的发展，导致矛盾纠纷频发，成为影响社会安全的重要因素。

社会安全治理是一项长期的、重要的和动态的系统工程，需要根据社会安全风险的发展变化，整合政府与社会的各种资源，不断创新治理理念，探索治理手段，以实现长治久安。2016年10月，习近平总书记就加强和创新社会治理作出重要指示，强调要继续加强和创新社会治理，完善中国特色社会主义社会治理体系，努力建设更高水平的平安中国，进一步增强人民群众安全感。这不仅是对完善中国特色社会主义社会治理体系的内容升华，也为社会安全治理指明了更高的起点和努力方向。在当前面临各种社会风险、社会问题的背景下，应当立足于社会治理的全局，坚持问题导向，通过精准定位、协同创新，挖掘、解决真正影响社会治安治理的社会问题，针对不同社会问题的不同层级，制定科学合理的解决对策。

本书紧密结合当前社会安全治理面临的新形势、新问题，围绕“五位一体”总体布局和“四个全面”战略布局，全面贯彻党的十八大和十九大精神，牢牢把握推进国家治理体系和治理能力现代化的总要求，在分析总结社会安全治理时代背景的基础上，运用风险社会的相关理论和方法，按照社会安全治理的时间发展规律，从社会安全风险预防、评估、预警、处置等阶段，全面描述了社会安全治理的战略新格局，以及当前在社会安全治理中的创新实践——立体化社会治安防控体系的建设。

本书分为社会安全治理总论、社会安全重点领域治理、社会安全风险阶段治理和社会安全治理创新四个主要部分。

第一，在社会安全治理总论部分，分析社会安全治理面临的时代背景和挑战，介绍国内外有关社会安全治理的理论，总结提炼社会安全治理战略的形成过程。围绕社会安全治理的总体目标，提出多元共治、协调互动、标本兼治、共享融合、创新驱动五大基本战略。

第二，在社会安全重点领域治理部分，针对当前社会安全治理中面临的恐怖袭击、群体性事件、黑恶势力、个人极端暴力等社会安全风险突出的重点领域进行独立分析，提出重点领域治理的基本思路。

第三，在社会安全风险阶段治理部分，按照社会安全风险发展的时间顺序，从社会安全风险的预防、准备到社会安全风险预警和社会安全事件应急处置。根据各阶段社会安全治理的特征，提出具体的治理措施。

第四，在社会安全治理创新部分，以立体化社会治安防控体系建设为社会安全治理实践探索，介绍社会治安防控体系的发展历程、基本构架、建设途径及运行机制，并以大连市的立体化治安防控体系建设为具体案例，对社会安全治理提供有益的借鉴。

为方便读者深入了解社会安全治理中面临的挑战，本书选取了“3·01”昆明暴力恐怖事件、平安北京人人参与、2010年系列校园砍杀、上海外滩踩踏事件等典型案例，在介绍案例基本情况的基础上，结合本书观点进行了点评。

社会安全治理是国家治理的重要组成部分，具有很强的实践性和时代性，本书坚持立足当前与着眼长远相结合，积极推动理念、制度、机制、方法创新，以期为各级领导干部在社会安全治理方面的实践工作提供决策参考。

作者

2018年6月

目录
Contents

绪论　社会安全治理概述

第一节　社会安全治理内涵演变

社会安全的内涵丰富，影响社会安全的因素复杂，不同国家在社会安全治理方面的理论和实践发展具有多样化和复杂化的特点，在公共安全体系建设中，需要明确社会安全、社会治理等基本概念的内涵和外延，创新社会治理，才能不断提升社会治理的社会化、法治化、智能化、专业化水平。

一、社会安全的内涵

社会指一个特定的地域内相互影响并分享共同文化的人们，[①]是共同生活的人们通过各种各样的社会关系联合起来的集合，是人类生存的基本形式。

“安全”是一个古老而现代的话题，作为人类社会的基本需要之一。从个体安全到群体安全，从生命安全到财产安全，是不同地区、不同历史发展时期的人们共同关注的问题。在远古时期，威胁人类安全的因素主要是各种自然风险，如地震、雷击、暴雨等。随着人类社会的发展，人为风险逐步成为主要威胁。人为风险的来源有两个方面：一是由于科学技术的发展对人体健康和生产活动带来的威胁，如汽车的普及带来的交通事故的增加；二是由于社会制度的复杂化带来的人文社会属性方面的威胁，如政治危机、群体性事件等。这两种属性的“安全”在英文中有两个词汇与之对应：safety和security。safety是指自然属性或准自然属性的安全；security是指社会人文性的安全，即有明显人文属性的安全。在《韦伯国际词典》中，security表示一种没有危险、恐惧、不确定状态，免于担忧，同时在一定的意义上还表示进行防卫和保护的各种措施。

---

① ［美］约翰·J.麦休尼斯.社会学（第14版）［M］.风笑天，译.北京：中国人民大学出版社，2015.

（一）社会安全的起源与发展

从人类文明的发展历程分析，社会的发展经历了农业文明时代、工业文明时代和全球化时代三种历史形态。

在农业文明时代，社会以领土及耕地的拓展和人口数量的增加为发展目的，对安全的要求主要表现在以国家为主体的领土安全、人口安全、政治安全、经济安全和军事安全等。社会的安全与发展简单地建立在国家的统治和管理上，并没有明确地被提出和研究。

进入工业文明时代后，由于科学技术的发展、社会生产力的提高，特别是机械、电力的发明使用，使人类征服和改造自然的能力大大增强，人类社会的生产能力也得到了极大地提高。社会的高速发展以经济发展为主导，除了领土安全、人口安全、政治安全、经济安全和军事安全以外，科技安全、社会安全、文化安全也逐步被纳入安全的范畴。人类生存环境的日益恶化和一些重大安全事件的发生，促使一些学者已经开始反思发展的代价问题。20世纪70年代初，罗马俱乐部在《增长的极限》这一报告中描述了片面追求经济增长所带来的环境污染、资源贫乏、人口爆炸、社会邪恶上升和核武器威胁等各方面严重的负面问题，以及造成的人与自然、人与社会的危机，从而使人类社会的存在和发展陷入困境。这一报告轰动了整个世界，社会安全意识被唤醒。

随着全球化的推进，国际间政治、经济以及文化等交流的进一步加深，社会的发展开始注重全面协调的可持续发展。全球化一方面为世界提供了高水准的安全，另一方面也使风险迅速波及世界各地，形成连锁反应。全球化给世界带来了空前的物质繁荣和社会进步，但同时也对危机具有扩大化的效应，为世界埋下了风险的种子。20世纪80年代以来，切尔诺贝利核泄漏事故、疯牛病、重症急性呼吸综合征（SARS）、恐怖袭击事件、禽流感等，使人们变得越来越敏感与恐惧，社会也变得越来越脆弱。此时的社会已是全球社会，此时的社会安全也不再仅仅是国家安全系统中的一个子系统，从宏观角度而言，社会安全已经超越了国家范畴站到了人类社会的高度，尤其是在德国著名学者乌尔里希·贝克提出“风险社会”论题以后，风险社会成了全球化时代的必然语境和社会安全与发展之间矛盾凸显的代名词，社会的安全与发展问题亟待分析和解决。

“社会安全”这一概念最早只是作为“国家安全”的子概念而出现的。当联合国最初提出“人类安全”概念的时候，也只是狭义地指“国家安全”，即保护国家利益和国内人民的生命财产，防止军事打击的侵害。这是因为当时正弥漫着对世界大战的恐惧。冷战结束后，随着两极格局的解体和全球化的发展，传统意义上的军事安全的重要性相对下降，过去在欧洲占据主导地位的军事安全和意识形态问题逐渐退居次席，但是其他形式的冲突却时有发生。一种提倡包括军事、政治、经济、环境和社会等在内的综合安全的新安全观开始占据国际安全研究的主要议程。非传统安全的研究日渐引起国内外学者的重视。真正社会本体意义上的社会安全概念最早见于巴瑞·布赞的《人民、国家和恐惧》一书，[①]他认为社会安全的客体是“社会”（society），而不是“国家”（state），意图突破传统安全研究以军事安全议程为主的国家中心主义范式，从而将安全的中心转移到社会上。

（二）社会安全的概念

人类社会是处在不断变化和发展中的有机整体和复杂系统。社会安全有广义与狭义之分。从广义上讲，无论是经济、政治，还是文化、科技等，都处于“社会”这个概念的范围之中。广义的社会安全是指整个社会系统能够保持良性运行和协调发展，把妨碍社会良性运行与协调发展的因素及其作用控制在最小范围内。它强调指出了社会安全既是一种社会现象，又是一种社会过程，是包括生态安全、政治安全、经济安全等在内的一种“大安全”。狭义的社会安全主要是相对于经济安全和政治安全而言的，是指除经济子系统与政治子系统之外其他社会领域的安全。具体来讲，狭义的社会安全是指社会公众享有安全和谐的生活和工作环境，以及良好的社会秩序，公众的生命财产、身心健康、民主权利和自我发展有安全的保障。它包括社会安全、交通安全、生活安全以及生产安全。狭义的社会安全则是相对于生态安全、政治安全、经济安全等而言的一种“小安全”。

《国家突发公共事件总体应急预案》将突发公共事件定义为突然发生，造成或者可能造成重大人员伤亡、财产损失、生态环境破坏和严重社会危害，危及公共安全的紧急事件，并将突发公共事件分为四类：自然灾害、事故灾难、公共卫生事件和社会

① Barry Buzan.*People*，*States and Fear*［M］.Brighton：Harvester Whestsheaf，1983.

安全事件。其中，社会安全事件主要包括恐怖袭击事件、经济安全事件和涉外突发事件等。《中华人民共和国突发事件应对法》则将突发事件定义为突然发生，造成或者可能造成严重社会危害，需要采取应急处置措施予以应对的自然灾害、事故灾难、公共卫生事件和社会安全事件。在实践中一般将重大刑事案件、恐怖袭击事件、涉外突发事件、经济安全事件、群体性事件、民族宗教事件等都归于社会安全事件的范畴。基于以上两个定义，在我国的公共安全体系中，社会安全与防灾减灾、生产安全、公共卫生安全是并列的，是一种以维护社会秩序和社会稳定为主要内容的更为具体的安全范畴。本书中的社会安全治理主要针对这一层面上的社会安全，是前述狭义社会安全中的一部分。

社会安全的指涉客体是"社会"，社会是一个不可被还原到个体的结构，社会安全指的是整个社会的安全，而不是社会内部某些团体和个人的安全。

社会安全不仅是一种客观存在，也是一种主观感知。社会是由群体认同界定的，因此社会安全实际上就是认同的安全，即关于巨大的、自我持续认同的群体安全。从衡量社会安全的社会稳定指标和公众安全感的角度看，社会安全比其他领域的安全更具主观性。

根据以上分析，在全方位立体化公共安全体系中，社会安全是以发现、控制和消除各种威胁社会秩序和社会稳定的因素为主要内容，预防治安、刑事、暴力恐怖事件及大规模群体性事件等社会安全事件的发生，降低此类事件造成负面影响的一系列过程或维持社会秩序和社会稳定的一种状态。

二、社会安全风险的内涵

社会安全风险在广义上是指一种导致社会冲突，危及社会稳定和社会秩序的可能性，是一类基础性的、深层次的、结构性的潜在危害因素，对社会的安全运行和健康发展会构成严重的威胁。一旦这种可能性变成现实性，社会安全风险就会转变成社会安全事件。在狭义上，社会安全风险是指由于所得分配不均、发生天灾、政府施政对抗、结社群斗、失业人口增加造成社会不安、宗教纠纷、社会各阶段对立、社会发生内争等社会因素引起的风险，仅指社会领域的风险。①

① 周文彬.转型时期中国社会风险评估指标体系研究［D］.武汉：华中师范大学，2007.

社会安全风险是量变前提，社会安全事件是质变结果；社会安全风险是社会安全事件处于萌芽阶段的潜在状态，社会安全事件是社会安全风险发展到一定阶段的必然表现。社会安全风险随时随地都存在于整个社会当中，并有可能危及社会的稳定和安全。时期不同、地域不同、环境不同，社会安全风险的水平也有所不同，不存在无风险的社会。只要采取适当的措施对社会安全风险加以控制，就能将风险水平限制在社会稳定与安全的临界阈值之内，保持社会的良性运行与和谐发展。当社会某一个或某几个领域的风险因素不断积累，并超出社会稳定与安全的临界阈值时，社会安全风险就会转化成社会安全事件，使潜伏的威胁演变为现实中的破坏，就会给社会的运行和人民的生活造成灾难性的影响，甚至会引发社会动乱或暴乱，具有极大的危害性。

三、社会治理的内涵

党的十八届三中全会审议通过《中共中央关于全面深化改革若干重大问题的决定》，提出要加快推进社会领域制度创新，推进基本公共服务均等化，加快形成科学有效的社会治理体制，确保社会既充满活力又和谐有序。社会治理理念的正式提出，表明我国更加注重政治、经济、社会和文化各领域的协调发展，标志着我国的社会建设进入了一个新的发展阶段。中国的社会治理既区别于西方的治理理论，又同传统的社会管理相区分，它与中国的社会转型和社会变迁紧密结合，在中国独特的政治、经济和文化发展背景之下，具有自身的理论特质和实践模式。

（一）治理的含义

“治理”一词在中西方长期存在，初始含义基本等同于“统治”，即控制、操纵的意思。1989年，世界银行在《撒哈拉以南非洲：从危机到可持续增长》的报告中，提出非洲发展问题的根源在于“治理危机”，“治理”这个概念才开始被更广泛地研究和运用。

20世纪90年代以来，一些西方学者在现代化的发展背景之下，对治理作出了更深入的解释，并形成了治理理论。美国学者罗西姆在《没有政府的治理》一书中将治理定义为：“一系列活动领域里或隐或显的规则，它们更依赖于主体间重要性的程度，而不仅是正式颁布的宪法和宪章。”他认为治理是一种在共同目标和规则支持下的活动，治理主体不一定是政府，也不需要依靠国家强制力量来实现。[①]库依曼和范·弗利埃特指出："治理所要创造的结构和秩序不能由外部强加；治理作用的发挥是要依靠多种进行统治的以及互相发生影响的行为者的互动。"[②]英国学者格里·斯托克则从治理主体的多元、治理责任的模糊、主体间权力的依赖、治理网络的自主以及治理工具的现代性五个层面对治理内容作了进一步的丰富和拓展。[③]

西方学者对治理理论的深入研究，拓展了国家和社会关系的分析框架，使人们看到了政府和市场在社会资源配置中的局限性。全球治理委员会于1995年在《我们的全球之家》研究报告中指出，治理是各种公共或私人机构在管理共同事务时所采用的方式的总和，是在调和各种社会冲突和利益矛盾时采取联合行动的持续性过程。它有四个特征：治理不是一整套规则和一种活动，而是一个过程；治理过程的基础不是控制，而是协调；治理既涉及公共部门，也包括私人部门；治理不是一种正式的制度，而是持续的互动。[④]这个阐释更具代表性和权威性，基本表达了治理的深层含义。

20世纪末以来，国内学者也开始对治理理论进行研究。毛寿龙将治理与统治、行政和管理区分开，他认为"治理"一词介于负责统治的政治与负责具体事务的管理之间，它是对以韦伯的官僚制理论为基础的传统行政的替代。[⑤]俞可平认为治理是指官方的或民间的公共管理组织在一个既定的范围内运用公共权威维持秩序，并在各种不同的制度关系中运用权力去引导、控制和规范公民的各种活动，以最大限度地增进公共利益，满足公众需要。[⑥]与"统治"（govern）不同，有效的"治理"（governance）是"善治"，[⑦]具备六个基本要素：一是合法性（legitimacy）；二是透明性（transparency）；三是责任性（accountability）；四是法治（rule of law）；五是回应（responsiveness）；六是有效（effectiveness）（见图0-1）。

---

① ［美］詹姆斯·罗西姆.没有政府的治理［M］.张胜军，刘小林，等，译.南昌：江西人民出版社，2001.

② 张宝锋.现代城市社区治理结构研究［M］.北京：中国社会出版社，2006.

③ ［英］格里·斯托克.作为理论的治理：五个论点［J］.国际社会科学（中文版），1999（2）.

④ 张国庆.公共行政学［M］.北京：北京大学出版社，2007.

⑤ 毛寿龙.西方政府的治道变革［M］.北京：中国人民大学出版社，1998.

⑥⑦ 俞可平.治理与善治［M］.北京：社会科学文献出版社，2000.

图0-1 治理的六个基本要素

（二）社会治理的概念

社会治理指政府管理社会事务的一种全新的管理模式，它通过政府部门、社会组织、市场部门之间的合作协调来解决社会事务中存在的实际问题。一般将以治理理念为指导的社会管理统称为社会治理，即在一个既定的空间范围内，由多元行动者运用各自权威对社会组织、社会事务和社会生活进行规范、协调和服务的过程，其目的就是满足社会需求，维持社会秩序，实现社会善治。①

社会治理最大的特点，在于它强调处理社会事务过程中多元主体的平等性以及政府主体的服务性。“社会治理蕴涵了服务至上和公正至上的管理理念，它既要将政府从包揽一切的财政重负中解脱出来，又要谋求社会多个主体、多种力量的协商合作；既要增强私营部门、公民社会的活力和自主性，又要保证私营部门和公民社会对具体意义上的公众负责；既要提高社会管理的效率，又要保证社会管理过程和结果的相对公正。”②

从“社会管理”到“社会治理”的转变只有一字之差，但是其含义却有很大的不同。“管理”是指在特定的环境下，通过“人”这个中心，对组织拥有的资源进行分配、计划、管理，达到组织既定的目标。从狭义来说，管理就是指挥他人进行工作。而“治理”是指政府管理的行为方式及调节政府行为的机制。“治理”与“管理”之间最大的不同，就在于治理的权威并不是完全靠政府来支撑，而是可以和非官方的人员或者组织协调和合作。另外，“管理”有明确的上下级关系，无论上级的工作对错与否，下级都要服从上

① 张瑜.从社会管理走向社会治理：内涵、动力与路径分析［J］.北方民族大学学报：哲学社会科学版，2015（4）：96–98.

② 孙晓莉.西方国家政府社会治理的理念及其启示［J］.社会科学研究，2005（2）.

级的管理，而“治理”则注重于官方与非官方对参与国家和社会事务的平等参与，从而找到解决问题的最佳途径。从“治理”的提出，可以看出以习近平同志为核心的党中央，在国家治理思想上的转变，这是一个巨大的进步，有利于促进社会更广泛地参与，有利于激发社会的活力，有利于更好地维护人民群众的利益。从“管理”到“治理”，显而易见，是从一元到多元、单向到互动的最终实现公共治理的过程（见表0-1）。

表0-1　社会管理与社会治理

	社会管理	社会治理
主体	政府	政府、社会组织、企事业单位、社区组织
本质	指挥、支配	引导、服务与平等参与
方式	强制、交换、惩罚、激励、沟通、说服	合作、对话、协商

四、社会安全治理的内涵

安全是社会发展的基石，在公共安全体系建设中，社会安全治理不仅是总体安全治理的重要组成部分，也是其他领域安全治理的重要基础和基本保障。

（一）社会安全治理的概念

社会安全治理是以治理理念为引领，根据社会安全风险的演化规律，通过制度安排，化解社会矛盾，降低社会安全风险，保障社会公正，实现社会安全。

与防灾减灾、生产安全和公共卫生安全相比，社会安全的威胁因素主要是人为因素，且大多具有主观故意性。由于全球化和信息化的影响，自然灾害、事故灾难、公共卫生事件发生后如果处置不当也可能对社会安全造成威胁。社会安全的内容复杂性、威胁多元性、演变的不确定性和连带性，都大大增加了社会安全治理的难度。

当前我国正处于重要的战略机遇期，也是社会矛盾凸显期。社会矛盾是影响社会安全的因素。毛泽东说过有进步就会有矛盾。伴随着我国经济飞速发展，社会矛盾也渐渐显露出来。从实质上看，社会矛盾可分为两类：一是合法形式的社会矛盾，这类社会矛盾的冲突程度较轻，社会危害较小，一般可以通过合法途径解决；二是非法形式的社会矛盾，与合法形式矛盾相反，社会危害严重，而且会对正常的社会秩序构成严重威胁。近年来，我国社会矛盾总量不断上升，其中合法矛盾比例在下降，非法矛盾比例在不断攀升，反映出我国社会矛盾不但数量多而且日益严重的特征，对社会秩序将产生较大的负面影响。无论在社会发展的任何阶段，稳定的社会秩序都是社会生活正常进行的必要条件，是社会治理追求的理想状态，更是国家繁荣兴盛的根本前提。因此，为了构建社会主义和谐社会，社会治理要坚持以人为本，以关系群众切身利益的现实问题为切入点，化解社会矛盾，稳定社会秩序，使社会各部分在发展中达到动态平衡。

公正是和谐社会的本质和基石，是社会主义核心价值观的主要组成部分，反映社会成员对合理社会规范、社会秩序和分配格局的诉求，是党和政府的一贯主张和矢志不渝的奋斗目标。公正是具体的，在不同的领域有不同的内涵，如经济领域的公正主要是指商品买卖双方的等价交换，社会领域的公正则是指所有社会成员都能共享改革发展的成果。公正也是相对的，社会发展程度决定社会公正的现实程度。我国正处于并将长期处于社会主义初级阶段，经济社会发展水平决定了我国唯一公正的分配制度应该是以按劳分配为主，以多种分配方式为辅。在此制度下允许产生差距，但这种差距应该是在社会成员可接受范围之内的基于公平分配方式的收入分配差距。实现社会公正是社会治理的具体目标之一，更是社会治理现代化的重要衡量尺度。

（二）社会治安综合治理

社会治安综合治理是指在各级党委、政府的统一领导下，各有关部门充分发挥职能作用，齐抓共管，依靠广大人民群众的参与和支持，通过综合运用政治、经济、行政、法律、文化、教育等多种手段，预防和打击违法犯罪，整治社会安全秩序，化解社会矛盾纠纷，维护社会稳定，促进社会和谐的一项系统工程。社会治安综合治理是一项具有鲜明中国特色的治安方略，也是社会安全治理的初步探索。

“礼乐刑政，综合为治”的治国理念，是我国古代治理国家的核心思想之一。我们党和国家在革命与建设时期，依靠群众保卫和巩固政权的生动实践，为社会治安综合治理思想的逐步形成提供了经验基础。在改革开放前夕，中央关于“统筹解决社会治安问题”要求的提出，标志着社会治安综合治理思想趋于概念化。社会治安综合治理理论最早形成于20世纪70年代末，80年代初，正式提出社会治安综合治理方针。

社会治安综合治理工作从20世纪90年代初开始进入新的发展阶段。1991年1月，中共中央在烟台召开了全国社会治安综合治理工作会议，总结了过去10年开展社会治安综合治理取得的成绩和探索的成功经验，明确了今后的大政方针和工作任务。随后，中共中央、国务院和全国人大常委会分别作出了《关于加强社会治安综合治理的决定》，深刻阐述了对社会治安实行综合治理的重要意义，明确了社会治安综合治理的指导思想、基本原则、工作范围、主要任务和基本方法等，成为指导社会治安综合治理的纲领性文件。1992年召开的党的十四大特别强调加强社会治安综合治理工作，在修改后的《中国共产党章程》中，增写了“加强社会治安综合治理，保持社会长期稳定”的内容。1997年召开的党的十五大和2002年召开的党的十六大进一步强调，维护社会安全，要坚持“打防结合、预防为主”的方针，全面实行综合治理。

2006年，党的十六届六中全会明确提出了构建社会主义和谐社会的新理念、新思路、新途径、新目标，并在《中共中央关于构建社会主义和谐社会若干重大问题的决定》中指出：“坚持打防结合、预防为主、专群结合、依靠群众的方针，完善社会治安防控体系，广泛开展平安创建活动，把社会治安综合治理措施落实到基层，确保社会治安大局稳定。”2007年，胡锦涛在党的十七大报告中强调，要“健全社会治安防控体系，加强社会治安综合治理，深入开展平安创建活动，改革和加强城乡社区警务工作，依法防范和打击违法犯罪活动，保障人民生命财产安全”。

2016年，习近平总书记就加强和创新社会治理作出重要指示，强调要继续加强和创新社会治理，完善中国特色社会主义社会治理体系，努力建设更高水平的平安中国，进一步增强人民群众安全感。完善社会治安综合治理体制机制，加快建设立体化、信息化社会治安防控体系，各级党委和政府要高度重视社会治理工作，落实社会治安综合治理领导责任制，切实肩负起促一方发展、保一方平安的政治责任。

2016年10月，在全国社会治安综合治理创新工作会议上，时任中央政法委书记、中央综治委主任孟建柱强调，要深入贯彻习近平总书记系列重要讲话和关于加强和创新社会治理重要指示精神，主动适应新形势，立足当前、着眼长远，坚持创新引领，积极推动理念、制度、机制、方法创新，不断提高社会治理社会化、法治化、智能化、专业化水平，努力实现对各类风险从被动应对处置向主动预防转变，建设更高水平的平安中国，进一步增强人民群众的安全感。

第二节　社会安全治理的时代背景与挑战

随着世界多极化、经济全球化、文化多样化以及社会信息化的深入发展，不稳定、不确定因素急剧增多。我国也发生着广泛而深刻的变革，面临着前所未有的新情况和新问题。在此背景下，社会安全治理面临新的阶段性特征，既蕴含新机遇，也伴随新挑战。

一、新时期社会转型的“新拐点”与困境

我国在整体上实现了从计划经济体制向市场经济体制、从传统社会向现代社会以及从封闭性社会向开放性社会的转轨、转型和变迁。改革开放40年来，我国稳定解决了十几亿人的温饱，总体上实现了小康。党的十四大报告指出，“11亿人民的温饱问题基本解决。”党的十六大报告指出，“人民生活总体上达到小康水平”，并正式宣告，到2020年全面建设惠及十几亿人口的更高水平的小康社会。党的十八大提出，2020年实现全面建成小康社会的宏伟目标，在新中国成立100年时建成富强、民主、文明、和谐的社会主义现代化国家。在新中国成立特别是改革开放以来我国发展取得的重大成就基础上，以习近平同志为核心的党中央，解决了许多长期想解决而没有解决的难题，办成了许多过去想办而没有办成的大事。取得了改革开放和社会主义现代化建设的历史性成就，为决胜全面建成小康社会和实现中华民族伟大复兴中国梦夯实了基础。2013—2016年，国内生产总值年平均增长7.2%，高于同期世界2.6%和发展中经济体4%的平均增长水平。2012—2016年，人均国民总收入由5 940美元提高到8 000美元以上，接近中等偏上收入国家的平均水平。虽然巨变后的经济、社会和文化等各个方面得到了迅速的发展和繁荣，创造了大量“社会成果”，社会整体格局在一个时期内呈现出“稳定性”的特征，但也对资源、环境以及大众日常生活造成了诸多“社会代价”。在经济新常态、新型城镇化大背景下，进一步深化改革，打破业已形成的“稳定性”依然困难重重，转型秩序面临更为复杂多变的新危机、新困境与新挑战，呈现出社会转型的“新拐点”层面。

从国际格局层面看，世界正经历大变革、大调整，合作与竞争同步上升。我国与世界的互动持续加深，国际因素的倒灌效应和国内因素的溢出效应相互交织。从经济发展层面看，世界经济复苏乏力，经济全球化出现波折。我国经济运行总体平稳，新常态特征明显，但新旧发展动能转换需要一个过程，经济下行压力依然较大。新产业、新业态快速发展，为经济发展创造了新的增长点，也给社会和谐稳定带来潜在风险。从社会变革层面看，随着新型工业化、信息化、城镇化、农业现代化发展，社会日趋开放多样，人们生产生活方式、社会组织动员形式发生深刻变化，社会自组织日益活跃，原有的社会规范和管理手段逐渐弱化。从科技革命层面看，随着移动互联网、物联网及大数据、

云计算、人工智能的发展，人类生活所经历的一切都在转变，为人们的生产生活带来诸多便利的同时，新技术在违法犯罪领域的应用也使社会安全陷入更为多元复杂的困境。

二、“经济新常态”背景下的社会安全挑战

“经济新常态”在推进缓和以往经济高速增长期累积的矛盾和问题的同时，也带来了新的矛盾和问题，如经济增速下降和实体企业盈利下滑等现实状况所导致的一些企业经营困难、失业人员增多和就业问题凸显，欠薪、裁员和改制等所引发的劳资纠纷，以及不良贷款、地方债务和非法集资等风险点增多等，都是造成民间纠纷频发的重要原因。党的十九大报告提出，中国特色社会主义进入新时代，我国社会主要矛盾已经转化为人民日益增长的美好生活需要和不平衡不充分的发展之间的矛盾。

（一）刑事案件数量总体下降

国家统计局公布数据显示，2010—2016年，公安机关立案的涉及人身安全的杀人、伤害和抢劫等几大主要刑事案件类型的数量呈持续下降趋势（见图0-2、图0-3）。通过对比2016年与2010年的数据显示，杀人刑事案件由13 410起下降到8 634起，下降比率为35.62%；伤害刑事案件由174 990起下降到123 818起，下降比率为29.24%；抢劫刑事案件由237 258起下降到61 428起，下降比率高达74.11%。人身安全是基础性安全，相关数据的持续下降，表明我国社会治安防控体系在不断加强和完善，为维护社会大众人身安全作出了卓越贡献，并取得了巨大成就。

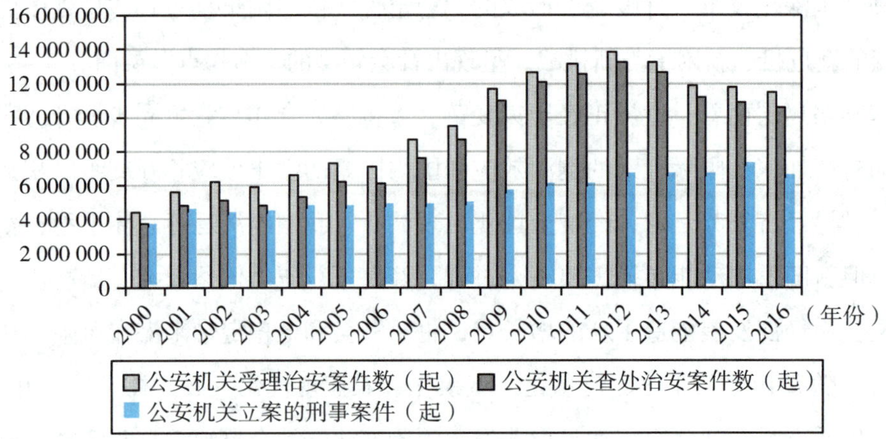

图0-2　2000年以来的治安案件、刑事案件统计

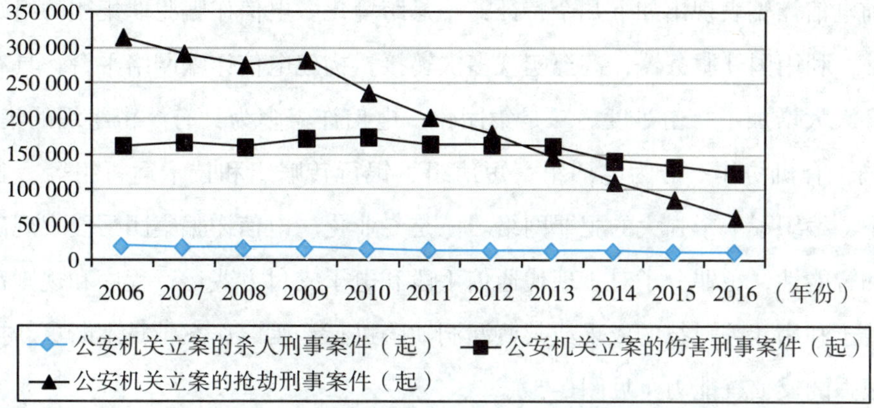

图0-3　公安机关立案的典型刑事案件

（二）诈骗案件案数下降、金额上升

近年来，诈骗案件数量呈现逐年迅猛上升态势。2016年，我国诈骗案件数量出现“新拐点”，呈现案件数量的首次下降，由2015年的1 049 841起下降到2016年的979 956起，下降幅度为6.66%（见图0–4）。需要注意的是，在诈骗案件立案数不断下降的过程中，涉案总额不断上升，特别是大案要案的平均金额达到过亿元。换言之，呈现出诈骗案件“案数下降、金额上升”“小骗下降，大骗上升”的新特点。2017年2月，陕西省潼关县立案侦查的“假黄金骗贷案”，涉案金额达到百亿元，给社会大众的财产安全带来了巨大损害。

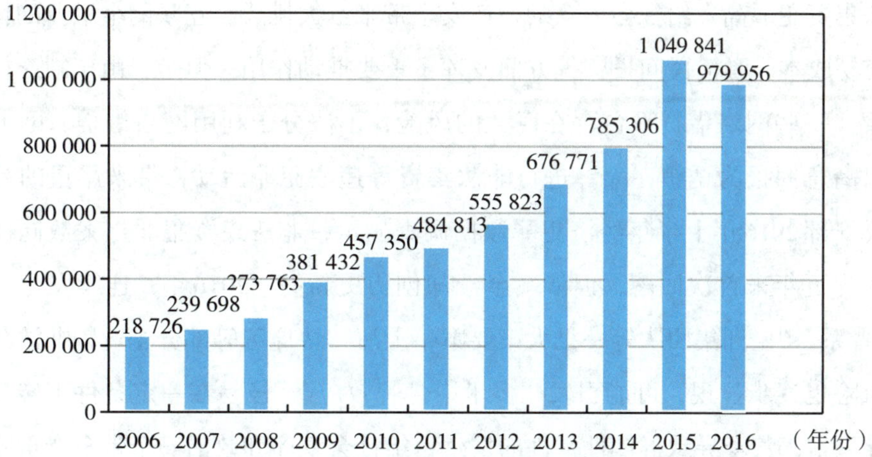

图0-4　公安机关立案的诈骗刑事案件（起）

当前电信诈骗表现出如下几个特征：一是跨境化。电信诈骗犯罪集团的组织者常常身在境外，利用国外服务器，甚至实现多次转接，构建电信诈骗网络平台，具有极强的隐蔽性，大大增加了打击难度。二是集团化。电信诈骗多为具有严密组织的集团作案，分工明确，有机协作，分为电话组、短信组、银行转账组和技术运行组等，表现出极高的效率，编织了一个强大的犯罪网络。三是专业化。电信诈骗集团手段表现出极强的科技性和智能性，犯罪分子对于现代通信手段和电子支付方式运行程序和规则都十分熟悉，极善于利用相关科技的成果或某些漏洞缺陷进行诈骗，作案工具不断更新换代，而且具有很强的反侦查能力（见图0-5）。

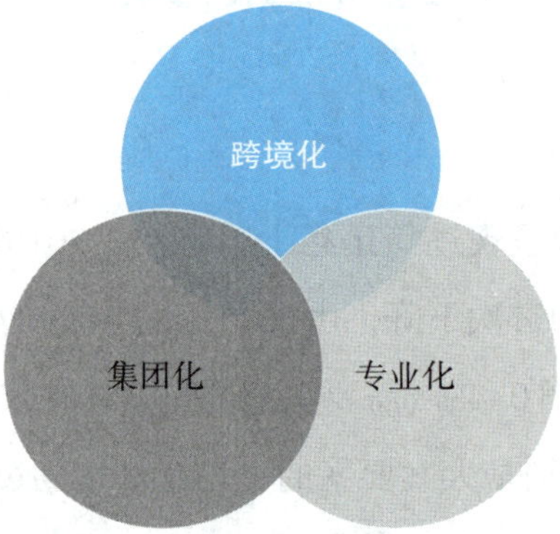

图0-5　电信诈骗的特征

（三）非法集资犯罪高发形成新的社会安全风险

非法集资犯罪高发给社会公众的财产安全带来巨大挑战。互联网金融业的快速发展在降低交易成本、激活民间投资等方面发挥了重要推动作用。但是，由于缺乏标准、规范和监管，一些网络借贷平台存在巨大的风险，不法分子利用网络借贷、网上理财等名义，以高息回报为诱饵，大肆进行非法集资等违法犯罪活动，带来严重的社会安全隐患。公安部2016年上半年经济犯罪数据调查显示，非法集资犯罪立案数同比出现下降趋势，为近年来首次回落，但涉案金额却创历史新高。2016年，连续发生“大大集团”“中晋系”“望洲集团”等一批大案要案，上海“快鹿”等部分企业因非法集资导致的资金风险也逐步显现，可能引发“多米诺骨牌效应”，极易在一定条件下转化为社会风险的导火索，甚至导致群体性事件的发生，给社会秩序和政治安全带来严重隐患。

2015年以来，“e租宝”“泛亚”等大案要案，表现出涉案金额大，涉案人数多，涉案地域广的特征。“e租宝”事件涉案金额达500亿元，涉案人数超过90万人，涉及31个省份；“泛亚”事件涉案金额达430亿元，涉案人数为22万人，涉及20个省份和地区。2016年上半年，因非法集资引发的群体性事件数量同比大幅上升，涉案群体规模不断扩大，并且呈现出组织化程度提高、网上网下联动突出、连锁反应趋势明显和对抗性破坏力增强等新动向、新特点，甚至出现向政治领域传导的趋向。“群体性事件”出现以来，经历了从“治安概念”迈向“政治概念”的发展历程，意味着群体性事件从以公安部门作为治理主体迈向多元治理系统，从社会结构、资源配置和社会关系等复杂维度进行调整协调的发展过程，这也对我国的治理能力和治理水平提出了新的挑战。

值得注意的是，非法集资中的证券期货领域犯罪也呈现出大幅增多的新趋势。证监会、审计署等部门移送案件或线索数创历史新高，并表现出一些新动向：证券交易所、证券公司、基金公司等从业人员犯罪问题突出，上市公司拟并购企业和拟借壳上市企业财务造假问题凸显，以及利用“新三板”实施犯罪的案件开始出现，等等。

（四）走私犯罪数量连年上升

随着经济的发展，我国走私犯罪的数量呈现出连年上升的趋势。通过对比2010年和2016年的数据显示，走私犯罪案件总数由1 105起增加到2 407起，同比增加了54.09%。虽然走私犯罪案件与其他刑事案件类型相比基数较小，但是涉案金额巨大。2017年1—9月，全国海关共立案侦办走私犯罪案件2 601起，已经超过2016年全年的走私犯罪发案总数。其中，立案侦办涉税走私犯罪案件1 340起，包括侦办农产品走私犯罪案件398起，案值64.8亿元；立案侦办成品油走私犯罪案件185起，案值57.4亿元；立案侦办电子产品走私犯罪案件125起，案值21.2亿元。如果这些走私物品流入市场和社会，将会严重威胁社会稳定和市场秩序。

近年来我国走私犯罪案件呈现出如下新特点（见图0–6）。

1.地域集中化

走私犯罪受地理环境及经济发展影响，多发生在沿海地区。例如，我国东部沿海地区，具有港口贸易规模较大、来往船只较多、经济比较发达的区域特点。

2.组织化

走私犯罪多为具有结构严密、分工明确的组织作案，成员之间协作密切，各司其职。2017年杭州海关破获一起案值4亿元的成品油走私大案，一举抓获犯罪嫌疑人20

余名，以温州籍许某夏为首的走私犯罪团伙在“将货船改造成油船”“从公海购买成品油”“卸货和销售”等环节中相互配合，有机协调，呈现出组织化的特征。

3. 隐蔽性

网络信息技术的快速发展也逐渐被应用到走私犯罪领域，导致其犯罪手段不断推陈出新，表现为极强的隐蔽性。如近年来飞速发展的互联网海外代购行业中，很大一部分是非法代购，存在着偷逃关税、逃避海关监管的走私犯罪活动，海关部门很难监察到不合法的证据来对其进行检查和惩罚，同时代购商品的销售渠道多以网络渠道进行交易，进一步呈现出隐蔽化的特征。

图0-6　走私犯罪新特点

三、新型城镇化进程中的社会安全危机

所谓“新型城镇化”，是指坚持以人为本，以新型工业化为动力，以统筹兼顾为原则，推动城市现代化、城市集群化、城市生态化、农村城镇化，全面提升城镇化质量和水平，走科学发展、集约高效、功能完善、环境友好、社会和谐、个性鲜明、城乡一体、大中小城市和小城镇协调发展的城镇化建设路子。党的十八大提出“新型城镇化”概念，显著提升了城镇化的地位和作用，明确了新型城镇化的发展方略。2013—2017年，我国的城镇化率年均提高1.2个百分点，8 000多万名农业人口转移成城镇居民。党的十九大报告提出要推动新型工业化、信息化、城镇化、农业现代化同步发展，主动参与和推动经济全球化进程，发展更高层次的开放型经济，不断壮大我国经济实力和综合国力。

新型城镇化进程中城乡分割的二元户籍制度、生态环境危机、缺乏协调合理规划以及经济产业转型失序等问题严重威胁社会安全。以社区为基点，新型城镇化还存在着诸多发展的困境。

（一）“村改居”社区治理困境凸显

2016年2月，国务院发布《国务院关于深入推进新型城镇化建设的若干意见》，提出“促进新型城镇化有序开展”。在城镇化过程中，城市周边地区涌出诸多“村改居”社区。“村改居”社区作为一个过渡性社区，是伴随着城镇化进程而产生的，面临着集体经济发展瓶颈、组织关系不顺、居住人口结构复杂且流动性强、公共服务落后、居民的就业和社会保障不足等问题。传统的社区安全治理资源日益瓦解，新模式又尚未构建形成，造成社区犯罪和治安侵害频发、社区矛盾纠纷不断的安全困境。此外，“村改居”社区居民大多是“被抛入”城市，呈现出文化“他者”的迷茫，社区居民自身参与社区安全治理的意愿薄弱造成治理体系的缺位。因此，在未来一个时期，“村改居”社区安全依然面临着严重困境。

（二）“短租房”集中社区安全威胁严重

根据实地调查了解，社区中的“短租房”成为当前威胁社区大众生命财产安全和日常生活秩序的重大漏洞。当前，以公安机关为主体构建的旅店业信息管理系统已经基本建成并得到不断完善，对恐怖主义等违法犯罪分子进行及时有效的监管防控。但在房屋租赁领域，大部分地区还尚未构建完善的信息登记系统，“随便编个身份证号就能入住”“对入住者身份信息并不核实”的情况时常发生，导致“短租房”成为从事卖淫嫖娼、吸毒贩毒违法犯罪行为和暴恐分子藏身的关键隐匿区域，对社区安全秩序带来严重威胁。我国部分地区公安机关职能部门还存在“短租房”管理职责不清的问题，“房屋租赁”与“黑旅店”分别由分管社区警务工作的人口部门和分管旅店业的行业场所管理部门负责，但“短租房”概念在实践管控中却常常难以区分确定，监管缺位问题严重。

（三）“拆围墙”的社区安全争论与质疑

2016年2月21日，中共中央、国务院发布了《关于进一步加强城市规划建设管理工作的若干意见》（以下简称《意见》），提出“新建住宅要推广街区制，原则上不再建设封闭住宅小区。已建成的住宅小区和单位大院要逐步打开”。《意见》的发布引起了学术界、实务界以及社会大众的广泛讨论。依据国际经验，拆除围墙并推行街区制是“打通城市交通毛细血管”的形势必然。但与此同时，也对社区安全提出了重大挑战，如交通安全、家居安全、老年人与儿童安全以及其他治安威胁等。因此，围绕社区安全议题将成为推进《意见》在未来一个时期内开展相关工作的重要面向。

四、科技信息犯罪引发的社会安全失序

曼纽尔·卡斯特尔（Manuel Castells）指出，信息网络技术的发展使人类社会发生了重要的变化，塑造了一个不同于农业社会和工业社会的人类社会文明，将其称为网络社会。信息网络在为人类生产生活提供便利、提高效率和效益等方面发挥重要作用的同时，也给人们日常生活带来诸多风险。社会互动从传统的时空范围中分离出来，进入了以信息化和数字化为载体的“脱域”互动形态，因网络社会具有虚拟性、开放性、隐蔽性和复杂性等特征，其运作应用存在诸多风险，各种形式的电子诈诈、电子色情服务、网络非法交易、网络侮辱诽谤、网上侵犯商业秘密以及网上组织邪教组织等违法犯罪案件日益增多。当前，利用新技术手段操纵证券、期货市场等违法犯罪呈日益恶化趋势，非法吸收公共存款、利用网贷平台集资诈骗等涉众型经济案件多发，动态化、智能化电信诈骗等新型犯罪增多，存在防范难、取证难和打击难的困境。

此外，利用互联网从事渗透活动加剧，网上造谣传谣问题突出，网络攻击、窃密等网络安全威胁加大，网络贩枪贩毒、卖淫招嫖、赌博、诈骗等违法犯罪持续高发，导致社会安全治理面临更为严峻的困境和挑战。互联网的便捷性、虚拟性和跨界性形成了犯罪成本低、犯罪主体隐蔽和犯罪危害广的特征，在具体打防管控工作中，依然存在侦查技术滞后、部门协调不顺畅、法律法规不健全和公民防范意识淡薄等问题，使社会治安防控体系陷入防范打击成本高、犯罪主体身份识别难和属地管辖办案难的困境，严重阻碍了虚拟社会的安全有序运行。

在对新型犯罪的打击防控方面还存在诸多不足：一是资源共享失调。2014年6月9日，习近平总书记在中国科学院第十七次院士大会、中国工程院第十二次院士大会上的讲话指出，多年来，我国一直存在着科技成果向现实生产力转化不力、不顺、不畅的痼疾，其中一个重要症结就在于科技创新链条上存在着诸多体制机制关卡，创新和转化各个环节衔接不够紧密。在打击科技信息犯罪方面，存在共享意识不足的问题，缺乏顶层设计和整体规划，“信息孤岛”问题较为突出，网络基础设施建设常常各自为政，缺少沟通，各地区、各部门的硬件更新、软件升级和网络带宽等基础要素严重脱节，无法互联互通和匹配应用，不能适应信息化的要求。二是深度应用不足。当前，海量数据信息的收集和分析对打击犯罪具有重要作用，但依然存在数据应用意

识和实际操作能力较差的问题，不能充分发挥数据信息的决策参考和预警作用，缺乏主动性计划。此外，各地区关于数据分析应用能力差异较大，特别是经济社会发展较为落后、决策者现代化意识不足、技术分析人才队伍较弱的地区，其深度应用水平还存在很大差距，导致打击犯罪的现代化水平还很低。三是服务社会安全治理能力较弱。网络系统存在信息连接不畅、沟通不顺和共享不足的现实问题，依托信息化服务社会安全治理的水平还较弱，没有形成有机互通的统一整体，这就为社会安全风险埋下了严重隐患。

第三节 习近平关于社会安全治理的论述

社会安全治理是社会建设的一项重大任务，也是社会治理的重要组成部分。推进国家治理体系和治理能力现代化的一项重要工作，就是推进社会安全治理体系和治理能力的现代化。习近平总书记在系列重要讲话中，提出了创新社会治理的新思想新理念对于我们推进社会安全治理创新具有重大的现实意义和指导意义。

一、习近平关于社会安全治理的基本理念

（一）人民安居乐业是社会安全治理的基本目标

2014年1月，习近平同志在中央政法工作会议上指出，平安是老百姓解决温饱后的第一需求，是极重要的民生，也是最基本的发展环境；人民安居乐业，国家才能安定有序。2016年4月15日，在首个全民国家安全教育日到来之际，习近平总书记作出重要指示："国泰民安是人民群众最基本、最普遍的愿望。实现中华民族伟大复兴的中国梦，保证人民安居乐业，国家安全是头等大事。要坚持国家安全一切为了人民、一切依靠人民，动员全党全社会共同努力，汇聚起维护国家安全的强大力量，夯实国家安全的社会基础，防范化解各类安全风险，不断提高人民群众的安全感、幸福感。"这一重要论述，把平安提到极为重要的民生高度，是对我们党民生思想的创新发展。

（二）社会安全治理要坚持活力和秩序的统一

习近平总书记曾多次强调："要处理好活力和秩序的关系。"也就是说，在社会

安全治理中，既不能管得太死、一潭死水，也不能管得太松、暗流涌动。要充分调动一切积极因素，发动全社会一起来做好维护社会稳定的工作，使社会既生机勃勃又井然有序。

（三）“创新”是社会安全治理的不懈动力

要不断创新社会治理方式，习近平总书记在全国社会治安综合治理创新工作会议上指出：“要坚持问题导向，把专项治理和系统治理、综合治理、依法治理、源头治理结合起来。”因此，要将创新理念融入社会安全治理系统中。具体来讲，系统治理，就是要加强党委领导，发挥政府主导作用，鼓励和支持社会各方参与社会治理，形成社会治理合力；综合治理，就是要强化道德约束，规范社会行为，调节利益关系，协调社会关系，解决社会问题；依法治理，就是要加强法治保障，运用法治思维和法治方式化解社会矛盾，破解社会治理难题，提升社会治理的法治化水平；源头治理，就是要标本兼治、重在治本，以网格化管理、社会化服务为方向，健全基层综合服务管理平台，及时反映和协调人民群众各方面各层次的利益诉求，从源头上解决影响社会和谐稳定的各种深层次问题（见图0–7）。

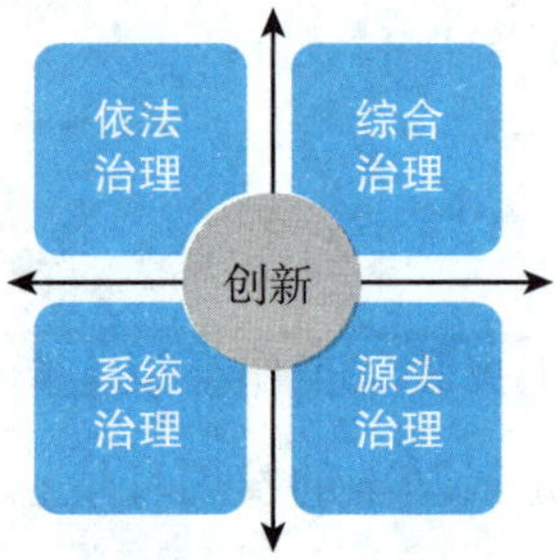

图0–7　创新理念与社会安全治理

在国家“十三五”规划中，强调加强和创新社会治理，并提出要建立共建共享的社会治理格局。党的十九大报告在此基础上，增加了“共治”，即要建立共建共治共享的社会治理格局，更加充分地体现了治理的核心思想（见图0–8）。中国的改革开放和体制转型，出现了多种多样的所有制形式，国有经济、集体经济、民营经济、个体经济、外资经济、股份制经济等快速发展，这就意味着中国的经济资源、技术资源、人才资源等并不是都集中在党委政府手上，其他的经济主体也掌握着大量的资源。对社会成员的服务和管理，也不能完全由政府大包大揽，而是由社会中的多个主体共同参与服务和治理。

图0-8　共建共治共享的社会治理格局

二、习近平关于社会安全治理的关键问题

（一）关注社会转型期“社会矛盾”问题

维护社会和谐稳定，重在妥善处理社会矛盾。党的十九大报告指出，社会主要矛盾已经由“人民日益增长的物质文化需要同落后的社会生产之间的矛盾”转化为“人民日益增长的美好生活需要和不平衡不充分的发展之间的矛盾”。人民群众对美好生活的需要日益广泛，不仅对物质文化生活提出了更高要求，而且在民主、法治、公平、正义、安全、环境等方面的要求也日益增长。现阶段我国处于社会矛盾的凸显期，社会利益矛盾错综复杂。因此，“遇到关系复杂、牵涉面广、矛盾突出的改革，要及时深入了解群众实际生活情况怎么样，群众诉求是什么，改革能给群众带来的利益有多少，从人民利益出发谋划思路、制定举措、推进落实”。这就要增强发展的全面性、协调性、可持续性，积极推动解决人民群众的基本民生问题，不断打牢和巩固社会和谐稳定的物质基础，从源头上预防和减少社会矛盾的产生。

（二）社会安全治理要解决好“人”的问题

2014年3月，习近平总书记在全国“两会”上参加上海代表团审议时明确指出：“加强和创新社会治理，关键在体制创新，核心是人，只有人与人和谐相处，社会才会安定有序。”社会是由人构成的，错综复杂的社会关系都是由人与人之间的关系构成的。人与人之间的关系理顺了、和谐了，社会才能安定有序，才能和谐稳定。因此，社会安全治理也要紧紧抓住“人”这个核心。

（三）强调社会安全体系中“网络信息安全”治理问题

网络社会的兴起给社会安全治理提出了新问题、新挑战。互联网的快速发展造成无限扩展的虚拟社会空间，在给人们生活带来无数方便的同时也带来了新的社会治理问题和挑战。特别是以手机为基本平台的网络社会，使人们的生活步入实时、交互、快捷、高频的“微时代”，社会舆论、社会情绪甚至社会行为以新的机制形成，传统的社会管理已难以奏效。尤其是网络犯罪已成为第一大犯罪类型，“暗网”成为毒品、色情、暴力泛滥的黑色空间。网络社会治理成为考验社会安全治理体系和治理能力的热点、焦点和难点问题。2014年2月27日，习近平总书记主持召开中央网络安全和信息化领导小组第一次会议并发表重要讲话：“网络安全和信息化是事关国家安全和国家发展、事关广大人民群众工作生活的重大战略问题，要从国际国内大势出发，总体布局，统筹各方，创新发展，努力把我国建设成为网络强国。”

三、习近平关于社会安全治理的实践指导

（一）突出政法机关的责任使命与引领作用

2016年1月22日，习近平总书记就政法工作作出重要指示，他指出：“全国政法机关要增强忧患意识、责任意识，防控风险、服务发展，破解难题、补齐短板，提高维护国家安全和社会稳定的能力水平。”因此，各级政法机关要在维护社会大局稳定、促进社会公平正义和保障人民安居乐业的具体工作中勇于担当，起到引领作用。2017年5月19日，习近平总书记会见全国公安系统英雄模范立功集体表彰大会代表并发表重要讲话，要求全国公安机关和公安队伍要坚持党对公安工作的领导，牢固树立“四个意识”，坚持人民公安为人民，全面加强正规化、专业化、职业化建设，做到对党忠诚、服务人民、执法公正、纪律严明。要旗帜鲜明讲政治，强化责任担当，忠实履行职责使命，牢固树立以人民为中心的发展思想，贯彻落实总体国家安全观，全力以赴做好维护国家安全和社会稳定的各项工作，维护社会公平正义，切实落实全面从严治党、全面从严治警各项部署要求，不断提升人民群众的安全感和满意度。

（二）强调社会治安综合治理在社会安全治理体系中的核心作用

政府要高度重视社会治安综合治理工作，落实社会治安综合治理领导责任制，切实肩负起促一方发展、保一方平安的历史使命。社会安全治理要深入推进社会治安综合治理，坚决遏制严重刑事犯罪高发态势，保障人民生命财产安全。习近平总书记强调：“要完善社会治安综合治理体制机制，加快建设立体化、信息化社会治安防控体系。”在党的十九大报告中明确提出：“加快社会治安防控体系建设，依法打击和惩治黄赌毒

黑拐骗等违法犯罪活动，保护人民人身权、财产权、人格权。”

（三）社会安全治理的重心在基层，做好城市与乡村治理

习近平总书记指出：“推进改革发展稳定的大量任务在基层，推动党和国家各项政策落地的责任主体在基层，推进国家治理体系和治理能力现代化的基础性工作也在基层。”在实践中，社会安全治理的重点在基层，难点也在基层，必须把社会安全治理的重心落到城乡基层。习近平总书记还强调：“基层是一切工作的落脚点，社会治理的重心必须落实到城乡、社区。”社会治理核心在人，重点在城乡、社区，关键是体制机制的创新。党中央要求，推动社会治理重心向基层下移，把人力、财力、物力更多地投到基层，以网格化管理、社会化服务为方向，健全基层综合服务管理平台，强化城乡、社区自治和服务功能，健全新型社区管理和服务体制。特别是在城乡、社区要发挥社会组织作用，实现政府治理和社会调节、居民自治良性互动。

1. 加强城市常态化管理

现在我国处于城镇化进程快速推进时期，又处于社会矛盾凸显期。2017年我国城镇化率已经达到58.52%，比上年末提高1.17个百分点。城镇化是现代化的必由之路，但是，随着我国城镇化的快速推进，城市的管理问题也越来越突出，尤其是环境、交通和社会治安等问题与百姓生活息息相关，受关注程度也较高。习近平总书记强调，要加强城市常态化管理，聚焦群众反映强烈的突出问题，狠抓城市管理顽症治理。要深入调研治理体制问题，深化拓展网格化管理。

2. 加强农村社会安全治理

一方面，随着城镇化和工业化进程的发展，大批农村青壮年劳动力进城务工，农村很多地区存在不同程度的“空心化”，留守老人、留守妇女、留守儿童“三留守”问题突出；另一方面，在承包地的分配和流转、宅基地的分配和使用、征地补偿、集体收益的分配等方面的矛盾突出。习近平总书记对加强和创新农村社会治理非常重视，多次作出重要指示。2013年10月，习近平总书记就坚持和发展“枫桥经验”时强调，50年前，浙江枫桥干部群众创造了“依靠群众就地化解矛盾”的“枫桥经验”，各级党委和政府要充分认识“枫桥经验”的重大意义，发扬优良作风，适应时代要求，创新群众工作方法，善于运用法治思维和法治方式解决涉及群众切身利益的矛盾和问题，把“枫桥经验”坚持好、发展好，把党的群众路线坚持好、贯彻好。

（四）社会安全治理要坚持政府治理、社会调节和居民自治良性互动

党的十九大报告指出："加强社区治理体系建设，推动社会治理重心向基层下移，发挥社会组织作用，实现政府治理和社会调节、居民自治良性互动。"

1. 政府要发挥社会安全治理的主导作用

政府的主导作用不是包办一切，而是健全社会安全治理的体制机制，完善社会安全治理的政策法规，引导和支持社会力量积极参与社会安全治理。要健全利益表达、利益协调、利益保护机制，引导群众依法行使权利、表达诉求、解决纠纷；改革社会组织管理制度，鼓励和支持社会力量参与社会治理、公共服务，激发社会活力；支持各类社会主体自我约束、自我管理；发挥市民公约、乡规民约、行业规章、团体章程等社会规范在社会安全治理中的积极作用；加强社会安全治理基础制度建设，建立国家人口基础信息库，完善社会信用体系，健全社会心理服务体系和疏导机制、危机干预机制，等等。

2. 社会要发挥社会安全治理的协同作用

这里说的"社会"，是指各类社会主体，主要包括企事业单位、工青妇等群众组织、基层群众性自治组织以及其他各类社会组织等要积极参与社会治理，努力实现社会事务的多方共同参与治理。

3. 公众要积极参与社会安全治理

社会安全治理要人人参与，实现共建共治共享。每个公民都要自觉遵守法律，依法行使权利、表达诉求、解决纠纷，都要自觉遵守市民公约、乡规民约、行业规章、团体章程等社会规范，都要依法理性有序地参与社会治理和公共服务，自觉维护和谐稳定的社会秩序。

（五）着力提高社会安全治理的"四化"水平

党的十九大报告中提出打造共建共治共享的社会治理格局。加强社会治理制度建设，完善党委领导、政府负责、社会协同、公众参与、法治保障的社会治理体制，提高社会安全治理社会化、法治化、智能化、专业化水平（见图0-9）。对此，习近平总书记还特别强调要利用好互联网和网络信息技术，提升社会治理的智能化水平。加快推进自主创新，加快提高网络管理水平，加快增强网络空间安全防御能力，加快用网络信息

技术推进社会治理。

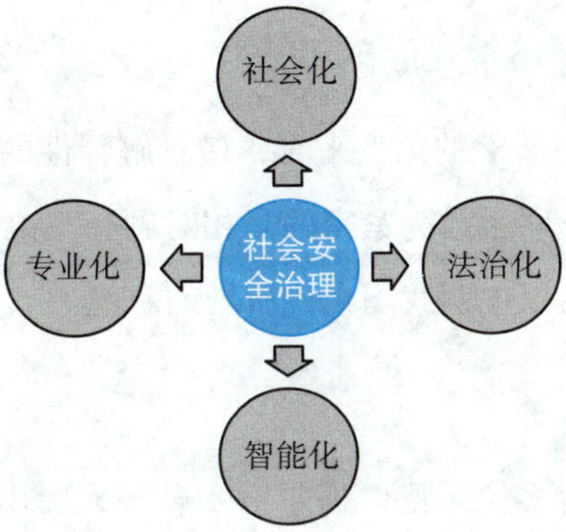

图0-9　社会安全治理的“四化”

（六）强调社会安全治理的国际间密切合作

2015年9月28日，习近平在纽约联合国总部出席第七十届联合国大会一般性辩论并发表题为《携手构建合作共赢新伙伴 同心打造人类命运共同体》的重要讲话时指出：“在经济全球化时代，各国安全相互关联、彼此影响。没有一个国家能凭一己之力谋求自身绝对安全，也没有一个国家可以从别国的动荡中收获稳定。弱肉强食是丛林法则，不是国与国相处之道。穷兵黩武是霸道做法，只能搬起石头砸自己的脚。我们要摒弃一切形式的冷战思维，树立共同、综合、合作、可持续安全的新观念。我们要充分发挥联合国及其安理会在止战维和方面的核心作用，通过和平解决争端和强制性行动双轨并举，化干戈为玉帛。我们要推动经济和社会领域的国际合作齐头并进，统筹应对传统和非传统安全威胁，防战争祸患于未然。”因此，各国之间要强有力推进反恐、禁毒、防务合作，提高本组织安全行动能力，形成更严密健全的执法合作网络。加强政策沟通和协调，研究应对举措，共同维护各成员国的政权、制度、社会安全和稳定。

第四节　社会安全治理的相关理论

社会安全治理是对当今社会风险的综合的全过程的治理，贯穿于这一治理过程的理论有助于解释当代社会风险的形成原因，为社会安全风险防控提供理论支撑，为社会安全治理实践提供理论基础。

一、社会安全风险形成原因的理论解读

社会风险的形成，从犯罪学的角度来看，最具解释性的是挫折-攻击理论；从社会学的角度来看，与当代问题联系最为紧密的是相对剥夺理论；从政治学角度来看，亨廷顿提出的现代化动乱论最足以说明我国当代所处的窘境。

（一）挫折-攻击理论

挫折-攻击理论主要由多拉尔德、梅尔、米勒等人提出。心理学家弗洛伊德认为，攻击是人的一种本能，即死的本能。挫折-攻击理论认为，攻击行为的发生必先有挫折。所谓“挫折”是根据某种愿望进行有目的的行为时，由于内部或外部障碍，使欲求的满足受到阻碍，这种状态就是挫折。多拉尔德认为，攻击的发生强度与欲求不满的量成正比，挫折越大，攻击的强度也越大。具体说来，从经济情况看，穷困者的挫折要比富裕者的挫折大，因此穷困者的犯罪概率也大；从年龄看，青少年要比成年人的挫折大，因而，青少年违法的比例要大；此外，家庭地位低下、身体有缺陷的人等挫折都较大，所以攻击行为也多。梅尔则提出“挫折固执理论”。他认为，犯罪一般由两种心理动力引起，一种是由心理欲求所引起，这种犯罪一般在行为前要考虑得失，得大于失才去犯罪，如偷盗、欺诈、拐骗、偷税漏税等；另一种是基于挫折而起的，如性犯罪、杀人犯罪等。这种犯罪往往不考虑以后的惩罚，不计得失。这是因为，挫折使人的情绪显著激昂。这时的攻击行为是刻板的、固定的，甚至是无目的的。

挫折-攻击理论对个人极端暴力犯罪、恐怖主义行为从发生机理上作出了解释。

（二）相对剥夺理论

社会学研究表明，引发群体性的不满情绪主要源于“相对剥夺感”。美国社会学家斯托弗·S.A等人提出，剥夺是相对的，人们对所处的环境感到怨恨或不满，未必是在绝对意义上被剥夺，而是与某些标准相比感到被剥夺了。美国社会学家Robert K.默顿进一步发展了相对剥夺理论，他认为，当个人将自己的处境与其参照群体中的人相比较并发现自己处于劣势时，就会觉得自己受到了剥夺。这种剥夺是相对的，因为人们不是与

某一绝对的或永恒的标准相比，而是与某一变量相比。这个变量可以是其他人，其他群体也可以是自己的过去。作为一种负面的心理体验，“相对剥夺感”一旦产生就往往决定着行为人以后的行动，如果这种心理无法得到有效消除，反而逐渐积累，就很容易外化为违法行为，甚至外化为“群体性事件”。

1.J曲线理论

相对剥夺是与参照群体或个体相对比，处于不利地位或处境的主观感知。J曲线理论认为，相对剥夺是造成社会不稳定的重要因素。客观生活状况的改善会导致人们产生更高的期望值。当期望值增长得比客观状况改善的速度快时，差距就会拉大，导致更高程度的被剥夺感。戴维斯和格尔都曾阐述过这一观点。他们认为，动乱发生于长时期经济繁荣之后突然萧条的状况，因为这时候期望值不断上升，而满意度大大下降，是期望值和满意度之间的巨大差距导致了动乱。

2.隧道理论

所谓“隧道理论”是赫西曼提出来的。假设我驾车行驶在封闭的隧道里，隧道是两道向同一方向行驶的路，相互之间禁止越线，我在左道上，前方车辆双道堵塞，大家都不能行驶，虽然沮丧，但也只好等着。这时，我看到右道车辆开始行驶，于是我认为有希望了，然而如果期望受阻，即右道的车辆不断地前进，但左道始终不能前进，这时我就会感到很愤怒、感到不公正，甚至会采取违规行为，试图跨过不许跨越的双线，进入右道。

如果把这个例子阐述为社会经济现象的话，那么就是，一个人的满意度，既受到现在收入的影响，也受到他对未来期望的影响，当一个人完全不知道未来收入如何变化时，他也不会有什么怨言，但是，如果他的朋友、亲戚、熟人的收入开始增加了，他就会产生期望，而如果别人总是在增加，自己总不能增加，他就会感到不公正，甚至就会采取违规行为。

（三）现代化动乱论

亨廷顿的现代化动乱论探讨了20世纪五六十年代发展中国家普遍发生政治动荡的原因，他认为这些国家之所以动荡不安，不是由于他们贫穷落后，而是由于他们力图实现现代化。高度传统的社会和高度现代化的社会都是稳定的，恰恰是这种处在现代化过程中的社会最容易发生动乱。于是他得出结论，政治动荡的原因在于一个国家进行了现代化而又未取得现代性。由此他提出“现代性产生稳定，而现代化却会引起不稳定”的命题。

不过，在亨廷顿看来上述挫折感能否最终转为政治动荡或政治冲突，还要取决于两个中介变项：一是社会流动机会；二是政治制度化水平。当社会的挫折感形成之后，如果社会的流动机会较大，就会削弱和消除这些挫折感而不致使之转入政治参与，反之就会造成过度的政治参与。同时，如果一个社会的政治制度化水平较高，就能够提供满足这些政治参与要求的合法表达途径，即政治体系能够容纳这些已经被动员起来的政治参与，也不会导致政治不稳定。然而，问题在于：这两个条件在发展中国家都不具备，它们既缺少流动性机会，政治制度化水平又低，于是，社会挫折同政治不稳定之间便产生了联系。

二、社会安全防控的相关理论

（一）可防卫空间理论

这一理论在犯罪预防领域更为人所知的名称是“环境预防理论”。代表人物是美国学者奥斯卡·纽曼和日本的伊藤滋。所谓“环境预防”，指的是从研究犯罪产生的原因和条件出发，在环境设计上堵塞犯罪的可能性，或者创造一种不能实施犯罪的环境，从而消除或限制企图犯罪者作案的原因和条件，以达到预防犯罪的目的。可防卫空间理论要求必须影响潜在犯罪人对犯罪目标的选择，使之对犯罪对象、犯罪行为得失条件进行权衡，进而对犯罪能力产生怀疑，并最终影响犯罪人的犯罪决定。同时要求潜在被害人通过对犯罪诱发因素的研究分析，提高区域环境的防控能力，采取主动设计阻止犯罪的发生。奥斯卡·纽曼提出的“可防卫空间是重构城市居住环境的一种方式，目的是为了使城市环境重新变得适合居住并且由拥有共同领域的社区居民而非警员来支配”等观念契合我国当代群防群治的治安防范理念。

（二）破窗理论

破窗理论源于1969年美国斯坦福大学心理学家在旧金山进行的一项试验，把一辆车子摆在旧金山的街道上面，将车子好好地摆在那里，不理它，结果第一星期没有遭人破坏。第二星期时将其中一个窗户打破，结果不到4个小时，就被偷得仅剩下轮胎。

破窗仅是一种比喻，指低层次犯罪或行为不检、扰乱公共秩序（如当街便溺、墙壁涂鸦、成群结伙、大声喧哗、贩卖禁药、醉酒等），犹如一片未被修理的破窗，那是无人关心的表象，这将导致更多、更严重的蛮行与犯罪行为。

破窗理论提示了社区失序的五个阶段：一是物理环境的恶化，城市社区遭到大规模的涂鸦或垃圾，而人们或机构对这种恶化情况不去关心，将造成居民和商店在社区中增加被害恐惧感；二是居民和商店使用者较关心自己个人安全，而较不关心公众秩序；三是缺少“街道监视”，社区青少年变得更大胆、攻击或破坏频率提高；四是居民感觉社区中的青少年变得渐渐麻烦，开始从社区公共场所撤离；五是社区外的潜在犯罪者视这个社区是犯罪的有利场所，他们侵入这个社区犯罪，并认为在这里犯罪不易被觉察或发现，这个社区犯罪比率逐渐增加。

根据破窗理论，通过居住环境的设计与改良，增加居民的交往，消除破窗现象，对预防和减少犯罪的发生有着重要的意义。推而广之，该理论对于社会安全风险的防范具有重要意义。

三、多元治理理论

2017年3月5日，李克强在政府工作报告中指出：“推动社会治理创新。健全基层群众自治制度，加强城乡社区治理。充分发挥工会、共青团、妇联等群团组织作用。改革完善社会组织管理制度，依法推进公益和慈善事业健康发展，促进专业社会工作、志愿服务发展。”

多数情况下，“治理”更倾向于被理解为与“统治”相对的概念。治理理论的创始人之一罗西姆认为，治理的内涵更加丰富，它既包括政府机制，同时也包括非正式的、非政府的机制。在治理理论的主张中，国家不再被认为是唯一的管理主体，政府之外的各种企业和社会力量都得到认可，社会管理更倾向于对柔性互动关系的强调，而不是单纯地追求刚性的稳定和统一。1998年，埃利诺·奥斯特罗姆发表《公共事物的治理之道：集体行动制度的演进》一文，提出了多中心治理理论。该理论阐述了部分公共事务实行自主治理的可行性和有效性，他认为过度相信市场化和官僚制都是不足的，人们应该协调运用多个权力中心和组织机制来共同治理公共事务，达到公共治理的高效率。[①]

① 何增科.中国社会管理体制改革路线图［M］.北京：国家行政学院出版社，2009.

"治理"这个词本身就含有复合、多元的含义。一是治理所需要的权威（治理主体）不仅限于政府，还是多元的，包括政府、私人部门（市场）、第三部门（公民社会）。二是多元化的治理主体之间存在着权力依赖关系和合作伙伴关系。由于社会利益的多元化，任何一个社会治理主体都不可能有充足的知识和资源来独自解决一切问题，它们必须彼此依赖，进行谈判和交易，决定公共利益和公共原则的形成和认同问题。三是建立自主自治的网络体系来实现多元治理。治理主体的多元化，多元主体之间的权力依赖与合作伙伴关系，表现在运营机制上，最终必然形成一种自主自治的网络。这一网络要求各种治理主体，都要放弃自己的部分权利，依靠各自的优势和资源，通过共同对话来增进理解，确立共同目标并相互信任，相互鼓励并承担共同风险，最终建立一种公共事物的管理联合体。①

治理主张多中心、放权分权以及多元主体的共同参与，它强调政府、市场和社会之间的合作共治，挑战了传统以政府为中心的大而一统的统治模式，大大削弱了"政府中心论"色彩，打破了政府集权力于一身的垄断管理体制，将权力下放地方，分权于市场与社会，使政府部门、私人部门、公民社会组织和公民都成为社会管理的主体之一，从而实现了多中心治理模式。英国社会学家、"第三条道路"理论的领军人物吉登斯提出，以警察和社区合作的"合作式治安"取代传统的"专业化治安"。"专业化治安"的重点在于集中警力打击和惩治犯罪，包括增加警力、加强警察装备以及建立快速反应机制等。在"专业化治安"模式之下，警察与其服务对象是分离的，缺乏经常性的联系。这种情况常常会使警察产生一种"被围心态"，他们所做的多种努力并不被公众理解，各种治安措施也不能发挥切实有效的作用。而"合作式治安"不仅意味着把公众的力量吸收到维护社会治安的活动中，而且还意味着改变警方特有的思维方式。吉登斯认为，政府机构、刑事司法系统、地方组织和社区组织之间的合作关系必须是包容性的，所有经济群体和种族群体都应该被吸收进来。政府和企业应当携起手来，以帮助修整破败的城区。②正如吉登斯指出的，国家和公民社会应当开展合作，每一方都应当同时充当另一方的协作者和监督者。③"警力有限，民力无穷"，公安机关等政府职能部门应逐步放弃全能政府的思维和工作模式，在依法履行社会管理职能的同时，推进多方参与，以避

---

① 周义程.治理理论与我国第三部门的培育［J］.中国南京市委党校学报，2003（3）.

②③ ［英］安东尼·吉登斯.第三条道路：社会民主主义的复兴［M］.北京：北京大学出版社，2000.

免或减少政府一家独揽社会公共事务造成的弊端。社会治安是公众的治安，只有动员和组织公众参与才能取得成功。

四、社会燃烧理论

社会燃烧理论的提出是用考察自然界的方法来考察人类社会，是借鉴物理学原理来探讨社会学问题。物质燃烧必须具备三个条件：燃烧材料、助燃剂与燃烧温度。由此，牛文元提出了社会燃烧理论，该理论将社会的无序、失稳、动乱与燃烧现象进行了合理的类比：燃烧材料即在现代化进程中由于社会结构的急剧变迁所导致的社会各类矛盾。助燃剂则是舆情，在新媒体时代舆情经由互联网的扩散，使当代风险的传播具有了一种“燃舟效应”。一些媒体的误导、过分地夸大、无中生有的挑动、谣言的传播、小道消息的流行、敌对势力的恶意攻击、非理性的推断、社会心理的随意放大等，相当于社会动乱中的“助燃剂”。在燃烧材料充足也即社会矛盾与问题长期存在并得不到缓解与改善的情况下，通过舆情鼓噪添加“助燃剂”，当社会情绪达到一定的温度时，一起敏感性事件的发生就会如导火索一样瞬间点燃熊熊大火，从而导致突发事件的爆发乃至进一步的社会动荡。

社会燃烧理论提出的意义主要在于对社会安全风险防范提供了又一理论基础和方法，提高了建立社会安全风险预警系统的可行性，其基本原理：社会燃烧的发生是一个由量变到质变的动态过程，同样，社会安全风险评估也是一个动态的过程。对燃烧物质的风险评估，就是对社会发展中所蕴藏的风险源的评估，强调从源头上进行危机治理。对助燃剂的风险评估，是对舆情与各方利益诉求里所蕴藏的风险源的评估，据此可建立有效沟通渠道和民意反馈渠道，避免助燃剂发挥作用。对点火温度的风险评估则要求充分重视可能引发重大问题的敏感事件，及时采取有效的措施抑制风险、降低危害、化解冲突，熄灭导火索。

第一章　社会安全治理总体战略

一个社会的安全保障程度是衡量该社会的社会质量的一个重要维度。社会安全是为社会成员提供“免于暴力和环境威胁的保障与保护”，[①]实际上就是为公民提供安全的生活环境。

社会安全治理要注重联动融合、开放共治，民主法治、科技创新，提高社会治理社会化、法治化、智能化、专业化水平，提高预测预警预防各类风险能力。要坚持问题导向，把专项治理和系统治理、综合治理、依法治理、源头治理结合起来。要完善社会安全综合治理体制机制，加快建设立体化、信息化的社会治安防控体系。

第一节　社会安全治理战略的形成历程

从社会管理到社会治理，从社会治安综合治理到立体化社会治安防控体系建设，社会安全治理的实践探索随着社会经济的发展不断完善。社会安全治理新战略的形成大致经历了从探索启动到逐步推进，直至融入总体国家安全政策体系这一历史演进。

一、探索启动阶段

社会安全治理战略的探索始于应急管理领域，实践部门将其高度概括为“一个原则”“两个范围”“两个重点”“五个规定性动作”。

“一个原则”是指党委统一领导、属地管理、谁主管谁负责；“两个范围”是指群体性事件、大规模暴袭事件；“两个重点”是指指挥机制（首脑）、修订预案；“五个规定性动作”包括核心、基础、必要环节、直接检验、有益补充（见图1-1）。“五个

① Wolfgang，Maesen，Thomese，Walker．*Social Quality: A Vision for Europe*［M］． The Hague: KluwerLaw International，2001．

规定性动作”具体表述为以下几点：一是建立完善权责明晰、架构清晰的联合指挥机制是核心；二是建立科学完备、分级分类的预案体系是基础；三是开展常态化的应急培训和实战演练是必要环节；四是依法稳妥有效的现场处置是直接检验，着重体现在“快”“准”“控”“导”“活”“效”等；五是事后总结经验教训是有益补充。应急管理领域只是社会安全治理的一个典型领域，但是该领域对于治理战略的探索应成为社会安全治理新战略的重要基础。

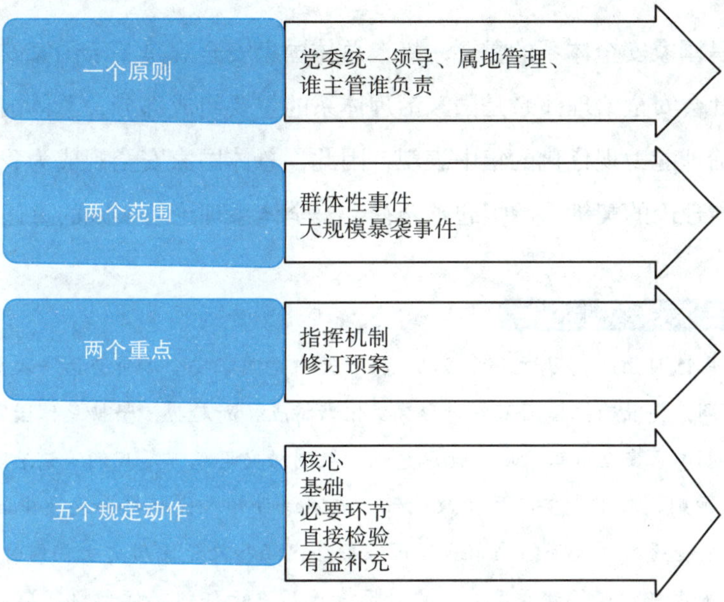

图 1-1　社会安全治理战略体系的探索启动

二、逐步推进阶段

逐步推进阶段仍以应急管理为示范领域，这一阶段大致为2011—2013年。2011年社会安全治理的重点主要分为以下几方面：一是确立应急处置的联合指挥机制是社会安全事件处置战略推进的核心；二是构建应急处置预案体系是基础工作；三是重视社会安全事件预知预警工作的贯彻和实施；四是准确判定社会安全事件的性质是各项工作顺利进行的前提；五是一旦事件发生，迅速调集力量，实现有效控制情势；六是新媒体时代，尤其要重视网络舆情管控工作；七是做好群众工作仍然是社会安全治理战略的重中之重。

2012年应急管理重点工作是在县一级尽快建立应急处置机制，主要包括三个方面：建立健全应急处置的各方面机能、抓好“五个规定性动作”和尽快建立跨地支援机制。

2013年工作的重心集中在社会安全事件应急处置工作的“回头看”，其主要实现的功能是通过由上至下的方式总结经验与教训，进一步推动各地贯彻和落实社会安全治理战略。

三、融入总体国家安全观阶段

社会安全是国家安全体系的重要一极，总体国家安全观是关于国家安全理念和模式的特色理论；社会安全治理体系是国家治理体系的重要组成部分，总体国家安全观是国家治理体系和治理能力现代化的集中表现，因此，总体国家安全观成为我国社会安全体系建构的时代与理论的契机，承担起整合社会安全体系理论与实践的重任。

链接：总体国家安全观的提出

2014年4月15日上午，习近平总书记主持召开中央国家安全委员会第一次会议并发表重要讲话。他强调，要准确把握国家安全形势变化新特点、新趋势，坚持总体国家安全观，走出一条中国特色国家安全道路。增强忧患意识，做到居安思危，是我们治党治国必须始终坚持的一个重大原则。我们党要巩固执政地位，要团结带领人民坚持和发展中国特色社会主义，保证国家安全是头等大事。当前我国国家安全内涵和外延比历史上任何时候都要丰富，时空领域比历史上任何时候都要宽广，内外因素比历史上任何时候都要复杂，必须坚持总体国家安全观。

首先，只有在国家治理的层级上、在包容传统与非传统安全的维度上，才能真正建构起与社会安全事件良性互动的社会安全体系，而作为国家治理现代化的集中表现——总体国家安全观的时代特色就是融合对内安全与对外安全、传统安全与非传统安全。其次，总体国家安全观囊括了11种安全（见图1–2），只有坚持“以人民安全为宗旨，以政治安全为根本，以经济安全为基础，以军事、文化、社会安全为保障，以促进国际安全为依托等”，社会安全体系建构才能具有生命力、无后顾之忧。再次，作为建构社会安全体系的理论契机，总体国家安全观不仅梳理了社会安全体系迫切需要的整体思维、动态模式以及主动策略，而且高屋建瓴地明晰了社会安全体系的特性，即过程性、互动性、协调性。最后，在总体国家安全观的视阈下，实现国家治理与社会安全的互动和塑造，社会安全体系将成为一种检验国家治理体系和治理能力现代化的机制和模型，积累经验、弥补不足。

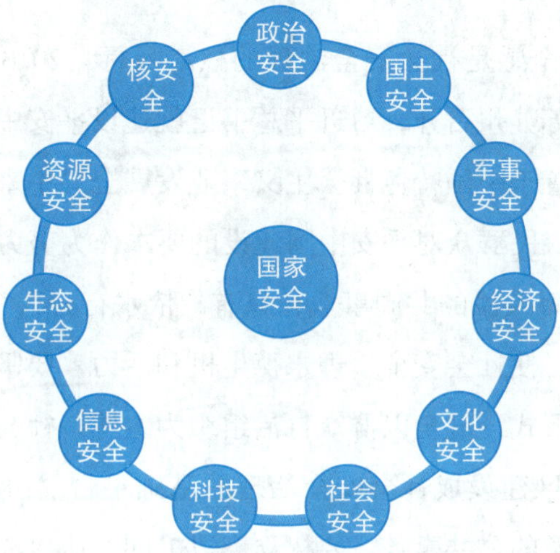

图1-2　总体国家安全观

2018年1月，习近平总书记对政法工作作出重要指示，强调坚持以人民为中心的发展思想，履行好维护国家政治安全、确保社会大局稳定、促进社会公平正义、保障人民安居乐业的主要任务，进一步将社会安全治理战略推向新时代。

链接：决胜全面建成小康社会，夺取新时代中国特色社会主义伟大胜利

——在中国共产党第十九次全国代表大会上的报告（节选）

（十）坚持总体国家安全观。统筹发展和安全，增强忧患意识，做到居安思危，是我们党治国理政的一个重大原则。必须坚持国家利益至上，以人民安全为宗旨，以政治安全为根本，统筹外部安全和内部安全、国土安全和国民安全、传统安全和非传统安全、自身安全和共同安全，完善国家安全制度体系，加强国家安全能力建设，坚决维护国家主权、安全、发展利益。

第二节　社会安全治理的目标

2015年5月29日，习近平总书记在中共中央政治局第二十三次集体学习时指出："扎实做好社会安全工作，努力为人民安居乐业、社会安定有序、国家长治久安编织全方位、立体化的社会安全网。”这也是社会安全治理的总体目标。

一、增强人民群众安全感

增强人民群众的安全感是社会安全治理的核心目标。2013年5月31日，深化平安中国建设工作会议在江苏苏州召开，习近平总书记就建设平安中国作出重要指示。他强调，要把平安中国建设置于中国特色社会主义事业发展全局中来谋划，紧紧围绕“两个一百年”奋斗目标，把人民群众对平安中国建设的要求作为努力方向。

社会安全治理是亿万人民的共同事业，只有“依水行舟”，才能源源不断地从人民群众中汲取智慧和力量，使社会安全治理永葆生机和活力。要坚持人民主体地位，创造有利于人民参与的组织形式，健全以群众自治组织为主体、社会各方广泛参与的新型社区治理体系，把城乡社区建设成社会安全治理的基础平台。协商是人民民主的重要形式。对涉及群众切身利益的公共事务，要树立商以求同、协以成事的理念，多同群众商量，充分尊重民意，善于在不同意见中求同，在不同利益诉求中权衡，尽可能兼顾各方利益。要善于运用健全的法制管住任性的权力，防止因不依法办事、侵犯群众权益引发社会矛盾。要把培育法治生活方式作为基础性工程来抓，推动养成在法治轨道上主张权力、解决纷争的习惯。

深入推进社会安全治理创新是建设平安中国和增强人民群众安全感的基本途径，对推进国家治理体系和治理能力现代化具有重要意义。党的十八大以来，习近平总书记从统筹推进“五位一体”总体布局和协调推进“四个全面”战略布局高度，对社会安全治理提出了许多新理念、新战略，阐明了一系列带有方向性、根本性的重大问题。这就要求主动适应新形势，立足当前、着眼长远，坚持创新引领，积极推动理念、制度、机制、方法创新，不断提高社会安全治理社会化、法治化、智能化、专业化水平，努力实现对各类风险从被动应对处置向主动预防转变，建设更高水平的平安中国。

二、科学有序推进平安中国建设

社会安全是科学有序推进平安中国建设的重要保障。社会安全不仅影响整个社会发展，而且关乎社会有序转型以及现代化协调发展的实现。随着经济的全球化及我国改革的推进，必然会出现各种矛盾。习近平总书记强调，要坚持源头治理、系统治理、综合治理、依法治理，努力解决深层次问题，着力建设平安中国，确保人民安居乐业、社会安定有序、国家长治久安。

在急剧变化的社会转型期，政府、市场和社会在平安中国建设中扮演着不同角色，政府单打独斗已不适应人们对公共服务需求多样化、社会问题复杂化的新形势，只有分工负责、良性互动，才能实现优势互补，共同治理好社会。要以开放心态、宽广胸襟，平等对待各类社会主体，以开放性架构和市场机制吸纳社会力量、破解社会安全治理难题，形成多样化治理模式，努力实现社会共治。社会组织是现代社会安全治理不可或缺的重要主体。面对纷繁复杂的社会事务，要精心培育与现代社会安全治理结构相适应的公益性、互助性社会组织，支持行业协会商会类社会组织发展，发挥好它们在社会安全治理中的重要作用。要善于运用市场思维、市场机制推进社会安全治理创新，善于运用利益引导、商业运作推进开放共治，善于通过购买服务、项目外包、保险等方式化解矛盾、防控风险，提高社会安全治理市场化水平。要充分发挥各类企业资源、技术、人才等优势，积极参与社会安全治理，共同维护社会安全，实现平安中国建设有序推进。

三、完善社会安全治理体系

完善社会安全治理体系，是新形势下深入推进社会安全治理创新的重要载体，是建设平安中国的基础工程，也是实现社会安全的机制保障。当前，我国已进入全面建成小康社会的决胜阶段，社会安全治理面临新的阶段性特征。我们要准确把握新形势下人民群众需求的新变化，深化对社会安全治理规律的认识，把社会安全治理摆到经济发展大局中来谋划，向改革要活力、向创新要动力，建立健全符合中国国情、具有时代特征的社会安全治理体系。

当前，各类风险跨界性、关联性增强，没有哪类风险不需要综合施策，没有哪个地方和部门不需要协调配合。要以联动融合理念为引领，更加注重设施联通、信息互通，更加注重力量统筹、资源共享，更加注重程序对接、工作联动，更加注重地区协作、条块互补，更加注重线上线下一体互动、相辅相成，提高社会安全治理系统性、整体性、协同性，积极破解难题、应对挑战，努力防范化解各类风险，把社会安全治理提高到新水平。

对于社会安全治理体系的建设，要坚持统筹规划、狠抓精细管理，提高社会安全治理体系的整体效能。健全基础标准规范体系，是提高社会安全治理系统运行效率和质量的必由之路。要加快建立系统完备、科学有效的操作规范和执行标准，统筹整合各类基础信息资源，跟踪评估问效，深入查找不足，及时调整完善工作部署，促进社会安全治理体系良性运转。要坚持要素掌控、狠抓关键环节，切实消除管理死角和防控盲区。新形势下，要坚持专群结合的方针，善于运用新的载体和手段，把广大人民群众发动起来，开创专群结合、群防群治新局面。专群结合是掌控好社会安全基本要素的有效途径。要坚持做实基层、狠抓资源整合，按照扁平化、专业化要求，统筹基层政法等资源力量，最大限度激发社会安全治理体系活力。

四、提高预测预警预防各类风险能力

习近平总书记特别强调，创新社会治理必须提高预测预警预防各类风险的能力，只有提高预测预警预防能力，才能真正摆脱被动应对的治理状态，从根本上实现由被动治理向主动治理的转变，牢牢把握社会治理的主动权。当前，我国正处于工业化、城镇化快速推进时期，各种传统的和非传统的、自然的和社会的安全风险交织并存，各类社会安全问题常在意想不到的时间和地点显现，社会安全治理面临的形势更加严峻，如何更好地保障社会安全已经成为党和政府加强执政能力建设的重大课题。提高预测能力是主动治理的基本前提。只有对可能出现的各类问题和风险及其发生的时间、方式、规模、潜在危害、变量因素等预先作出系统评估和科学判断，才能及时预警，积极预防，有效治理。

（一）提高预警能力既是主动治理的行动起点，又是主动治理的最后关口

显然，远期预警是主动治理的行动起点，临界预警是主动治理的最后关口。在科学预测的基础上，对于远期可能发生的各种社会问题和风险，只有及时向有关决策机关、职能部门报告情况，提出早期干预的对策方案，才能采取有效措施，消除相关因素，化解矛盾、堵塞漏洞、控制风险、化险为夷。同时，对于处于临界状态、一触即发的各种社会问题和风险，只有在超前预测的基础上，在动态追踪、干预、控制的前提下，对其进行有效的预判、识别和管控，并及时向有关职能部门报告危险情况，向人民群众发出紧急通告，才能做到知己知彼、充分准备、从容应对，下好先手棋、打好主动仗，将各种问题解决于萌芽状态，抑制于摇篮之中，处置在初发阶段，有效避免危害的发生。

（二）提高预防能力是主动治理的根本举措

“一盎司的预防胜过一磅的治疗。”在超前预测、及时预警的前提下，只有认真落实

各级党委政府社会治理的领导责任及各部门各行业的具体职责，联动融合，开放共治，实行系统治理、综合治理、依法治理、源头治理，全面推进法律预防、社会预防、专业预防、教育预防，全面增强学校预防、单位预防、社区预防、家庭预防、个体预防的实效，才能有效铲除各类风险产生的土壤与诱因，减少各类风险发生的机会和条件，挤压各类风险发生的时间和空间，最大限度地遏制各类风险的发生，安全跨越中等收入陷阱，顺利步入经济社会发展新常态，从根本上把握社会治理的主动权。

第三节　社会安全治理的基本战略

新时期社会安全治理体系建设是一项需要日积月累、长久构建的基础工程，是一项需要各种力量相互合作、有机协调的系统工程，更是一项需要随着时代变迁、不断探索的创新工程。新时期社会安全治理的基本战略包括多元共治治理、协调互动治理、标本兼治治理、共享融合治理和创新驱动治理五大战略。

一、多元共治治理战略

党的十八届三中全会通过的《中共中央关于全面深化改革若干重大问题的决定》指出："坚持系统治理，加强党委领导，发挥政府主导作用，鼓励和支持社会各方面参与，实现政府治理和社会自我调节、居民自治良性互动。"改革开放40年来，伴随着经济的持续增长，中国社会的转型在进入发展的重要战略机遇期的同时，也进入一个社会矛盾凸显期和集中爆发期，在就业、保障、生育等众多热点领域中，社会问题不断积累，社会的秩序与和谐稳定面临严峻挑战。在这个新阶段，协调利益矛盾，化解社会冲突，维护社会秩序，促进社会稳定，成为摆在我们面前的严峻挑战。这就需要从"社会管理"转向"社会安全治理"，简言之，就是强调从自上而下的"管理模式"转变为上下互动、国家与社会相结合的"治理模式"。从"社会管理"到"社会安全治理"绝不仅仅是一个简单的概念转换，而是基于我国社会转型发生重大变化的战略抉择。"关联"作为互联网时代的重要特征，这就要求确立合作、互通和共享的理念。如果说"分工"是工业时代的突出表现，那么"融合"则是互联网时代的首要内涵，需要信息互通、资源共享和社会合作，要坚持系统治理，加强领导，发挥政府的主导作用，鼓励和支持社会各种力量的参与，实现政府治理、社会自我调节、市场参与和居民自治的良性互动。

（一）创新多方参与机制

多方参与是现代社会安全治理的基本理念和方式。创新多方参与机制，就是要通过有效的机制，更好地组织动员企事业单位、社会组织和人民群众参与社会安全事务公共治理，特别是充分调动互联网科技、金融和物流等企业组织充分发挥资源、技术和人才等优势，积极参与社会安全体系建设，为维护社会安全发挥更大的作用。同时，要完善政府购买服务机制，发挥好社会组织在引导社会成员参与风险评估、矛盾调解、社区矫正、青少年教育管理等方面的积极作用。

（二）提升整体协作能力

提高社会安全治理的现代化水平，首要任务是增强社会安全工作的系统性、整体性和协同性。统筹整合各警种和社会资源，实现打击、防范、管理、控制、服务工作的无缝对接（见图1–3）。此外，要以更开放的心态促进社会安全工作信息沟通、设施沟通。注重共享，以互利互惠思维，整合资源力量，提高综合利用效率，实现优势互补、各方共赢。

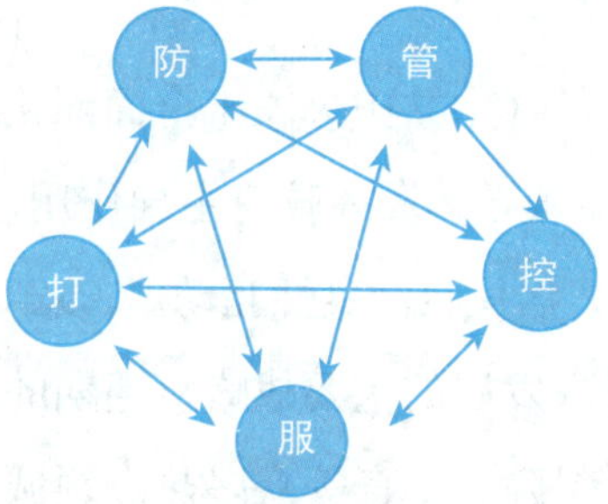

图1–3　多元共治战略下的社会安全治理

（三）强化整体全局观念

对于社会安全治理体系建设工作，各个部门要抛弃传统思维，更加注重合作，树立团队精神，加强协同配合，做到互信互助，形成社会安全工作合力。摒弃本位主义，确保真诚团结、有效沟通，尤其针对信息壁垒问题，要积极推动网络设施共建，完善重大突发情况通报制度，努力实现网络互连互通，信息共享共用。针对职能交叉、职责不清问题，要划清边界，明确职责，防止错位、缺位。

（四）突出社会“善治”理念

“善治”理念对于社会安全治理体系的建设极为关键。现代风险社会时代的来临，社会安全风险发生频率高、波及范围广、影响程度深，只有政府、社会和市场多元主体共治，共同发力、勇于承担，才能实现社会的安全稳定。要引导社会成员确立共同防控风险的理念，增强其主人翁意识，激发社会自治、自主和能动力量，努力形成政府、社会和市场共同防范、化解和管控风险的良好局面。此外，要着力培育安全文化，社会成员只有树立生命至上、安全第一的观念，才能增强风险意识，提高共同防控风险的自觉性。在具体工作中，要善于运用新思路和新办法，调动社会成员维护社会安全的积极性，形成共同防控风险的新模式，建立健全权利与义务统一、风险与责任关联、激励与惩戒并重的制度，打造社会安全人人有责、人人尽责的安全共同体。

二、协调互动治理战略

在新时期社会安全治理体系建设的研究实践中，社会安全治理体系要随着经济社会发展的现实状况而不断变化，及时应对解决已经引起或可能引起的社会秩序与社会安全问题，尤其是在科技、信息、交通日益发达的现代化社会，传统治安防控机制已经不能适应时代的发展变迁，这就需要其防控职能从单一面向走向多元新维度，化解新矛盾，解决新问题。

（一）在金融安全领域

近年来，受经济下行压力加大、民间投资渠道有限等影响，非法集资案件频发，损害群众利益，破坏金融秩序，影响社会稳定。社会安全治理体系的建设就需要将防控工作提升到党委政府的高度上，协同金融管理部门，研究解决好条块分割和信息不畅等问题，建立立体化、社会化和信息化的监测预警体系，健全各地区、各行业信息共享机制，及时发现、处置非法集资问题。同时，要改进宣传教育工作，增强群众识别和防范风险的能力，从源头上遏制非法集资高发势头。

（二）在电子商务安全领域

蓬勃兴起的电子商务是一个重大创新，不仅改变了生产、消费模式，降低了成本，而且极大地方便了社会成员的生产生活。但是也存在着增长方式粗放、行业秩序不规范等问题，致使制假售假、商业欺诈、网络传销、侵犯隐私等问题十分突出。这就要求发挥职能作用，建立部门和区域间监管信息共享、职能衔接机制，加强对非法交易的监管，依法打击违法犯罪活动。此外，还要积极引导电商企业增强安全意识，提高运用新技术促进自身规范发展的能力。

（三）在社会矛盾纠纷领域

近些年的经济下行形势导致了劳资、债务、商品房交易等矛盾纠纷数量的增多。因福利待遇、房产物业纠纷引发的群体性事件所占比率不断上升。对此，社会安全治理体系建设要围绕维权与维稳相统一的原则，把依法处理和多元化解结合起来，完善社会矛盾排查预警和调处化解综合机制。要把依法维护群众合法权益作为出发点，构建多元化纠纷解决体系，为群众提供多元便捷的纠纷解决方式。要充分发挥调解的基础性作用，拓宽人大代表、政协委员、律师、法律工作者等第三方参与纠纷化解的制度化渠道，吸收专家参与技术性领域纠纷解决工作，让纠纷更多地在诉讼渠道之外得到有效化解。

（四）在新业态领域

近些年，“网约车”等新业态的快速发展，既为经济社会发展提供了新的增长点，也成为社会安全新的风险点。新业态发展中的问题对社会安全治理体系提出了更高的要求，既不能因噎废食，也不能视而不见，需要在鼓励创新和防控风险中寻找平衡点，坚持在发展中规范问题。具体来讲，需要各个部门通力合作，从深化改革和规范管理入手，密切跟踪可能引发的不稳定问题，采取有效措施加以解决，确保运营安全、社会稳定。对于采取不正当手段抢占市场、规避政府监管的，要责成其遵守法律，防止其影响行业正常秩序。

三、标本兼治治理战略

《中共中央关于全面深化改革若干重大问题的决定》指出：“坚持源头治理，标本兼治、重在治本，以网格化管理、社会化服务为方向，健全基层综合服务管理平台，及时反映和协调人民群众各方面各层次利益诉求。”源头治理为社会安全专项治理提供了治本之策，社会安全问题不是凭空产生的，都或多或少有其形成和发展的路径，社会安全专项治理应当强化对治安问题产生源头的治理，积极疏解社会矛盾，依法解决社会纠纷，让社会公众“以看得见的正义”的形式认识、感知社会安全治理成果，最大限度降低引发社会安全问题的源头性事由。把道德约束和法律治理相结合，通过政府与社会组织、公民个人共建共治共享的社会安全治理模式，善于发现问题的源头，而不是简单粗暴的应急性治理模式，也不是“消防员救火式”的治安治理模式，“哪里有险情哪里就有治安治理力量”固然重要，但更有效、更符合善治良治、更符合平安中国内在要求的治理模式，是应当将险情阻遏在萌芽之中，这才是社会安全专项治理的“良治”模式。

近年来，随着社会安全治理体系的建设、创新和完善，覆盖时空维度的社会安全治理格局取得了重要成就，经济社会发展较为迅速的省份和地区初步实现了社会安全治理体系的“全方位防范”和“全天候监视”。但对于经济社会发展相对落后的地区，时空领域的防控体系建设及其运营还存在较大差距，需要进一步落实和完善。

在视频体系建设中，需要建立完善的视频监控系统，很多重点地域要实现“无死角”监管，逐步确立电信网、广播电视网和互联网的“三网结合”，此外，各部门还要积极整合政府、市场和社会建设的视频监控设备，提升监控能力，加快推进视频系统的综合利用。在物联网技术应用方面，要实现对重点车辆、船舶、危险物品、出租房屋的确定定位、轨迹追踪和动态监控，提高安全管理效率。

在大数据技术应用方面，针对当前暴力恐怖袭击和个人极端犯罪日益恶化的态势，社会安全治理体系建设在积极运用新技术、新手段和大力推进运用大数据技术的水平与能力方面都取得了诸多成效。能够及时发现高危人群，全面分析其身份特征、活动轨迹与关系网络，实现在海量信息中锁定可疑人员、准确筛选定位，实施精确打击。特别是对于重点人员的管理，针对发现难、见面难和摸底难等问题，积极利用房屋中介、有线电视、水电油气等管理信息和上网、通信、网络购物等动态信息进行关联分析，掌握行为特征，发现异常情况，加强动态管理。

在网络安全运营方面。随着互联网时代的到来，虚拟社会突破了传统时空的界限，其安全有序也成为社会安全治理体系建设中的重要内容。尤其对于当前日益猖獗的网络电信诈骗案件，要运用信息技术对诈骗信息进行监测、拦截和用户提醒，对伪基站进行识别和封堵，有效遏制诈骗信息泛滥的问题，同时要对大量分散的小额诈骗线索进行汇集梳理，着力打团伙、追源头、摧网络，增强打击实效。大力推动新技术的普及应用，加强与科研院所和有关企业的合作。

新时期社会安全治理体系还要注重心理——社会层面的建设。在心理防控层面的构建，对于提升安全治安治理能力十分关键。随着现代社会工作生活节奏的加快，竞争激烈，一些人不良情绪潜滋暗长，极易引发社会安全问题。心理疏导是理顺情绪，促进人与人，人与社会和谐相处的重要手段。因此，建立健全社会心理服务体系和疏导机制、危机干预机制，防范降低社会安全风险。对生活失意、心态失衡、行为失常的社会成员要加强人文关怀和心理辅导援助，引导其依法理性处理问题，防止发生极端事件。

当然，除了在"时间""空间"和"心理"维度要构建基础扎实、运行有效的防控机制之外，新时期的"熟人化社会"是社会安全治理体系建设的最终目标。以社区为研究单位，我们称这个熟人化社会为"新生活共同体"。"新生活共同体"是指以理性利益为主导、以信息网络为平台和以传统文化与公民精神为认同基础的紧密连接互动的社区群体。在此提出"新生活共同体"概念，是为了区别于传统意义上的"生活共同体"，毕竟现代城市社区治理的现实困境表明传统连接基础的断裂已导致其难以实现回归。

四、共享融合治理战略

著名科学家钱学森曾指出，我国最突出的问题是部门分割和地方分割，一项项具体的事情成绩很大，但从整体上看，资源浪费严重，效率很低。对于社会安全治理体系而言，应该避免防控力量的分散化，而应走向综合控制，最大限度地发挥防控体系的整体效能，从战略上考量、从全局上谋划，统筹整合各种力量、资源和手段。

社会安全治理工作涉及打击、防范、管理、控制和服务等诸多环节，只有各个环节统筹联结和良性互动，才能维护社会的整体安全有序。在社会安全治理体系中，"控制"（control）是核心目标，也常常称之为"驾驭"，打、防、管、控、服的具体方式都是围绕着"控制"这一目标而开展实施的，各种防控措施只有在有效合作和良性互动中才能真正实现"控制"和"驾驭"目标，保证社会的整体安定有序（见图1–4）。

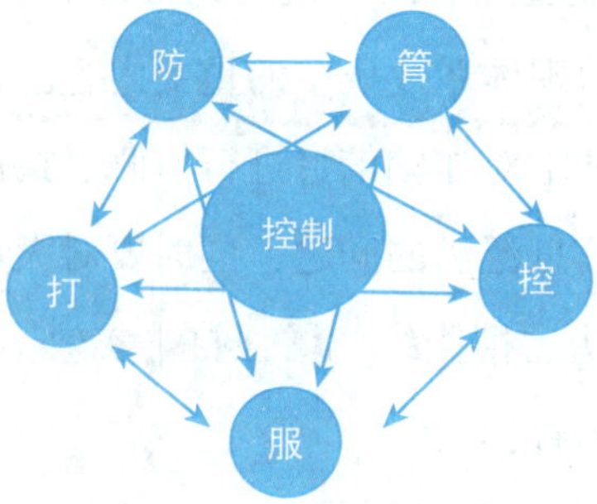

图1–4　社会安全治理中的共享融合

（一）要统筹协调

明确公安指挥中心为统筹部门，加强对社会安全形势的综合分析研判，统一负责对各项工作的总体协调。依托警务综合平台加强各业务应用系统的有机衔接，实现信息流、业务流、管理流的融合，推动打、防、管、控、服工作常态合成与良性互动。对各类突出的治安问题要坚持打防结合、综合实施，在打击过程中，要坚强有力，采取零容忍的态度。在预防中，要依托社区警务，立足基础信息化，构建常态机制。充分运用专项打击、重点整治和前端管理等各种措施。

（二）要力求主动

主动的理念和模式是社会安全治理体系建设的重要内容。这就要求建立健全治安基础工作的评估机制，依托警综平台，设置专门模块，对人、地、物、事、组织、信息等治安要素的管控工作进行评估，及时发现问题隐患，有针对性地强化重点管控，真正对涉恐涉爆、扬言报复社会、重性精神障碍患者、吸毒和涉邪教等重点人员管控到位，对地铁、公交、高铁、校园和医院等重点场所部位和人员聚集场所防范到位，对枪支、危爆物品、易制爆和易制毒化学品、管制刀具、散装汽油等重点物品安全监管到位。加强打、防、管、控、服各个环节的互动，并结合日常管理服务工作开展主动分析研判，主动侦查打击，从被动模式转向主动模式。此外，在舆论宣传、法律制度规范以及应急处突机制等方面都要力求主动，保障社会安全治理体系的有效运行。

（三）要注重整体

社会安全治理体系的构建要强化整体布局。一是要加强偏远农村、城乡接合部等薄弱区域的社会安全治理，对防控体系进行一体规划、一体建设，对打防管控工作进行一体研判、一体部署，使城乡治安防控工作协调发展。特别要抓住推广“三网融合”的有利契机，推进视频监控系统城乡一体化建设。对治安情况复杂的农村地区，综合采取加强基层组织力量，开展专项整治、机关干部蹲点和强化整体联动等措施，全力提升社会整体防控能力。二是要推进网上网下整体化防控格局。随着互联网发展，社会安全问题与网络更加密切，网上网下相互交织的特征更加明显，这就要求健全网上网下整体化建设，具体做到信息顺畅贯通、防范打击工作有机联动以及舆情引导及时有效等，保障实体社会与虚拟社会安全有序的双重目标。

五、创新驱动治理战略

创新是社会安全治理体系的灵魂。当前，人流、物流、资金流、信息流加快流动，在促进社会整体效率空前提高的同时，也使违法犯罪空间扩大、链条拉长、机动性增强，防范打击难度加大。新一轮科技革命兴起，特别是信息科技向数据科技的发展，不仅更新了人们认识世界的思维方法，也给防控公共安全风险提供了新途径、新手段。从一定意义上讲，得数据者得未来。要自觉学习新知识，创造性地运用现代科技最新成果破解社会安全治理难题，通过对海量数据的整合、挖掘，揭示传统技术方式难以展现的关联关系，让人们更清楚地了解事物本质、把握未来取向，从而发现新规律、提升新能力，为维护公共安全提供创造性服务。

（一）加强科技在公共安全领域的创新应用

工业化、城镇化快速推进期，也易成为各类突发事件的高发期。要更加注重增强风险意识和对风险源的控制，这就需要创新科技，切实保障人民群众生命财产安全，如重大社会活动风险评估和预警技术、吸毒人员瞳孔快速检测、视频监控联网应用、智能视频识别技术、危爆物品非接触式侦测和语音声纹识别等。对危险化学品，要强化行业主管部门监管责任和企业主体责任，善于运用物联网、电子标签、卫星定位等现代信息技术，构建生产、运输、存储、销售、使用等全过程、无缝隙的监管体系，实现对各类风险自动识别、预警，预防和减少突发事件的发生。对公交、地铁、高铁等公共交通工具，要在紧紧依靠群众、加强人防工作的基础上，研发、推广视频监控联网应用、大客流量快速安检、易燃挥发物监测报警装置等新技术新产品，运用最新科技手段破解安全防范难题，保障群众安全便捷出行。对寄递物流行业，要研究并解决政策、资金、技术等方面的制约因素，推动实名收寄、收寄验视、过机安检等措施的全覆盖，并建立全程计算机管理机制，落实企业安全主体责任，进一步织密社会安全网。

（二）推进信息化在社会安全治理体系的融合应用

创新社会安全治理体系，是维护公共安全的骨干工程、建设平安中国的基础工程。要结合制定“十三五”规划，在更高起点上统筹设计好社会安全治理体系。社会信息化快速发展，不仅更新了我们认识世界的思维方法，而且为加快建设社会安全治理体系提供了新手段。特别是利用物理世界之外的“脑力+信息”发展起来的智能产业，极大地扩展了人类智力水平，也为打造社会安全治理体系升级版提供了新平台。要坚持信息化牵引，积极推进打防管控一体化、网上网下一体化，确保社会安全治理形成体系、充满活力。围绕整合资源力量，完善信息化标准体系、统一接口和共享模式，推动各类基础设施互联互通，推进各类数据集成应用，发挥最大效益。把政府引导和市场力量更好地结合起来，统筹建设大数据、云计算中心和物联网等基础设施，为提升社会安全治理体系的整体效能提供信息化支撑。

（三）推进公共安全视频监控建设联网应用

将公共安全视频监控建设联网应用工作纳入经济社会发展大局，是突出防控风险，服务发展和破解难题、补齐短板的重要体现。一是要统筹推进，因地制宜，整合资源。加强统一规划，确保公共安全视频监控系统符合国家（行业）相关标准规范和《社会治安综合治理基础数据规范》，具有良好的兼容性与可扩展性。坚持条块结合、上下结合、新旧结合，从实际出发，充分激发地方，特别是基层积极性、主动性。充分运用现有视频监控系统资源，避免重复建设，并从促进联网应用、资源共享出发，进行技术研究，打破孤岛，继续发挥现有资源体系的效能。二是要重点建设，分步实施，分级管理。加强科学设计，突出重点，分类指导，以实际需求为导向，进一步提高重点公共区域与重点行业、领域的重要部位视频监控覆盖率、完好率、联网率，围绕项目建设、管理机制、业务应用等环节，推动各地区结合实际分步实施，稳步推进。三是要深度应用，持续发展，保障系统安全。把防控风险、服务民生作为公共安全视频监控建设联网应用工作的出发点和着力点，坚持以用促建，推动视频监控技术的深度应用。遵循可持续发展的理念，确保一定的技术领先性和应用前瞻性。

第二章　社会安全重点领域治理

影响社会安全的因素复杂多样，具有主客观双重性，因此社会安全治理是一项复杂的社会治理工作。当前影响我国社会安全的典型事件包括恐怖主义活动、群体性事件、黑恶势力、个人极端暴力行为等，这些是社会安全治理的重点领域。

第一节　恐怖主义的防范与打击

恐怖主义在全球范围内的滋生和蔓延，对世界政治、经济和社会秩序等产生了巨大的影响。恐怖活动的泛滥，不仅危害人们的生命、财产安全、影响社会的秩序稳定，也加剧和激化了社会矛盾，影响世界秩序的发展。认识恐怖主义、进行反恐怖斗争，是当前摆在世界各国人民面前的重要课题。

一、恐怖主义的特征

恐怖主义是长期存在的一种社会现象。20世纪60年代以来，恐怖袭击事件逐渐增多，恐怖主义加快了扩张步伐。从“恐怖主义”这一西方术语的历史渊源看，其首次使用是在1795年，专指法国大革命后的专政统治。到19世纪，该词被用于爱尔兰农民反对地主及其代理人的骚动。19世纪下半叶，恐怖主义用来指称投掷炸弹进行爆炸活动的无政府主义者。而后，它又被用于20世纪30年代的暗杀浪潮。到20世纪40年代末，恐怖主义主要与发生在殖民地的流血冲突，特别是发生在巴勒斯坦、马来西亚、塞浦路斯、阿尔及利亚和肯尼亚的流血冲突相联系。20世纪60年代后，恐怖主义基本上是指诉诸暴力、具有恐惧后果的突发性政治事件。

链接：恐怖主义

“通过暴力、破坏、恐吓等手段，制造社会恐慌、危害公共安全、侵犯人身财产，或者胁迫国家机关、国际组织，以实现其政治、意识形态等目的的主张和行为。”

——《中华人民共和国反恐怖主义法》

随着恐怖主义的蔓延与发展，世界人民对恐怖主义的认识日益加深，尽管恐怖主义从表面上看形式多种多样，但内在的重要特征和含义主要包括以下五个方面。

（一）恐惧性或心理战

恐惧性是恐怖主义最重要的内在特征。恐怖主义之所以成为恐怖主义，是通过使用暴力、暴力威胁或其他破坏活动来制造恐怖气氛，对社会大众造成心理压力，使其产生恐惧、害怕、担忧心理，产生不安全感。恐怖主义的真正目标大多并不在于特定的实际打击对象，而是在于影响更为广泛的社会大众，影响社会的反应或影响国家的政策，即便是暗杀政治领导人，情况也大多如此。

恐惧性或恐惧气氛的形成，主要源于恐怖活动发生的突发性、象征性和难以预测性。恐怖主义活动在什么时候、什么地点、针对什么人、以何种方式发生带有很大的随机性，而正是这种随机性或对受害者而言的偶然性增加了人们的忧虑，担心自己随时可能成为突然发生的恐怖主义活动的潜在受害者。恐怖主义在社会上营造了一种令人担忧和不安的恐怖气氛，使目标人物和普通民众普遍缺乏安全感。恐怖主义专家认为恐怖主义是心理战而不是军事战。

（二）暴力性或破坏性

从传统意义上讲，暴力是恐怖主义不可或缺的内涵，这也是全球社会各不相同的恐怖主义概念里一个突出的共同点。在很大程度上，离开暴力就难以说是恐怖主义。

暴力威胁也是一种严重的破坏性行为，造成的损失可能远远超过一般性的暴力行动的危害。例如，有人打电话声称在将要起飞的民航客机上安装了炸弹，我们就需要投入大量的人力与物力进行检查，导致班机延误，造成很大的经济损失。事实上，一提到恐怖主义，人们都情不自禁地联想到暗杀、爆炸、绑架与劫持人质、劫机、袭击平民等暴力活动。

（三）政治性或社会性

恐怖主义追求某种政治目标或社会目标，这是恐怖主义区别于一般经济或刑事暴力犯罪的主要标志之一。如果某种暴力或破坏活动没有目标，仅仅是为了暴力而暴力、为了破坏而破坏，那么它就不构成恐怖主义；如果某种暴力活动或破坏活动只是纯粹为了经济利益目标，那么它只能说是一般性的经济或刑事暴力犯罪。只有具备政治或社会目标，它才可能构成恐怖主义。

在政治性和社会性上，20世纪60年代末以来，西方国家内部许多恐怖主义活动都呈现出了明显的反资产阶级统治的政治特点，如联邦德国的“红军派”、意大利的“红军旅”、日本的“赤军”、法国的“直接行动”等极左激进组织，都制造了一系列旨在发泄对资本主义的不满并以推翻资产阶级统治为最终目的的恐怖事件。在美国，典型的如反对政府堕胎政策的激进组织与人员就不时针对医院诊所制造爆炸活动，借以威胁政府改变堕胎政策或改变人们的堕胎行为，这也是一种特殊的社会性恐怖主义活动。

（四）宣传性或宣扬性

恐怖主义通过宣传或宣扬自己，达到行动效果或“事业”影响的最大化，引起社会广泛的关注。恐怖主义的直接目的就是要通过具体的恐怖主义行动来造成令人恐惧的社会气氛，因而恐怖主义的实际效果大小常常取决于它在多大规模上使公众感到焦虑、担心和不安全，而这除了取决于恐怖主义本身的残酷性、规模等以外，更多地要取决于它能引起多大的社会注意力，扩大其影响力。恐怖组织通过对外宣传，不仅能使外界认识他们，而且可以借此扩大声势，显示实力，并可能获取外界支持。有专家强调指出，恐怖主义需要宣传，所有的宣传对自己都有利，即使是坏的宣传也比没有宣传好，没有宣传的恐怖主义，就如打空包弹的武器一样，没有威力。

（五）违法性或刑事犯罪性

恐怖主义的违法性表现在两个方面：一是非法使用暴力、暴力威胁或其他破坏手段；二是实施具体的恐怖主义行动，造成不同程度社会危害性后果，从而违背现行法律。至于是否属于犯罪行为，则要视情节轻重而言。如果情节很轻微（如实施暴力威胁尚未造成多大实际后果），可能只是违法行为，而不构成犯罪。强调刑事犯罪，一是因为实施恐怖主义行动造成了人员伤亡或经济损失，或其他严重政治危害等，是一种普遍的犯罪行为；二是由于恐怖主义多带有政治性，因此恐怖分子常常声称自己是持有不同政见者，在被捕后，称自己是政治犯，企图逃脱法律惩处。

二、恐怖主义的类型

根据恐怖组织形成的原因和活动特点，当代恐怖主义主要包括民族主义型、宗教极端型、极右型、极左型4种。

（一）民族主义型恐怖主义

民族主义型恐怖主义是根源于对本民族领土、语言、宗教、文化、心理、生活习俗与生活方式等认同的基础上，旨在追求本民族的独立（或完全自治）而引起的恐怖主义活动。从恐怖主义的历史与现实来看，民族主义乃是恐怖主义最持久的根源之一，也是恐怖主义最强有力与致命的根源之一。据不完全统计，目前世界上的恐怖组织约有1/3是民族主义型恐怖组织，这种类型的恐怖主义正在全球呈蔓延与泛滥之势。

在当代，以民族分离或民族扩张为主要特征的民族主义，其非常突出的危害性之一就在于它把本民族的要求强调到不适当的地位，从而为民族冲突提供了思想武器。在民族主义的旗帜下，为了达到目的，一切手段都可能被视为是可以采纳或可以容忍的，从而为那些不择手段的行为提供理论辩解和道德支持。正源于此，恐怖分子为了达到追求民族独立或维护本民族至高无上的利益的目的而不惜采用任何暴力恐怖手段。如原南斯拉夫联盟因科索沃问题而引发的恐怖活动、巴勒斯坦“阿布·尼达尔”组织的恐怖活动、俄罗斯因车臣问题而引发的恐怖活动等，就是典型的民族主义型恐怖活动。

（二）宗教极端型恐怖主义

宗教极端型恐怖主义是指带有明显宗教狂热色彩的，或打着宗教旗号活动但又不是宗教组织的新兴教派，或膜拜团体（主要是邪教）的狂热性而引发的恐怖主义活动。它主要包括带有明显宗教狂热色彩的宗教原教旨主义恐怖活动和邪教恐怖活动两大类型。它是当代世界最为普遍和最为严重的恐怖活动类型之一。据统计，在全球活跃的国际恐怖组织中，至少有20%～25%是具有宗教狂热极端性质的，而他们发动的恐怖活动的比例甚至更高。

20世纪90年代“冷战”结束后，为东西方“冷战”和意识形态所抑制的宗教问题凸显出来，世界范围内的宗教组织迅速发展，导致宗教极端型恐怖主义活动大面积复燃。一方面，伊朗、土耳其等国的伊斯兰教原教旨主义极端势力想在中亚建立“伊斯兰国”和“泛突厥联盟”，导致该地区宗教极端型恐怖主义活动泛滥成灾。另一方面，邪教组织对恐怖主义活动的加剧同样不可忽视。邪教宣扬自杀与杀人都是无罪的，从而常常使狂热的教徒成为牺牲品或杀人如麻的刽子手。

（三）极右型恐怖主义

当代极右型恐怖主义的泛滥是在20世纪60年代末期，主要集中在西欧、美国等资本主义发达国家。80年代末90年代初，东欧剧变，苏联解体，该地区的极右势力迅速滋生蔓延，极右型恐怖主义活动也大量发生。从某种程度上讲，极右势力是新法西斯主义死灰复燃的结果。极右势力不但针对极左派政党和组织进行恐怖破坏活动，而且更多的指向犹太人、有色人种、外来移民；不但指向政界要人和政府设施，而且更多地指向无辜平民和普通公共设施，旨在最大限度地制造恐怖气氛。

例如，以色列极右型恐怖分子反对与巴勒斯坦讲和，反对以色列军队从约旦河西岸占领区撤军，企图暗杀本国和巴勒斯坦领导人，导致1995年以色列总理拉宾惨遭暗杀。英国“白色闪电”组织崇尚暴力，经常利用炸弹爆炸来恐吓犹太人、黑人议员、亚裔人，威胁非洲人、犹太人等滚出英国，否则将遭到暗杀。这都属于极右型恐怖主义。

（四）极左型恐怖主义

20世纪70年代初，国际局势动荡不安，资本主义阵营迅速分化、重组，国际共产主义阵营也发生分裂，资本主义国家内部阶级矛盾突出。在此影响下，拉美国家、西欧资本主义国家内部出现了激进的极左组织，他们对现行资本主义剥削阶级不公正的统治极度不满，企图通过暗杀、爆炸等个人冒险式的恐怖活动来改变社会政治进程，夺取政权。

例如，日本“赤军”恐怖活动的极左基本思想策略是通过劫机、暗杀、占领驻外使领馆等恐怖活动打击日本帝国主义，支持全球性的“无产阶级革命”，最终消灭日本帝国主义，建立其自称的“共产主义的日本人民共和国”。20世纪70年代，“赤军”恐怖活动频繁，制造了一些耸人听闻的国际恐怖事件：1972年，在以色列国际机场进行恐怖袭击活动，造成近百人伤亡；1977年，在印度劫持一架由巴黎飞往东京的日本航空公司客机。

三、当前我国面临的恐怖主义新形势

2014年，我国发布的《中国国家安全研究报告（2014）》指出，在国际恐怖活动呈反弹之势的背景下，中国境内恐怖活动再次呈高发态势，并在袭击范围、攻击目标、实施手段、伤亡后果等方面呈现出新的特点，这预示着我国面临的恐怖主义不再是区域性犯罪现象，暴力恐怖活动将长期存在，暴力恐怖事件已然成为常态化的全国性安全威胁。

（一）袭击范围扩大化

从近年来公开性的暴恐事件资料可知，暴恐袭击范围从边疆地区向内陆地区扩散，从反恐严密地区向反恐薄弱地区转移，恐怖主义不再局限于遥远的边疆地区，而是共时性地存在于全国各个地区，全国范围内反恐压力倍增。

（二）目标普遍化

在我国境内制造暴恐袭击事件的恐怖主义势力具有民族分裂主义与宗教极端主义相融合的特点。恐怖主义势力利用宗教极端思想蛊惑民众、煽动民族仇恨，宣扬以暴力恐怖手段为所谓的“宗教理想”献身，以达到颠覆国家政权、制造民族分裂的目的。依靠宗教极端主义的民族分裂恐怖势力通过发动暴恐袭击直接对抗国家政权，攻击目标主要是具有国家政权象征意义的地方党政机关及其工作人员。依法负有侦查恐怖主义犯罪和打击恐怖主义职责，战斗在反恐第一线的公安机关及人民警察更是暴恐攻击的重点目标。针对暴力攻击特定性强的特点，我国反恐资源的部署也向党政机关等重点场所发生倾斜。恐怖主义原有的攻击策略受挫，进而将目标转向公共场所和普通大众。恐怖主义暴徒采取冷兵器砍杀、引爆爆炸装置、汽车冲撞等暴力方式将“魔爪”伸向无辜的平民百姓，短时间内造成大规模的伤亡。在对抗政权、分裂国家等恐怖主义企图之下，党政机关及其工作人员仍将是暴恐攻击的重点，而社会安全和个人安全也将面临恐怖主义威胁。事实证明，任何地点、任何人都可能成为暴恐攻击的目标。

（三）实施手段多样化

我国对枪支弹药与易燃易爆物品、危险化学品、放射性物品等能够危及人身安全和财产安全的危险物品具有完备的法律规制和严密的管控措施。近年来，公安机关加大对枪支弹药与危险物品的管控力度，恐怖分子通过走私等非法渠道获取武器难度极大，转而采取就地取材的方式获取实施暴恐犯罪的工具，如利用容易获取的材料制作土炸弹实施爆炸、使用管制刀具等冷兵器实施砍杀、利用汽油实施纵火、利用交通工具直接实施暴恐袭击、利用汽车冲撞无辜群众等。

（四）后果严重化

"独狼式"活动的个体和小群体暴恐活动明显增多，"独狼式"活动的个体暴力程度升级，而小群体暴恐活动具有组织性、预谋性增强的特点。为了制造大规模伤亡，扩大社会影响，恐怖分子往往选择火车站、集市、街道等人员密集的公共场所实施暴恐犯罪活动，将炸弹、砍刀指向手无寸铁、缺乏防范意识的无辜群众，造成严重的人员伤亡和财产损失。据统计，2013年"6·26"新疆鄯善县暴恐事件造成24人死亡、21人受伤；"10·28"北京天安门暴恐事件造成2人死亡、40人受伤；2014年"3·01"云南昆明火车站暴恐事件造成29人死亡、143人受伤；"4·30"新疆火车南站暴恐事件造成3人死亡、70人受伤；"5·22"新疆乌鲁木齐暴恐事件造成31人死亡、90余人受伤。暴恐事件所造成的伤亡后果呈现严重化的特点。

四、恐怖主义治理思路

针对全球肆虐的恐怖主义，各国政府为维护国家安全不断探索有效的反恐措施。总结世界上现今常用的反恐模式，主要有三种模式[①]：司法模式、战争模式和治理模式（见表2-1）。

表2-1　三种反恐模式比较

反恐模式特征	司法模式	战争模式	治理模式
问题界定	治安与犯罪	敌人与战争	治理缺失或不当
反恐思路	抓住与惩罚犯罪	赢得战争、消灭敌人	加强或改善治理
反恐宗旨	恢复法律与社会秩序	消灭敌人、保卫国家安全	为不同行为体提供高效、细致的国家安全服务
反恐内容	抓捕、起诉、审判、惩罚恐怖分子，维护社会治安秩序	威胁出现后，动员、结盟、使用武力、消灭敌人	对恐怖袭击发生前、发生时、发生后的全面治理
反恐措施	司法与治安方面的措施	军事以及相关的政治外交措施	根据需要，多种措施灵活配合使用

① 王伟光.恐怖主义·国家安全与反恐战略［M］.北京：时事出版社，2011.

续表

反恐模式特征	司法模式	战争模式	治理模式
反恐行为体	政府，主要是司法系统与警察系统	政府，主要是军事及国家安全或外交方面的机构	政府、多部门，个人、私营机构、非政府组织、国际组织和其他国家参与、协调、合作
反恐成效判断标准	抓获与审判恐怖分子数量，相关犯罪率的降低	消灭恐怖主义分子的数量，是否赢得战争	恐怖威胁降低，相关安全需求是否得到更好的、更高效的满足
反恐时间分布	案件处理时期	战争进行时期	全时段持续进行
反恐精神	冲动与消极	理性与消极	理性与进取

2015年12月，为了防范和惩治恐怖活动，加强反恐怖主义工作，维护国家安全、公共安全和人民生命财产安全，《中华人民共和国反恐怖主义法》颁布实施。该法明确规定，国家反对一切形式的恐怖主义，依法取缔恐怖活动组织，对任何组织、策划、准备实施、实施恐怖活动，宣扬恐怖主义，煽动实施恐怖活动，组织、领导、参加恐怖活动组织，为恐怖活动提供帮助的，依法追究法律责任。国家不向任何恐怖活动组织和人员作出妥协，不向任何恐怖活动人员提供庇护或者给予难民地位。国家将反恐怖主义纳入国家安全战略，综合施策，标本兼治，加强反恐怖主义的能力建设，运用政治、经济、法律、文化、教育、外交、军事等手段，开展反恐怖主义工作。反恐怖主义工作坚持专门工作与群众路线相结合，防范为主、惩防结合和先发制敌、保持主动的原则。

第二节　群体性事件的治理

一、群体性事件的特征

群体性事件的具体表述随着政治、经济形势的变化和社会现象表现形态的演化以及人们认识的逐步深入而不断变化，先后出现“群众性闹事”“治安事件”“突发事件”“紧急治安事件”“群体性治安事件”等不同名称。截至2004年，中共中央办公厅、国务院办公厅转发的《关于积极预防和妥善处置群体性事件的工作意见》称“群体性事件”后，名称基本确定下来。群体性事件是指由具有共同目标和利益的社会群体实施的，违反国家法律、法规、规章，扰乱社会秩序，危害公共安全，侵犯公民人身安全和财产安全，尚属于人民内部矛盾范畴的冲突行为。[①]群体性事件一般有如下特征。

（一）突发性

群体性事件是社会矛盾积累到一定程度的反映，在结果形成之前一般很难察觉，其爆发常常是由一些偶然因素引起，具有较强的突发性。在一些有组织的事件中，事件的组织者为了达到其不可告人的目的，往往事先在暗中准备、隐蔽活动、秘密串联，一旦认为时机成熟，即突然发难，很快就可能引发成百上千甚至上万人围观聚集，有的则迅速转化为严重打砸抢烧事件。

（二）聚众性

引发群体性事件的社会矛盾往往有一定的影响，参与其中的群众因牵涉某种共同利益，有共同的诉求，产生共同的思想情绪，情感上容易接近，思想上容易沟通，一旦事件发生，很容易形成人员聚集，并不断裹挟更多的人参与，甚至对其他社会问题不满的无直接利益关系的人员也加入其中，使事态急剧扩大。

（三）违法性

群体性事件的表现方式多种多样，主要是集体上访，围攻党政机关、企事业单位，非法集会、游行、示威、罢工、罢市、罢课、绝食静坐，不听从现场处置公安民警的指令等。显然，群体性事件是聚众实施的违反国家法律、法规、规章，扰乱社会秩序，危害公共安全，侵犯公民人身安全和财产安全的违法性行为，已经触犯了《中华人民共和国刑法》的有关条款以及《中华人民共和国治安管理处罚法》等相关法律法规，应当受到处罚。

（四）互动性

在群体性事件发生过程中，参与者群体内部以及参与者群体和旁观者之间，由于空间上和注意力上的接近，很容易丧失理智，失去自我控制和自我意识，产生从众心理，互相感染、模仿，发生频繁的互动，使一个人的情绪迅速传递给身边的其他人，而这种

---

① 谢川豫.治安管理学概要[M].北京：中国人民大学出版社，2016.

加剧的情绪反过来又会激起传递者本人更强烈的情感爆发，从而使事态进一步恶化。

（五）演变性

群体性事件最初的参与者为数并不多，但受到群众心理变化以及各种突发情境因素的影响，其演变过程可能在某个阶段产生突进式的变化，参加人员急剧增加，可能演化为打砸抢事件，甚至在更大范围、更多区域内爆发，严重影响社会秩序和公共安全。

二、群体性事件的形成演化规律

新形势下的群体性事件有这样一个典型的演化进程——部分群众与政府官员的情绪化对峙，引来大量围观者并迅速卷入，致使冲突逐渐升级，各种谣言在事件中迅速蔓延。特别是随着信息网络和新媒体的发展，新媒体的快捷传播，“真理还在穿鞋的时候，谣言已经在千里之外”，使群体性事件的演变速度和方式发生了深刻的变化。各种突发的群体性事件很快就在网络上扩散、发酵、演化甚至畸变，在全社会引发了各种规模的震荡。把握群体性事件的形成演化规律是开展群体性事件治理的前提条件。群体性事件的形成演化既有直接原因，也有间接原因、深层次原因；既受到经济因素、社会因素的影响，也受到心理因素、政治因素的影响。

（一）群体性事件的直接原因

冲突是一切危机发生的根本原因。群体性事件发生的直接原因往往与群体间的利益冲突有关。我国社会面临着从农业社会向工业社会、工业社会向后工业社会、计划经济向市场经济的转型。社会转型意味着风险在增加。我国是世界上最大的发展中国家，也是失业人口和贫困人口最多的国家之一，社会转型压力大。社会转型的关键时期也是人民内部矛盾的凸显期、刑事案件的多发期、对敌斗争的复杂期。从此意义上说，群体性事件具有不可避免性。

随着改革深入和社会变革推进，利益分化和利益主体多元化趋势明显，不同利益群体之间的矛盾和冲突增多。有学者将我国改革中各阶层利益受损情况按大小程度依次划分为四类利益群体，即社会底层群体、利益相对受损群体、普通获益者群体和特殊获益者群体（见图2-1）。[①]在这四类群体中，利益相对受损群体主要指城镇下岗失业人员、

① 李强.当前中国的四个利益群体［J］.学术界，2000（3）：5-19.

城镇化过程中的失地农民；社会底层群体主要指城市里的贫困人口、农村中的贫困农民和一大批流入城市且无正当职业的农民工群体。这两类群体在经济、政治、社会，包括话语权方面都较为弱势，逐步沦为数目庞大的弱势群体，而在其权益受到损害的情况下，油然而生“相对剥夺感”，同时这种心理失衡又难以找到畅通有效的诉求渠道，就极容易受外界因素的诱发而成为群体性事件的发动者和主要参与者。

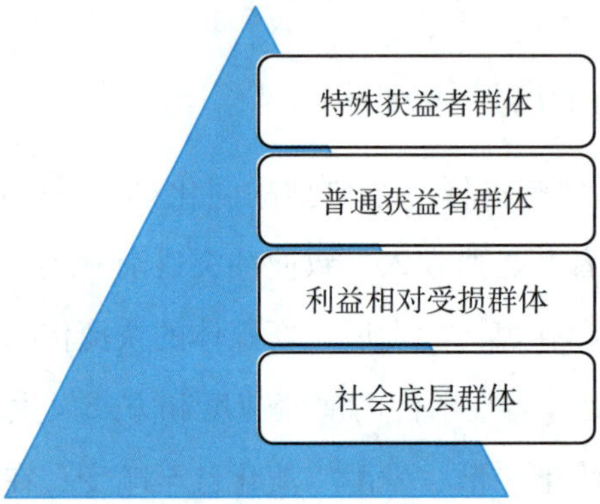

图2-1　当前中国的四类利益群体

1.劳资纠纷

中国社会科学院法学院研究所发布的《中国法治发展报告2014》对近14年间的群体性事件特点进行了梳理，发现劳资纠纷是导致千人甚至万人规模群体性事件的主要原因，在此类群体性事件中占36.5%。2015年此类事件继续呈增长态势。劳资纠纷产生的主要原因是企业改制导致的下岗问题和职工安置问题，如部分国有企业在改制、重组过程中往往出现忽视职工权益问题，侵犯部分职工的养老保险、医疗保险等福利待遇。劳资纠纷的另一重要原因是企业拖欠员工工资和工资水平过低的问题，以及企业违反《劳动法》和《劳动合同法》侵犯员工合法权益问题等。

2.征地拆迁

2013年，由中国社会科学院发布的《社会蓝皮书》指出，征地拆迁在每年多达数万起甚至10余万起的群体性事件中占1/2左右。这是因为我国城镇化规模迅速扩大，农村中的征地导致失地农民数量不断上升，与此同步进行的城市中的拆迁导致城市拆迁户数量不断攀升。之所以出现这样的问题，主要是由于一些地方政府“与民争利”，地方政府往往成为土地交易的最大受益者，实行“低进高出”。农民的自身利益受到损害，常常出现补偿标准低、补偿款项不到位等问题。这些问题最终成为引发群体性事件的直接导火索，农民为了维护自己赖以谋生的土地只能铤而走险。

3. 特定群体利益受损

在经济社会发展过程中，特别是随着经济转轨、社会转型，新技术、新业态对某些传统行业的冲击几乎是颠覆性的。例如，近年来多地发生的出租车罢运事件，既有老牌照产权归属问题、出租车公司“份子钱”问题、油价上涨问题等传统问题对出租车司机群体利益的冲击，也有由于“网约车”的出现而造成的全新挑战。

4. 特定地区生存环境受损或潜在受损

当前，我国环境污染问题突出。粗放型的经济发展方式使我国的自然生态环境付出了沉重的代价。据估算，1995年环境污染和生态破坏对我国造成的经济损失达到了1 875亿元，占当年国民生产总值（GNP）的3.27%。《2009年中国环境经济核算报告》显示，2003—2009年，基于退化成本的环境污染代价从5 118.2亿元提高到9 701.1亿元。2009年环境退化成本和生态破坏损失成本合计13 916.2亿元，较上年增加9.2%，约占当年国内生产总值（GDP）的3.8%。一些河流、湖泊、近海水域、野生动物和人体中已检测出多种化学物质，有毒有害化学物质已造成多起急性水污染、大气突发环境事件，多地区出现饮用水危机，个别地区甚至出现“癌症村”。

随着人民生活水平的提升，人民群众对美好生活的需要日益增长，而新媒体的发展又为民众关注环境安全、关心切身利益提供了更多的便利，民众对生存环境的关注度不断提升，环保、维权意识的提高，导致近几年来因环境污染问题引发的群体性事件明显增多。从2007年的厦门“PX事件”，2009年的广东“番禺反对建设垃圾焚烧厂事件”，2011年的浙江“海宁事件”，2012年的四川“什邡反对兴建钼铜项目事件”，2012年的江苏“启东事件”等都可以看出环境群体性事件规模化程度越来越高、对抗性程度越来越大。

（二）群体性事件的深层次原因

党的十九大报告指出，中国特色社会主义进入新时代，我国社会主要矛盾已经转化为人民日益增长的美好生活需要和不平衡不充分的发展之间的矛盾。我国稳定解决了十几亿人的温饱问题，总体上实现小康，不久将全面建成小康社会，人民美好生活需要日益广泛，不仅对物质文化生活提出了更高要求，而且在民主、法治、公平、正义、安全、环境等方面的要求日益增长。同时，我国社会生产力水平总体上显著提高，社会生产能力在很多方面进入世界前列，更加突出的问题是发展不平衡、不充分，这已经成为满足人民日益增长的美好生活需要的主要制约因素。

群体性事件发生的根源，主要在于发展的不平衡、不充分。城乡、区域、经济社会发展不平衡，人口资源环境压力加大。社会保障、收入分配、教育、医疗、住房、社会治安等关系群众切身利益的问题比较突出。一些社会成员诚信缺失，道德失范；一些领导干部的素质、能力和作风与新形势新任务的要求不适应；一些领域的腐败现象仍然比较严重；敌对势力的渗透破坏活动危及国家安全和社会稳定。

（三）网络传播对群体性事件形成演化的影响

20世纪90年代以来，网络媒体和手机媒体的兴起，弥补了传统媒体在报道群体性事件方面的即时性、快速性等方面的缺陷，成为人们关注群体性事件的主要平台。但是，由于监管机制的缺失，群体性事件的相关信息在通过网络媒体进行传播的过程中可能出现信息失真、非理性反应等现象，以微博、微信为代表的新媒体可能成为谣言传播的新渠道，造成广泛的社会心理恐慌、愤怒等，甚至诱发群体性事件。

1. 网络传播导致网络群体性事件

网络行为是近几年来新兴起来的一种集群行为，这种集群行为是实体集群行为的延伸，也是传统集群行为在互联网上的复制、延伸和创新，多由网民围绕某一敏感话题，在虚拟的空间里自发聚集并且广泛传播。网络集群行为因具有发生环境特殊化、行为互动符号化、行动信息多向化等特征，较实体的集群行为，更难以控制。由于互联网的传播速度快，网民可以匿名发帖等原因，使得这一集群行为成为网民发泄对社会不满情绪的主要窗口，如2006年的“虐猫事件”“铜须门事件”“网上追逐流氓外教事件”，2007年发生的“南京烧狗事件”“北京辱师视频事件”，以及2008年的“范美忠事件”等。这一新兴的集群行为往往让公安机关和政府部门束手无策，没有形成一种有效的制约机制，对社会的危害不断蔓延。

2. 网络传播引发更大范围的情绪感染和情感认同

网络传播或者突发事件的情绪感染，传达的是一种价值判断，对政府公正性的判断，尤其是在非利益诉求型群体性事件中，人们为“公正”而抗争，因此政府公正性的价值判断在这样的集群行为中起着重要的作用，人们之间的情绪感染和舆论传播的主要内容是关于政府的公正性。在2009年“石首事件”中，从6月17日涂远高非正常死亡至6月19日群体性事件爆发期间，相关网络报道、评论迅速增加。各种谣言、猜测、虚假信息、小道消息遍布全城，许多网友开展了民间调查并鼓动群众到永隆大酒店门口调查真相，各大网站论坛中有关此事的帖子有500多篇。而政府的沉默和不作为恰恰为这一酝酿过程提供了良好的外部环境。

3.网络传播导致谣言四起影响群体性事件的走势

群体性事件的突发性、灾难性和不确定性，使受影响民众出于了解事件真相的欲望而产生强烈的信息需求。如果没有可信的信息源及时全面地发布事件的相关信息，必然导致谣言的产生。群体性事件中的谣言分为原因型、后果型和细节型三类。

（1）原因型谣言是对群体性事件的原因进行群体解释，以获得共同认可。在群体性事件中，原因型谣言最为常见。一方面，原因型谣言的出现是由于民众渴望了解事件的真相；另一方面，由于群体性事件的发生触动了公众对自身安全的担忧，从而使民众迫切想确认同样的事件是否还会发生，自身的安全是否会受到影响或威胁。

（2）后果型谣言指向群体性事件或其他突发事件造成的灾难性后果。在大多数群体性事件中，关于其造成的死亡人数、经济损失以及其他损失的谣言源源不断。后果型谣言也可能指向未来的潜在威胁。这类谣言是当前风险社会背景中公众不安心理在群体性事件刺激下的一种外化。例如，2011年日本地震后，中国一些城市出现了“抢盐”风潮，推动力就是地震造成了福岛核电站的爆炸、引发严重的核污染，这一信息触发了民众自第二次世界大战以来对核安全的深刻的担忧。“核污染造成了海水污染，海盐安全受到影响”“食用碘盐可以防辐射”等谣言在各地广为传播，造成了社会秩序的混乱。

（3）细节型谣言是对群体性事件的发生发展过程进行详细解析，以吸引民众的注意力，激起民众的恐慌、愤怒等情绪。与原因型谣言和后果型谣言相比，细节型谣言由于提供了详尽的细节——这些细节恰恰是在群体性事件信息不充分的条件下受众非常关心或敏感的，能够获得更多的信任。细节型谣言的出现是因为谣言的制造者（不论是有意还是无意），为了让听众接受而渲染细节，从而获得信任。如2010年2月，关于山西一些地区要发生地震的消息通过短信、网络等渠道疯狂传播。1名20岁的在校大学生在百度贴吧发布题为《要命的进来》的帖文：“我爸的一个朋友，国家地震观测站的，也是打电话来，说地震的概率很大！大约是90%的概率，愿大家好运！这绝对权威！”导致2月20日凌晨，百万群众纷纷走上街头“躲避地震”，山西省地震局官网一度瘫痪。①

① 寇丽平.突发事件中的谣言及其控制［J］.中国人民公安大学学报：社会科学版,2013（1）.

（四）政府回应对群体性事件演化的影响

回应是指社会主体对客体的某一行为作出相应的答复。从政府角度来看，回应始终是政府行为的重要内容。具体而言，政府回应是指政府在公共管理的活动过程中对社会及公众的诉求与期望做出应答的一种互动过程，[①]它是政府处理与其他社会主体关系的基本方式，与政府的责任性关联密切，主要表现为政府机构负责并及时对公民提出的要求做出反应，同时还应向社会公众征询相关政策意见，对于公众的诉求给予政策解释、并及时有效地回答公众所提问题。[②]作为政府和社会各主体的一种互动的过程，能否有效满足各主体的诉求是政府回应成败的关键。从政府层面来讲，这就需要政府对社会各主体进行回应。我国的研究者也指出政府的责任意味着政府的社会回应，责任政府的一个关键标志就是政府回应性，且认为“政府回应性越大，善治的程度也就越高”，[③]越有利于社会矛盾的化解。典型案例研究表明，[④]政府回应的主动性、时滞性、频度、透明度、公正性、回应方式和互动性对群体性事件的发展演变存在不同的关联性。

（五）群体性事件演化中的心理因素

社会心理是一种普遍的社会现象，是人们对社会生活的认知、情感和行为意向的一种表达，是社会整体精神风貌、社会运行机制效能以及社会聚合状况的直接反映，是一种自发形成的社会力量。中国经济在最近30多年来高速发展的同时，各利益群体间的贫富差距不断加大。国家统计局发布的数据显示，2012—2015年，中国居民收入的基尼系数分别是0.474、0.473、0.469、0.462。2016年中国居民基尼系数是0.465。这一组数据反映出国内居民贫富差距早已超过了国际公认的警戒线0.4。收入分配差距是市场经济的必然产物，但过大的差距则会带来一系列的社会问题，造成一些群众心理失衡，相对被剥夺感、社会不公感增强，对社会不满情绪加剧。尤其是社会中的弱势群体面对糊口艰难、生活窘迫的现实时，心里的不满、失望或怨恨日益加深，“仇富”“仇官”心

---

① ［美］格罗弗·斯塔林.公共部门管理［M］.陈宪，等，译.上海：上海译文出版社，2003.

② ［美］罗伯特·登哈特，珍妮特·登哈特.新公共服务：服务，而不是掌舵［M］.丁煌，译.北京：中国人民大学出版社，2010.

③ 俞可平：全球化：全球治理［M］，北京：社会科学文献出版社，2003.

④ 杨立华，程诚，刘宏福.政府回应与网络群体性事件的解决［J］.北京师范大学学报：社会科学版，2017（2）.

理由此产生。[1]贫富差距和地区差距扩大、环境危机、社会公平下降、信任缺失、社会矛盾凸显等现实问题都会对公众的心理有着深刻的影响，导致公众出现焦虑感、不安全感、相对剥夺感和不信任感。尤其是弥漫在底层民众中的相对剥夺感、社会不公感、信任缺失感、弱势认同感、社会焦虑感等消极社会心态的相互叠加，是群体性事件发生的不容小觑的深刻社会心理动因。因此，凡是涉及社会公平、司法公正、腐败现象、弱势群体等敏感事件往往成为社会热点。大多数群体性事件也是弱势群体在遭受利益损害后表达怨恨、不满和愤怒的集体行动，其背后的消极社会心态会使群体成员采取激进的行为方式，导致集群行为的发生概率大为增加。

三、群体性事件的治理思路

群体性事件已经成为影响构建和谐社会的重要因素之一。积极预防和妥善处置群体性事件，最大限度地减少不和谐因素，是新时代各级政府必须切实抓好的一项重要任务。群体性事件治理的实践经验表明，在群体性事件发生后被动应对，盲目处置，往往会使群体性事件的规模不断升级，造成更为严重的社会负面影响。为改变这种被动局面，政府相关部门必须对群体性事件进行深入的研究，把握群体性事件的发展规律，采取有针对性的应对措施，提升治理能力。

（一）群体性事件的综合治理

群体性事件是国家、社会运转过程中，各个方面的消极因素影响制约和社会成员自我调节综合作用的结果。群体性事件发生的多因性，决定了治理理念的综合性。

1. 完善社会主义民主政治

发展社会主义民主政治，实现国家和社会的长治久安，必须坚持和完善人民代表大会制度，保证人民当家做主的主体地位，保证国家政治生活既充满活力又安定有序。推动多党合作和政治协商逐步走上制度化轨道，通过参政议政、民主监督，进一步扩大社会各方面成员的有序政治参与。加强民主制度建设，不断丰富民主形式，通过民主选举、民主决策、民主管理和民主监督等扩大基层民主，保障人民依法直接行使民主的知情权、参与权、表达权、监督权。提高工会及行业协会在利益表达和权利维护方面的实际效用，通过对话协商理性解决利益矛盾。

---

① 陈翠英.群体性事件根源及其化解、应对、处置对策［J］.安徽行政学院学报，2017（4）.

2.健全利益诉求表达法律机制

诉求表达渠道不畅是群体性事件爆发的重要原因。根据安全阀理论，必须构建制度化的利益诉求表达机制，运用法治思维和法治方式破解社会治理中的矛盾和难题，充分发挥诉讼、复议、赔偿、仲裁、调解、听证等法律制度的作用，改进信访制度，及时化解社会中的大量冲突和矛盾，把利益诉求与社会冲突尽可能地纳入法治轨道。

链接：安全阀理论

安全阀理论认为，社会可以通过建立适度宽容、开放和灵活的社会机制缓解社会冲突的压力，释放社会成员的紧张情绪，从制度设计入手预防群体性事件的出现。

- 合理控制。社会应该保持开放、灵活、包容的状态，通过可控制的、合法的、制度化的机制，对社会进行管理。
- 释放敌意。冲突自身就是一种释放敌意并维持群体关系的机制，可以使用“安全阀”这个概念来描述为社会不满提供释放途径的合法冲突机制。
- 转移矛盾。安全阀机制在一定程度上可以转移矛盾的焦点，避免矛盾的积累。

3.建立公平正义的利益分配和调节机制

建立公平正义的利益分配和调节机制是协调社会利益关系的根本要求。各级政府要着眼于人民群众的根本利益，正确反映和兼顾不同地区、不同部门、不同群众的利益，完善利益分配机制，把社会成员之间的收入差距和贫富差距控制在合理的限度内。政府要完善社会保障制度，保障全社会成员基本生存与生活需求，特别是保障公民在年老、疾病、伤残、失业、生育、死亡、遭遇灾害、面临生活困难时的特殊需要。

（二）群体性事件的源头治理

群体性事件的预防，应立足于“早发现，早化解”，夺得运筹时空和人力、物力的主动权，通过及时发现和掌握那些带有苗头性、倾向性的问题，做好疏导教育工作，消除可能引发群体性事件的各种因素和条件。

1.加强治安管理，做好各项防范工作

政府相关部门要完成维护社会稳定、确保一方平安的任务，必须在党委、政府的领导下，高度重视群体性事件的预防工作，组织各项业务活动。结合日常管理工作，加强包括预防群体性事件在内的各项防范措施；结合巡逻工作，严密社会面的控制，加强对党政机关、要害部门、要害部位的保卫工作，保证这些地方的绝对安全。

2.完善矛盾纠纷化解机制

“为之于未有，治之于未乱”，群体性事件的形成往往是矛盾纠纷长期累积、发酵的结果，开展矛盾纠纷排查调处是预防和减少群体性事件的重要途径，对把矛盾纠纷化解在基层、解决在萌芽状态具有积极意义。从当前的实际情况看，应积极构建党委、政府统一领导，综治部门综合协调，有关部门分工负责、互相配合，社会力量广泛参与的矛盾纠纷排查调处工作机制。[①]由政法综治部门牵头，公安、司法、检察、法院、信访、财政等部门参加，建立长效工作机制，定期研究矛盾纠纷排查调处工作，切实解决不稳定因素，从而使矛盾纠纷化解工作从上到下形成一个强有力的组织领导体系。

3.在一般预防的基础上，加强对重点人、重点时空的预防

政府相关部门应发挥自身的职能优势，加强对可能引发事件的重点人、重点时空的预防。一是对重点人或非正常群体的预防；二是对重点时空的预防，即加强对事件主体易于选择的时间的控制，加强对人群密集的公共场所和要害部位以及重要地区的控制，预防事件在这些场所引发。

（三）群体性事件的多元治理

群体性事件的形成和演变受到多种因素的影响，群体性事件的多元治理包含两个层面的内容：一是治理主体的多元化，二是治理措施的多元化。

1.在治理主体方面

党委、政府要发挥好在群体性事件治理中的核心作用和领导作用，公安机关要充分发挥控制整合作用、行政指导作用、规范引导作用和强制作用。同时，要组织和动员社会力量参与群体性事件的治理，建立有效的沟通协调机制和利益表达机制，充分发挥政府、社会、市场三方的力量，多元协作，实现群体性事件的善治。

2.在治理措施方面

一是要解决利益冲突造成的相对剥夺，完善以收入分配制度改革为重点的相关政策，适当通过税收、财政等手段让弱势群体能够真正共享发展的成果，实现利益分配的平衡，促进社会公平。二是通过制度构建畅通诉求表达机制，“民意如水，宜疏不宜堵”。拓展多渠道的诉求表达机制能够调节不同利益群体间的矛盾，让弱势群体借助信

① 韩敏，创新社会治理视角下我国群体性事件预防对策研究［J］.北京警察学院学报，2017（1）.

访、媒体等正常渠道以理性、合法的形式及时表达自己的利益诉求，释放对社会的不良情绪，有效防止矛盾的累积和激化。[①]三是依靠法律手段实现对矛盾纠纷的源头化解。从法治的角度分析，群体性事件的发生源于两个方面的原因：一方面，我国民主政治的发展仍不完善，民主决策体制、民主监督体制不健全，导致依法治国、依法行政难以落到实处。另一方面，群众政治参与、积极维权的意识却在觉醒和加强。通过法治手段实现群体性事件的治理，必须加快推进社会主义民主的制度化、规范化和程序化，切实保障人民当家做主；积极贯彻依法治国的基本方略，提高依法执政水平、坚持依法行政，有力地保障公民和法人的合法权益，保证把人民赋予的权力用来为人民谋利益。[②]

第三节　黑恶势力治理

一、黑恶势力的概念及特征

（一）“黑社会”与“恶势力”

与公安机关进行的“打黑除恶”的专项斗争相对应，“黑恶势力”包含“黑社会性质组织”[③]和“恶势力”[④]两个部分。

---

① 陈翠英.群体性事件根源及其化解、应对、处置对策［J］.安徽行政学院学报，2017（4）.

② 韩敏.创新社会治理视角下我国群体性事件预防对策研究［J］.北京警察学院学报,2017（1）.

③ 1997年我国修订刑法时，未出现大量的黑社会犯罪。由于当时我国尚无与黑社会犯罪做斗争的经验，因而在黑社会犯罪的法律规定上持一种谨慎的态度，在立法机关看来，当时我国虽然还没有典型的黑社会组织，但已经存在具有黑社会雏形的组织，即所谓黑社会性质的组织。所以在立法用语上使用了“黑社会性质组织”。陈兴良.关于黑社会性质犯罪的理性思考［J］.法学,2002（8）.综上所述，我国的“黑社会性质组织犯罪”相当于国外的“黑社会犯罪”，只是在规模和组织化程度上有大小、高低之分。为了使用上的便利，笔者对“黑社会犯罪”和“黑社会性质组织犯罪”不再加以区分。

④ 对于“黑恶势力犯罪”存在不同的理解：有学者认为黑社会犯罪的“组织化”程度大大高于“黑恶势力”，“黑恶势力”则属于非正规组织，成员间的关系不十分严格、具体，初级群体的特征仍然十分明显。可见，黑恶势力虽有黑社会部分特征，但还没有形成黑社会。因此，称为黑恶势力或黑社会势力。康树华、石芳.透视黑恶势力［J］.中国刑事法杂志，2001（2）.此种观点认为“黑恶势力”只指“恶势力”，而不包含“黑社会性质组织”。

严格说来，“恶势力”一词，不是法律用语，一般是指以暴力或威胁手段，在相对固定的区域内为所欲为，欺压群众，扰乱公共秩序，形成一定势力范围，为实施多种违法犯罪活动而组成的犯罪团伙。[①]根据最高人民法院、最高人民检察院和公安部印发的《办理黑社会性质组织犯罪案件座谈会纪要》，“恶势力”是黑社会性质组织的雏形，有的最终发展成为黑社会性质组织。结合组织化程度的高低、经济实力的强弱、有无追求和实现对社会的非法控制等特征，对“黑社会性质组织”与“恶势力”团伙加以正确区分。

黑社会性质组织犯罪和恶势力犯罪既有一定的相似性，又有客观上的异同性。恶势力组织奠定了向黑社会性质组织进化的最初基础，但它要成为真正的黑社会性质组织仍需一个过渡演化阶段，即“黑”中必然含“恶”，而“恶”中未必有“黑”，只有当“带黑有恶”时才能更加接近于《刑法》规定的黑社会性质组织。[②]

（二）黑恶势力的主要特征

1.谋求非法控制是黑恶势力的最大特征[③]

为了达到对社会非法控制的目的，黑恶势力除表现为内部的高度组织化外，还在外部谋求对经济的控制。而这种控制常常借力于合法的或非法的形式展开。一些犯罪团伙在进行了一段时期的犯罪活动后，为了达到长期犯罪而不被发现的目的，逐步开始寻找各种外衣和掩护，试图由非法走向“合法”。[④]

黑恶势力典型的演化形态为：从最初的个体临时结伙犯罪到较为稳定地形成组织，再发展为区域内的黑恶势力，继而升格为黑社会性质组织，甚至演化为黑社会犯罪组织（见图2–2）。应该说，这种概括是符合黑社会犯罪组织形成基本规律的。但需要指出的是，基于这种演化趋势而提出的犯罪原因理论无可避免地会将一般共同犯罪组织与黑社会犯罪组织形成原因杂糅，从而在黑社会犯罪成因理论上过多地带有一般犯罪原因的色彩。

---

① 何挺.论我国黑恶犯罪形势及“打黑除恶”工作［J］.中国人民公安大学学报，2005（3）.

② 张建，胡云雄.关于黑恶势力有组织犯罪的刑法思考［J］.犯罪研究，2010（5）.

③ 陈兴良.关于黑社会性质犯罪的理性思考［J］.法学，2002（8）.

④ 黄立.有组织犯罪类型研究［J］.中国刑事法杂志，2000（6）.

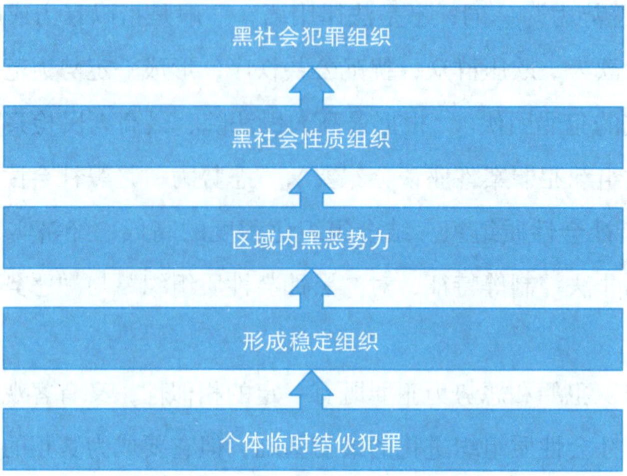

图2-2　黑社会犯罪组织发展过程

此外，由于我国黑社会犯罪组织呈现多样化特征，因而并非所有的黑社会犯罪组织均遵循这样的演化规律：有的犯罪组织（如农村恶势力组织）自产生之初就形成了稳定的组织，并不经历临时结伙阶段；有的组织成立之初为合法组织（如法人社团），但在市场竞争等外部环境中，逐步使组织染上黑社会性质，直至发展为黑社会犯罪组织。任何黑社会犯罪组织的形成都要经历两个过程，“个体的组织化”与“组织的黑社会化”，这两个过程并不是先后关系，而是一种交融、并行式关系，二者可以在黑社会犯罪组织发展过程中同时进行各自的动态演化。①

链接：广东省黑社会性质组织的发展特点

深圳地区自清朝开始就是当时的黑社会“洪门三合会”的传统活动区域，中华人民共和国成立之后，严厉打击一切帮会组织和黑社会组织，广东省的黑社会组织才销声匿迹。改革开放后，作为沿海城市，毗连香港、澳门地区，广东省的经济最先发展起来，而与此同时香港、澳门的黑社会组织也一并开始渗透。香港的黑社会“三合会”直接派人在广东省内建立起自己的黑社会性质的组织，也有很多香港、澳门黑社会通过资助钱物、犯罪工具等方式扶持广东省内的犯罪分子建立黑社会性质的组织。香港、澳门甚至是台湾等地的黑社会组织跨境开展黑社会“业务”，在广东境内开辟走私、贩毒、贩卖人口、偷越边境等非法通道。

广东省的黑社会组织犯罪活动多分成以下几个类型。

① 赵国玲，徐然. 黑社会犯罪组织形成机制研究［J］. 国家行政学院学报，2012（2）.

第一，境外黑社会组织以合法投资建企业为由，在广东省内设立专门的洗钱机构。

第二，境外组织直接在广东省内建立分支据点，或境内黑社会性质的组织与境外黑社会相勾结扩大走私、贩毒犯罪规模。

第三，黑社会性质的组织之间因利益分配不均、争抢地盘等发生械斗伤及无辜群众，破坏社会治安秩序。

第四，加紧对海关、司法、党政机关工作人员的拉拢腐蚀。

2. 农村地区黑恶势力与封建宗族势力交织

分析农村黑恶势力犯罪的情况必须注意区分农村黑恶势力与农村封建宗族势力。封建宗族势力是指利用姓氏、血缘关系形成成员们“同族一脉”的观念，开展维护宗族利益活动的组织。这种封建宗族势力往往在农村表现得比较突出，因此泛称农村封建宗族势力。中国农村封建宗族势力，是中国几千年来封建思想的历史残余。新中国成立后，随着我国农村基层政权的建立和加强，封建宗族势力在广大农村受到了一定程度的遏制，只是在一些经济欠发达、文明程度不高、基层政权施政乏力的偏远落后农村有一定的生存与发展土壤。其具体表现：一是大兴族谱之风，大肆募捐钱财，搭台唱戏，通过修族谱、建祠堂、祭祀先祖等活动，建立区域间联系；二是有些封建宗族势力在农村充当部分利益集团代表，把持、对抗当地基层政权组织，以致出现了族权大于政权的奇怪现象，对农村基层政权组织造成一定的威胁，在很大程度上呈现出宗族势力向地方黑恶势力转化的趋势。虽然农村封建宗族势力的存在有其一定的社会危害性，但却不是我国刑法所要求的打击对象，主要是由人民政府采取教育的、行政的、经济的手段予以解决。当然，如果其内部人员或该组织涉及违法犯罪特别是黑恶势力犯罪的，则应坚决依法予以打击。①

3. 省际接合部黑恶势力猖獗

省际接合部多为少数民族小聚居区域，宗族势力、传统民族习惯法依然盛行，当地群众解决纠纷多采用传统的暴力和非理性方式，基层政权和社会组织威信、权威都在降低，因此出现了不同民众群体之间，群众与基层政府的严重冲突，而群众往往依赖于黑

① 康树华. 农村封建宗族势力与黑恶势力的区别及防治对策［J］. 公安学刊（浙江公安高等专科学校学报），2006（2）.

恶势力来解决冲突。[①]如2005年12月25日，广东省连南县的某镇发生一起由极少数人挑起的，冲击打砸党政和公安机关、劫持人质致人死亡的严重违法犯罪案件，[②]造成1名民警和3名村民死亡、6名村民受伤的严重后果。[③]

4. 黑恶势力主要侵蚀经济领域

金钱始终是黑恶势力犯罪的主要命脉。随着社会、经济、政治等的发展，黑恶势力犯罪活动已经不再简单地停留在传统的以暴力为主的犯罪领域，而是更加广泛地涵盖各种各样的非法商业活动等领域。对经济利益的追逐成为黑恶势力犯罪活动存在与发展的基本动因。非法行业（如黄赌毒等）是黑恶势力犯罪组织得以滋生的沃土，集中在开设赌场、暴力讨债、高利贷、淫秽场所、毒品行业等。

5. 黑恶势力侵蚀基层政权

基层政权是最基层的政治组织，黑恶势力向政治领域渗透往往是从基层政权开始的。黑恶势力利用各种手段拉拢、腐蚀基层干部，为其违法犯罪活动提供保护。[④]农村基层组织有蜕变为黑恶势力的迹象，具体分为两种情况：一种是先“黑”后“红”，即原本是农村地痞、流氓、村霸的黑恶势力分子，通过入党担任村干部或者通过控制村民选举，由捞取党票或民主选举程序谋求农村党支部或村委会的领导权，在红色外衣的掩护下干黑恶势力的勾当；另一种是先“红”后“黑”，即原来的党支部书记或者村委会主任被当地黑社会拉拢和收买，黑恶势力团伙成员乘机控制农村基层组织，致使农村基

---

① 一方面，这可能与纠纷双方对公权力机关缺乏信赖或者意图规避烦琐的法律程序有关；另一方面，反映出黑社会犯罪组织的某些亚文化心理——江湖义气、救人危急，可能与该地区绵延相传的文化有关。

② 2005年11月26日该镇新寨村和火龙冲村两村瑶族村民因小孩纠纷引发近200人的械斗事件，县公安局接报后调集警力制止了械斗。经公安机关调查取证，查实FDDEG等人涉嫌非法持有枪械、纠集械斗、阻挠和殴打计生干部、扣押警车等违法犯罪行为，公安机关采取抓捕行动，将涉案人员带回公安机关审查。但在12月24日晚，在当地黑恶势力FDDY、FZWE、FDBGE等人的煽动下，200多名火龙村村民冲击大麦山镇政府，在镇政府内鸣放火药枪，砸烂党政办公室内办公设备，将该镇党委书记等2名领导劫持。后又冲击大麦山镇派出所，劫持1名派出所副所长。

③ 张成，许宪隆，郭福亮.省际接合部民族因素群体性事件调查报告［J］.西南民族大学学报：人文社会科学版，2012（4）.

④ 李若菊.黑恶势力“社会组织化”的趋势及对策研究［J］.吉林公安高等专科学校学报，2011（5）.

层组织的性质和作用发生蜕变。[①]

6.黑恶势力的暴力程度依然很强

专项斗争打掉的涉黑组织，往往涉及杀人、故意伤害、寻衅滋事、敲诈勒索、聚众斗殴、强迫交易、非法拘禁等多种犯罪。尽管从长远来看，随着“打黑除恶专项斗争”的进一步深入，黑恶势力犯罪的暴力性还将逐步减弱，但是，暴力在黑恶势力犯罪上还将比较稳定地维持在一个比较高的比例上。

此外，一部分黑恶势力犯罪组织倾向于裹挟、煽动不明真相的群众暴力抗法、冲击政府机关，制造群体性事件，扩大影响。如贵州瓮安“6·28”事件平息后，省公安厅即成立“6·28”专案组，由1名副厅长任组长，从全省抽调350名精兵强将进驻瓮安，针对当地黑恶势力及其在“6·28”事件中实施打砸抢烧的违法犯罪情况，开展了声势浩大的打黑除恶专项斗争，一举摧毁了长期盘踞当地、称霸一方的“玉山帮”“叶八二帮”“邹昭喜帮”“刘军帮”“冷老二帮”5个黑社会性质组织，以及“杨廷品”等7个恶势力团伙。瓮安县及周边地区治安环境得到彻底整治，社会治安秩序明显好转，当地群众无不欢欣鼓舞、拍手称快，人民群众的安全感和对公安机关的满意度大幅上升。据省统计局测评，2009年瓮安县人民群众的安全感为95.57%，在全省88个县（市、区）中排名第4位（2007年59.09%，全省排名第78位；2008年89.43%，全省排名第23位）；2009年人民群众对公安机关的满意度为93.78%，全省排名第2位（2007年67.57%，全省排名第73位；2008年89.37%，全省排名第8位）。[②]

国际社会中，因资源条件、历史发展、文化特点、社会体制等原因造成的国别差异，使黑社会犯罪的跨国联盟行动能够获取暴利，暴利的驱动使黑社会犯罪走向国际化。[③]基于地理位置和自然环境的便利，香港、澳门、广东、福建等沿海地区的黑社会犯罪具备区域化和国际化相结合的特点，如据澳门监狱部门的统计，在押毒品犯罪分子中，非洲籍的占很大比例。[④]

---

① 王金红.“两委矛盾”：经验分析与理论批评［J］.华中师范大学学报：人文社会科学版，2005（5）.

② 崔亚东.从贵州瓮安“6·28”事件看打黑除恶斗争：关于贵州瓮安“6·28”事件的反思之三［J］.公安研究，2010（5）.

③ 谢勇，王燕飞.有组织犯罪研究［M］.北京：中国检察出版社，2005.

④ 赵国玲，于小川.澳门有组织犯罪研究［J］.人民检察，2011（6）.

二、黑恶势力的刑事立法变迁

有关"黑恶势力"立法经历了从无到有、从不完善到渐趋完善的过程。1997年，立法者在修订《刑法》时，吸收了地方立法的经验，增加了"黑社会性质组织罪"的3个罪名，立法的确立在预防和打击黑恶势力方面确实发挥了重要作用，但对于黑社会性质组织的理解和界定上仍存在一些困惑。基于此，最高人民法院在2000年发布了司法解释、全国人大常务委员会在2002年发布了立法解释。2011年《刑法修正案（八）》提高了黑恶势力的法定刑，增加了财产刑，在减刑、假释等执行程序上也进行了完善。

（一）地方法规最早规定"黑恶势力"

深圳市政府的地方法规最早规定了"黑社会"，[①]"黑社会是严重危害人民民主专政、危害公共安全、破坏社会治安秩序和社会管理秩序，有独立确定的名称，有较为严密的组织，有相对确定的场所、区域及行业，带有封建帮会色彩、兼具帮会性、流氓性的犯罪组织""在活动内容、方式、组织形式等方面类似黑社会组织或者在成员结构上与黑社会组织有关联的违法犯罪团伙，是带有黑社会性质的违法犯罪团伙"。[②]而1993年11月通过的《广东省惩治黑社会组织活动的规定》第2条规定："本规定所称黑社会组织，是指有组织结构，有名称、帮主、帮规，在一定的区域、行业、场所，进行危害社会秩序的非法团体。"[③]

（二）1997年《刑法》正式命名"黑社会性质组织"

1997年《刑法》在第294条正式使用了"黑社会性质组织"这个概念，即黑社会雏形的组织，黑社会性质组织在程度上不同于像意大利"黑手党"、中国香港"三合会"那样大规模的黑社会组织，但是具备了一些黑社会组织所具有的典型特点和犯罪手法；而刑事立法的超前规制也表现在对黑社会性质组织的法律特征界定上充满了文学色彩，"以暴力、威胁或者其他手段，有组织地进行违法犯罪活动，称霸一方，为非作歹，欺

---

① 卢建平.有组织犯罪比较研究［M］.北京：法律出版社，2004.

② 贾凌，杨超.黑社会性质犯罪专项整理［M］.北京：中国人民公安大学出版社，2011.

③ 金泽刚.论惩治黑社会犯罪的刑事立法［J］.法学评论，1997（6）.

压、残害群众，严重破坏经济、社会生活秩序的黑社会性质的组织”。[①]必须承认的是，1997年《刑法》对于“黑社会性质组织”的规定开拓了黑恶势力刑法变迁的新纪元。

（三）“最高法”与“最高检”，以及“司法解释”与“立法解释”的分歧

1997年《刑法》对于黑社会性质组织的法律特征把握不准导致司法实践中认定标准不统一。因此，最高人民法院出台了《关于审理黑社会性质组织犯罪的案件具体应用法律若干问题的解释》，进一步明确了黑社会性质组织的法律特征。然而，公安机关、人民检察院与人民法院对“保护伞”是否应成为黑社会性质组织犯罪的必备特征存在不同意见。

最高人民检察院向全国人大常委会提起对《刑法》第294条第1款规定中“黑社会性质组织”的法律特征作立法解释，全国人大常委会于2002年4月作出了关于《刑法》第294条的立法解释，对黑社会性质有组织罪应具备的特征作了4个方面的限定，把国家工作人员对黑社会性质组织的包庇或者纵容作为选择特征。[②]

（四）《刑法修正案（八）》进一步周延立法

关于侦办涉黑案件，除已出台的司法解释、立法解释、《办理黑社会性质组织犯罪案件座谈会纪要》外，2011年出台的《刑法修正案（八）》有13个条文与打击黑恶势力犯罪关系比较密切，如将黑社会性质的组织犯罪增加为特殊累犯；将立法解释关于黑社会性质组织4个特征的界定吸收入法；对组织、领导、参加黑社会性质组织犯罪增设财产刑；提高组织、领导黑社会性质组织罪和包庇、纵容黑社会性质组织罪的法定刑；对强迫交易、敲诈勒索、寻衅滋事等罪名也作了修改，以加大对恶势力及新型黑恶犯罪的打击力度。

另外，2013年出台的新《刑事诉讼法》增加了证人保护制度，明确规定了通过技侦手段收集的材料可以作为证据使用。此外，最高人民法院、最高人民检察院、公安部和司法部还联合出台了《关于办理黑社会性质组织犯罪案件若干问题的规定》，对办理黑社会性质组织案件诉讼程序方面作一些专门的规定。[③]以上属于我国在配合“打黑除恶”方面进行相关立法取得的一些新进展。

---

① 陈兴良.关于黑社会性质犯罪的理性思考［J］.法学，2002（8）.

② 郑士立.有组织犯罪立法完善研究［D］.重庆：西南政法大学，2014.

③ 该资料来自全国打黑除恶专项斗争协调小组办公室的统计结果。

三、黑恶势力防控措施

政府对安全性的承诺随着风险和破坏的增长而增长，并且这种承诺必须对警觉和批判性的公众通过表面的或实质的对技术—经济发展的介入而不断地重申。[①]黑恶势力犯罪直接危及党的执政基础，严重影响一个地方的长治久安，是阻碍经济建设和社会发展的一大“毒瘤”。黑恶势力的严重危害和打黑除恶斗争的实际效果表明，在某些地方黑恶势力犯罪确实比较活跃。一个地方有无黑恶势力存在是检验一个地方社会治安好坏的“晴雨表”；敢不敢、能不能打黑除恶是检验一个地方党委、政府、政法公安机关有无战斗力的“试金石”。[②]

（一）创新打黑除恶措施、壮大专业打黑队伍

在坚持“挂牌督办”“下打一级”“异地用警”“异地关押”等有力措施的基础上，对重大疑难涉黑案件组织专家阅卷，与最高人民检察院、最高人民法院联合开展督导，让打黑措施更加有力。

2002年6月，中央下达打黑除恶专项编制后，各省和各副省级城市纷纷组建了打黑除恶专业队，一些有条件的地市和区县也都争取地方编制，组建了打黑专业队伍。各省成立了独立的有组织的犯罪侦查总队。同时，地市级、区县级公安机关的打黑专业队伍也逐步壮大。[③]

既有的实践，在创新打黑除恶措施、壮大专业打黑队伍方面已取得了很大的突破和优良的成绩，在未来的实战中，还需进一步加强和完善相关举措。一方面，打黑除恶工作责任重大、任务艰巨、情况复杂、专业性很强，必须要有一支政治可靠、业务精通、作风过硬、纪律严明、经验丰富的高素质专业队伍。不仅要强化打黑除恶专业队伍法律知识、专业技能等方面的培训，在思想上树立起与黑恶势力长期做斗争的意识和准备，还要提高侦查破案、攻坚克难的能力，最大限度地发挥打黑除恶的“拳头”和“尖刀”作用。另一方面，要落实经费和装备，为打黑除恶专业队伍履行职能职责提供充足保障。打黑除恶工作面临的形势和任务，决定了政法各机关都应建立一支适应现实需要的

---

① ［德］乌尔里希·贝克.风险社会［M］.何博闻，译.北京：译林出版社，2004.

② 崔亚东.从贵州瓮安“6·28”事件看打黑除恶斗争：关于贵州瓮安“6·28”事件的反思之三［J］.公安研究，2010（5）.

③ 该资料来自全国打黑除恶专项斗争协调小组办公室的统计结果。

专业队伍，确保黑恶案件快侦、快诉、快判，提高惩治黑恶势力犯罪的质量和效果，最大限度地体现法律的尊严和权威。[①]

2018年1月24日，党中央、国务院发出《关于开展扫黑除恶专项斗争的通知》，深入贯彻落实党的十九大部署，保障人民安居乐业、社会安定有序、国家长治久安，进一步巩固党的执政基础，在全国开展扫黑除恶专项斗争。

链接：黑恶势力治理的治理理念与目标

全面贯彻党的十九大精神，以习近平新时代中国特色社会主义思想为指导，牢固树立以人民为中心的发展思想，针对当前涉黑涉恶问题新动向，切实把专项治理和系统治理、综合治理、依法治理、源头治理结合起来。把打击黑恶势力犯罪和反腐败、基层“拍蝇”结合起来，把扫黑除恶和加强基层组织建设结合起来，既有力打击震慑黑恶势力犯罪，形成压倒性态势，又有效铲除黑恶势力滋生土壤，形成长效机制，不断增强人民获得感、幸福感、安全感。维护社会和谐稳定，巩固党的执政基础，为决胜全面建成小康社会、夺取新时代中国特色社会主义伟大胜利、实现中华民族伟大复兴的中国梦创造安全稳定的社会环境。

“扫黑除恶”与“打黑除恶”一字之差，体现了党和国家有效整合各部门资源力量，综合运用法律、经济、行政等多种治理手段，更加有效地扫除黑恶势力的信心、决心和创新精神。

（二）践行打黑“群众路线”、巧用除恶“大众媒介”

治安工作一直强调“群众路线与专门工作相结合”。[②]全国“打黑办”一直注重发动群众工作，专门设立了举报箱，公布了举报电话和地址并在网上开通了微博。专项斗争以来，全国“打黑办”共收到有质量的群众举报线索并转发各地核查的有6 285件（督办851件、转办3 669件、通报1 765件）。另外，全国“打黑办”直接派员介入部分重点涉黑案件侦查，并对部分省份的群众举报线索核查工作进行面对面督导，部分省（市、区）对群众举报重点涉黑涉恶线索开展异地交叉核查，取得很好的效果。2018年1月24日，中共中央、国务院发出《关于开展扫黑除恶专项斗争的通知》，明确10种黑

① 崔亚东.从贵州瓮安“6·28”事件看打黑除恶斗争：关于贵州瓮安“6·28”事件的反思之三［J］.公安研究，2010（5）.

② 陈柏峰.群众路线三十年（1978—2008）——以乡村治安工作为中心［J］.北大法律评论,2010（1）.

恶势力性质违法犯罪线索呼吁广大群众举报。

链接：扫黑除恶专项斗争

为深入贯彻落实党的十九大部署和习近平总书记重要指示精神，保障人民安居乐业、社会安定有序、国家长治久安，进一步巩固党的执政基础，党中央、国务院发出《关于开展扫黑除恶专项斗争的通知》，决定在全国开展扫黑除恶专项斗争。

发现以下十种黑恶势力性质的违法犯罪活动，请马上举报！

一是农村地区把持和操纵基层政权、侵吞农村集体财产的“黑村干部及幕后推手”；横行乡里或利用家族、宗族、宗族势力称霸一方的“村霸乡霸”；采取贿赂、暴力、欺骗、威胁等手段干扰破坏农村基层换届选举的黑恶势力，以各种名义在征地租地过程中煽动群众闹事、组织策划群体性上访的黑恶势力；

二是强占各类农贸市场，欺行霸市、强买强卖、敲诈勒索、聚众滋事，侵害群众利益的各类“菜霸”“行霸”“市霸”等黑恶势力；

三是在建筑工程、交通运输、仓储物流等领域强揽工程、强立债权、恶意竞标、强迫交易、非法垄断经营、收取“保护费”、破坏经济秩序的黑恶势力；

四是群众反映强烈的涉嫌高利贷非法讨债，以及采取故意伤害、非法拘禁、威胁恐吓等手段暴力讨债，或插手经济纠纷的“讨债公司”“地下出警队”“职业医闹”等恶势力；

五是在乡村、城郊、居民社区、娱乐场所，有组织地从事涉“黄、赌、毒、枪”的违法犯罪活动，严重败坏社会风气、危害社会治安的黑恶势力；

六是对矿产资源进行私挖滥采和组织渔船越境捕捞的违法行为，以及在滩涂养殖中由于划地为界、码头“扒皮”等行为滋生的“矿霸”“船霸”“渔霸”等流氓恶势力；

七是由黑恶势力操控的黑导游及其引发的强买强卖、寻衅滋事、敲诈勒索等违法犯罪活动；

八是以高薪引诱、招募船员，实施欺骗、敲诈勒索、强迫劳动等违法犯罪活动；

九是拉帮结派、寻衅滋事、打架斗殴、强拿硬要、称王称霸等破坏一方秩序带有黑恶势力性质的帮派势力；

十是其他涉黑恶违法犯罪线索。

欢迎广大人民群众积极行动起来，检举揭发黑恶势力违法犯罪线索。对于举报线索公安机关将严格保密，一经查实将按照相关规定给予奖励；对包庇、纵容违法犯罪分子或恶意举报、诬告陷害他人的，将依法追究法律责任；对举报人进行报复的，将依法从严、从重惩处。

举报方式：拨打“110”报警电话及各地扫黑除恶专项斗争领导小组办公室举报电话，或者通过网络和信件进行举报。发现有党员干部为黑恶势力充当保护伞时，拨打纪委监察委举报电话“12388”进行举报。

践行打黑“群众路线”，需进一步鼓励民众在法律框架内的积极参与。毫无疑问，提升民众的安全感是政府不可推卸的职责，但是民众的积极参与同样不可或缺。对于影响民众安全感的黑恶势力现象，群众往往是最早的发现者和体验者；面对黑恶势力现象，群众不应是被动的“权利客体”，而应是主动的“权利主体”，通过正当的程序和合法的途径，在法律框架内捍卫自己的权益，维护公共的利益。①

2003年年底，公安部决定在全国公安机关实行定期新闻发布制度，及时主动地向媒体和公众发布刑事、治安案件的发案、破案情况，重大案件发生、侦破情况，道路交通事故、火灾及其他治安灾害事故情况，以及与群众生产生活关系密切的重要措施、办事程序和重要治安警示性信息等。2004年春节以前，全国各地公安机关普遍举行了一次新闻发布会。新闻发布制度的施行，有利于群众及时了解和正确判断社会治安形势，坚持正确舆论导向，杜绝各种歪曲事实的不实报道，帮助群众培养和建立良好的安全感。②

但是，打黑除恶工作又与一般的打击刑事犯罪和处理治安管理案件显著不同，这是因为黑恶势力犯罪过程的智能化。这里的智能化主要是逃避侦查打击，钻法律空隙。许多黑恶势力团伙已经不是简单的打打杀杀，而是以公开合法身份采取暗中的犯罪行为逃避法律打击。有的从过去的情感、义气转向以经济利益为纽带，结成同盟，垄断行业，貌似合法；有的招聘法律顾问、私人律师研究对策，行走在法律边缘界限；有的拉拢腐蚀执法人员建立保护网；有的研究对付侦查手段，有相当一部分团伙头目及骨干成员持有两部以上手机、住处安装监控、购置对讲机，反侦查意识较强，增加了侦查调查的难度。③

在坚持正确舆论导向、帮助群众培养和建立良好的安全感的同时，保障打黑除恶的侦查和相关处置工作顺利地开展。一方面，可以利用大众媒介，如微博、邮箱等发动群众举报黑恶势力、提供相关侦破线索，提高案件侦破的概率。另一方面，可以利用大众媒介来加强群众自我保护和防范的方法指导。开展对刑事犯罪活动规律特点的分析研究，及时发布警方告示、在新闻媒体上解剖典型案例，揭露刑事犯罪伎俩，提出预防对

① 胡健.民众安全感上升的深层思考［J］.公民导刊，2006（2）.

② 罗文进，王小锋.安全感概念界定、形成过程和改善途径［J］.江苏警官学院学报，2004（5）.

③ 柴艳茹.黑社会性质犯罪侦查防范与控制：当前打黑除恶专项斗争面临的难题和对策［J］.政法学刊，2008（4）.

策和办法，增强广大群众自我防护的意识和能力，努力提高广大群众对社会治安的满意度。[①]从而提升公众的安全感。

此外，可以考虑如何充分调动公众的自我风险规避意识，根据办案经验将黑恶势力犯罪类型所易感的被害人特征进行数据综合整理，以网站形式对外开始测试，公众可以登录该网站输入自身的特征以查询是否会成为黑恶势力犯罪的潜在被害人。匹配程度较高的公众则应及时调整自己的行为特征来摆脱这种易感性。[②]当然，这种利用大众媒介来提升群众安全感的方式的有效性还需进一步探索和论证。总之，在实践中应审慎利用大众媒介这把“双刃剑”来更好地防控黑恶势力犯罪。

链接：广东省“打黑除恶”状况

20世纪90年代以后，黑社会组织也突飞猛进地发展起来，广东省司法机关仅在1991年至1993年3月就查获黑社会组织和具有黑社会性质的犯罪团伙800多个，成员达3 917人。随着香港和澳门的回归，香港地区和澳门地区加大了打击黑社会的力度，导致大量的黑社会分子涌入广东、福建地区，加重了广东地区“打黑”难度。1982年至2003年，仅深圳市就组织开展了10余次全市性的“打黑”斗争。进入2000年后，广东省的黑社会性质组织朝着更高级形式发展，以合法企业组织掩饰黑社会性质组织的本质，由原始的简单暴力犯罪转为以暴力为辅助手段的专业走私、贩毒犯罪。

面对复杂的环境，广东省采取以下措施：

一是建立反黑社会性质组织的专业队伍，1990年9月深圳市就组建了全国第一支专业反黑队伍，承担反黑的侦查工作。

二是加强反黑情报网络的形成，以自身领域特点，及时与香港、澳门交换信息，加强对黑社会性质组织动向的掌控等一系列措施。

三是与香港、澳门地区开展联合行动，一举铲除黑社会性质组织的根基。如2000年12月的“猎狐”统一行动，2001年7月的“春雷”“猎狐2”统一行动，2002年5月的“火百合”联合行动，2003年6月的“火凤凰”行动，2005年的“骄阳”行动，2006年的“雷霆”行动等。2009年8月21日至9月21日，广东省公安厅组织珠三角9市公安局，联合港澳警方开展“雷霆09”打黑专项行动。

① 罗文进，王小锋.安全感概念界定、形成过程和改善途径［J］.江苏警官学院学报，2004（5）.

② 师索.犯罪与风险研究论纲：风险社会视野下的犯罪治理［J］.中南大学学报：社会科学版，2011（6）.

（三）完善各项工作机制、健全相关法律规定

“打黑除恶”不同于一般的侦查破案，其涉及面广，情况复杂，易受到来自方方面面的影响和干扰，打黑除恶的工作难度加大，如果没有各级党委、政府的重视和强有力的支持，没有有关部门的密切配合和人民群众的积极参与，斗争很难深入下去，很难取得预期效果。①

因此，一方面，各级党委、政府要重视和支持打黑除恶，加强内外协作，形成打击黑恶势力的强大合力；另一方面，必须切实贯彻跨省异地服刑、公检法司办理黑社会性质组织犯罪案件通报等机制。全国打黑除恶专项斗争协调小组会议、“打黑办”主任会议等打黑除恶专项斗争协调小组成员单位会商制度年年召开，有力地推动了打黑除恶长效工作机制的贯彻执行。部分省、市为统一认识，还建立了公检法三家“大三长”和“小三长”的涉黑案件协调机制。②

我国在自然灾害、生产事故、公共卫生、群体性事件处置中已经逐渐建立起风险预警机制。在犯罪治理中，犯罪预防属于长期效应过程，一旦预防措施完成，人的能动性在体系中的作用就会弱化，并不具备预警的功能。而预警则是从风险的角度将可能引发的损失与不确定性后果放在可控范围之内，围绕“信息采集→风险评估→风险预警→信息发布”构建预警机制，人的能动性与对事物的控制力将充分体现。③但是，对于黑恶势力犯罪是否适用这种风险预警机制还需进一步的调查和研究。

此外，比照有关打击黑恶势力犯罪具有成熟经验的国家，打黑除恶的相关法律规定还必须进一步充实和完善。如意大利、德国虽然都没有制定统一的反黑社会犯罪法，但是在《刑法》《刑事诉讼法》及一些单行法规中，对打击黑社会犯罪都作出了特殊规定，形成了完善的法律体系，体现了对黑社会犯罪重点打击的统一战略。意大利在《刑法》中规定了黑手党型犯罪集团罪，为打击黑手党犯罪确定了法律基础，并针对黑手党犯罪的特殊性，先后出台了《黑手党犯罪斗争紧急处置法》《黑手党型犯罪对策统一法律》《黑手党悔过法》《特别法令第306条法令》等，在确定反黑机构和策略、瓦解犯罪组

① 柴艳茹.黑社会性质犯罪侦查防范与控制：当前打黑除恶专项斗争面临的难题和对策［J］.政法学刊，2008（4）.

② 该资料来自全国打黑除恶专项斗争协调小组办公室的统计结果。

③ 师索.犯罪与风险研究论纲：风险社会视野下的犯罪治理［J］.中南大学学报：社会科学版，2011（6）.

织、打击黑手党财产等方面作出专门规定，为打击黑手党提供了丰富的法律武器。德国法律在使用通信监控、卧底等特殊侦查手段及证人保护等方面也作出了专门规定。[①]只有不断地完善各项工作机制、健全相关法律规定，才能更好地防控黑恶势力犯罪及提高群众安全感，实现社会安全治理。

第四节 个人极端暴力行为防控

人民论坛问卷调查中心曾在2014年进行了为期9天的网上问卷调查，当受调查者被问到对极端事件给个人带来最大的影响时，38.9%的人选择“缺乏安全感，有时莫名的紧张和焦虑”，排在第1位。同时29.11%的人认为“提高对陌生人的警惕，影响人际信任关系”。也就是说有过半数的人认为生活受到了影响，可见个人极端暴力行为严重扰乱了民众的正常生活秩序，威胁社会的和谐稳定。

一、个人极端暴力行为的特征

个人极端暴力行为是行为人一个人策划、筹备、实施，以发泄私愤、报复社会、制造影响、牟取暴利等为目的，以极端的心理状态和行为方式，采取爆炸、纵火、枪杀、投毒、车撞、砍杀等暴力手段，针对特定或不特定的人实施的造成严重伤亡损失、危害后果特别严重，常引起社会公众恐慌的恶性犯罪。由于该行为通常带来极其严重的社会危害及影响，也将个人极端暴力行为称为“一个人的恐怖主义”或“个体恐怖主义犯罪”。[②]

个人极端暴力行为根据产生原因大体可以分为报复泄愤型、利益诉求型、媒体示范型、冲突扩大型、积怨爆发型和获取关注型等。这些个人极端暴力行为都具有如下特征。

一是极端暴力行为的策划、筹备、实施均为行为人个人所为，即无组织性，行为人以个体形式实施作案，不存在幕后策划指使或犯罪同伙，极端暴力行为的准备，预备着手以及实施都主要由其行为人自己来完成。[③]

---

① 刘宁宁.意大利德国打击有组织犯罪的做法及其对我国打黑工作的启示［J］.公安研究，2012（2）.

② 靳高风，吴敏洁，赵文利.个人极端暴力事件防控对策研究［J］.中国人民公安大学学报：社会科学版，2013（5）.

③ 张小川，杨辉解.我国个体极端犯罪的现状、特征及趋势［J］.中国刑警学院学报，2012（4）.

二是突发性极强，行为过程较短，持续时间也比较短暂。[①]行为人在做出极端暴力行为之前，很可能并无前科劣迹，甚至风评甚好。但是在长期不良情绪无法宣泄，不满情绪持续积累到一定程度时，在一些特定的事件刺激下，使行为人失去理智，就地取材的发起攻击。

三是作案手段极为残暴，漠视他人的利益和生命，造成伤亡严重。行为人在作案时，通常采取爆炸、纵火、枪杀、车撞、投毒、砍杀等极其残暴的手段进行，在实施过程中不计后果，不加选择，毫无怜悯和同情心地大肆屠戮特定或不特定的无辜民众，不仅毫不为此感到悔恨和残忍，而且血腥残暴，伤亡惨重，给民众的正常和谐生活蒙上一层阴影，伤害无数无辜的家庭。

四是侵害对象的泛化，对象选择随意性大，常无差别地进行伤害。一种情况是行为人在作案时有可能针对特定的人群，但在实施的过程中所侵害的对象则有可能扩大到其所针对的人群以外。另一种情况是行为人本身所选定的侵害对象就是不特定的广大民众。

五是作案地点多选择人员密集的广场、公共交通工具、网吧、居民社区及校园等公共场所。

链接：福建南平校园砍杀事件

2010年3月23日7时20分，42岁男子郑民生因感情和工作受挫，蓄意报复社会，在福建省南平市实验小学门口持刀行凶，导致8名学童死亡。

据一位目击者说：“7点50分左右，我来到了南平实验小学的现场，当时现场还是比较忙乱，聚集了非常多的群众，公安干警正在实验小学前后的两条路口准备戒严，凶杀现场已经拦起了戒严线。不少孩子惊魂未定，当时就哭着往家里跑，在校门口附近到处都是一摊一摊的血迹。我赶到的时候，被杀死的3个孩子尸体都还没有来得及运走，还在那躺着，惨不忍睹。市民们也纷纷议论，大家都感觉到不可思议。据说当时罪犯专门选择年幼的小学生，然后把他拖到自己身边，近距离的刺杀，再到校门口更疯狂地杀人，后被实验小学的体育老师以及正在周边体育场锻炼的干部、门卫制服。当场死亡的有3个孩子。”

事件发生后，省委书记孙春兰，省长黄小晶等领导指示，迅速查明原因，控制人犯，安抚家属，保持社会稳定。南平市成立事件处置领导小组，迅速赶赴现场应急处置。随后心理辅导老师进入校园进行心理干预，全国各中小学也因此提高了安保规格。

① 李国军.论极端暴力犯罪案件现场处置中的警察第一响应者［J］.中国人民公安大学学报：社会科学版，2014（2）.

二、个人极端暴力行为的防控难点

个人极端暴力行为具有突发性和随机性，因此防范起来非常有难度，因为施暴者有可能是由于一时冲动，临时起意，决定实施暴力行为，也有可能经过长时间的策划与筹备，但由于其隐蔽性极强，一般难以发现，导致防范难度增加。

一是行为人不具有典型犯罪特征，难以预先掌控。通过案例调查可以发现，大多数个人极端暴力行为人没有犯罪前科或不良记录。甚至不少人看起来老实、不具备攻击力。对2001—2016年公开披露的31起个人极端暴力事件进行定量分析后发现，30~50岁是个人极端暴力犯罪的多发阶段，约占案件总数的73.68%，明显区别于当前我国整体犯罪人的多发年龄段（见图2–3）。[①]

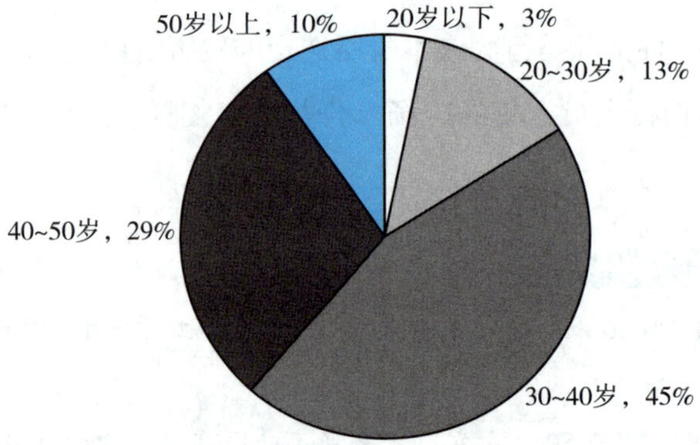

图2–3　31起个人极端暴力事件行为人的年龄分布

二是侵害目标不确定，防控难度加大。由于行为人袭击的往往是不特定的人群，行为人将仇恨放大到整个社会，通过在公共场所选择不特定的目标进行无差别的伤害，达到宣泄自己的愤怒、不满并制造社会影响的目的。随机选择性较强，与行为人在血缘、业缘、地缘及情感利益上基本不存在关联。

三是突发性强，事前没有征兆。与恐怖袭击需要较长时间的准备和较为周密的策划不同，个人极端暴力行为往往缺乏周密的计划，许多甚至是临时起意。这导致很难通过情报信息的收集来预防此类犯罪的发生。个人极端暴力行为具有突发性和随机性，因此

① 靳高风，李易尚，朱双洋.当前我国校园个人极端暴力犯罪研究［J］.山东警察学院学报，2017（3）.

防范起来非常有难度。

四是选择地点一般是人群密集区，在极短时间内就会造成较大的伤害。往往警力到达现场时，严重危害已经造成。

三、个人极端暴力行为的防控思路

从目前对个人极端暴力行为案件的统计与分析来看，个人极端暴力行为呈现出如下发展趋势：一是个人极端暴力行为将保持高发态势，社会转型期存在各种各样的矛盾，并且转型期将持续一段时间，在此期间内，不可避免地会出现各种问题，而个人极端暴力行为也是其中之一；二是公共场所，如中小学校园、公共交通工具、一些人员密集场所成为个人极端暴力行为的高发场所，对重点区域的安保工作将成为工作重点；三是个人极端暴力行为容易在一段时间内集中爆发，并且常发于夏秋两季，应在此时加强对街面、公共场所的巡逻。针对个人极端暴力事件的特点、防控难点与发展趋势，在防控上应注重提高矛盾纠纷化解能力，善于识别高危人员，提前加以干预。同时注重舆论的正向引导与情报信息的收集，预防此类事件的发生。在事件发生时应快速响应，终止危害。在事后应积极开展善后恢复工作，以免产生不良的社会影响。

（一）提高矛盾纠纷化解能力

充分发挥辖区内派出所、居委会、社区邻里、专业矛盾调解人员的作用，及时发现矛盾、化解矛盾，将危险因素遏制于萌芽之中。以基层派出所和居委会为核心，深入加强矛盾纠纷的排查、登记、治理工作，动员社会力量齐抓共管。对于辖区内肇事肇祸的精神病人、长期缠访闹访人员、酗酒滋事人员和对社会严重不满的人员一一排查并进行登记，特别是一些对社会极其不满，情绪极端偏激的高危人员要了解详细清楚，坚决落实教育、疏导、稳控等具体措施，一旦发现影响社会安全的苗头，及时向上级报告并通报有关部门，防止发生危害公共安全的事件。[①]在易发生极端暴力事件的时间节点或爆发时段，要加强巡逻排查，多方了解是否有可疑人员或信息。

---

① 刘克军. 中小学校园极端暴力袭击事件应急防控问题研究［D］. 长沙：湖南大学，2012.

链接：南平事件思考

郑民生是生活的失败者，年过40岁的他没有结婚，平时蜗居在弟弟家，冬睡客厅，夏睡阳台。久而久之郑民生对社会产生了极度的不满。“他们不让我活，把我逼疯了，我也不让大家活。”郑民生挥刀时高喊着这一句话。宣称遭遇不公并选择“报复社会”的，他不是第一个。

郑民生的这种泄愤是一种社会性的泄愤，他的目标既不是公权力，也不是侵犯他的人，而是一种面对所有他认为更弱势的人的报复，因此郑民生认为“成年人不好杀”，从而把目光锁定在孩子身上。在行凶时，他专门挑“最年幼的小学生下手”。

（二）识别高危人员，提前干预

通过走访调查、信息收集，对有报复社会倾向人员加大排查力度，及早识别高危人员，从而进行干预。通过对多个案例的调查分析可以发现，个人极端暴力行为制造者具有一些比较明显的特点：一是极端暴力行为人基本上都为男性，以中老年人居多。二是从生活状况来看，行为人往往家境不佳，经济地位比较低下。有部分行为人身体有残疾或疾病，离异单身也占一定比例，某种程度上属于弱势群体。三是从性格上来看，行为人往往具有心理障碍，性格多沉默寡言，内向压抑偏执，自私偏激，耐受挫折能力差。有些行为人有着明显的反社会人格障碍，具有极大的冲动性和强烈的报复心，在挫折的打击下，无法很好地自我调节，长期将不满和愤恨积聚在心，在一些偶然的事件刺激下导致个人极端暴力行为的爆发。四是行为人的作案动机具有多样性，有些动机甚至让人无法理解，但大多是个人诉求得不到满足或出于个人恩怨报复发泄，也有的是为了获取社会的关注。

（三）注重发挥网络舆论的正向引导作用

个人极端暴力行为人长期负能量集聚，社会支持链断裂。应当利用微博或微信平台，日传播正能量信息，同时，媒体报道个人极端暴力事件时应将重点放在警示教育上，避免对作案细节和血腥场面的详细描述和深度挖掘，更不能有同情犯罪嫌疑人、煽动对政府不满的倾向。避免因媒体报道而引起民众过度恐慌或激发潜在犯罪人的效仿意图。

（四）加强情报信息的收集和研判

建立数字化信息平台，对重点人口和肇事肇祸精神病人员一一进行核查录入，不定期进行走访。利用基层社区人口信息系统、户籍管理系统以及社区民警走访等途径，重点围绕群众反映较为集中的难点问题和重点嫌疑对象进行走访调查，广泛收集情报；随时掌握重点场所如学校、广场和地标性建筑周围的社情动态信息；鼓励群众积极向公安机关及有关部门反映辖区里的异常情况，将出租车司机、社区内退休老人、保安等发展为治安信息员以便随时掌握动态信息。

（五）提高事件处理能力

提前制定周密详细的个人极端暴力事件应急预案，在小区内、中小学、各级政府公安机关进行宣讲和人员疏散实战演练。接到报警后立即赶到现场，迅速疏散在场群众，及时制服犯罪嫌疑人。

（六）重视善后恢复工作，及时安排心理干预

个人极端暴力行为给人民带来的伤痛是持久的，不仅是身体，还包括心理。在事件结束后应当及时安排心理疏导人员对受到伤害的无辜群众进行心理疏导，最大限度地减轻个人极端暴力事件所带来的心理伤害。

案例 2-1：“3·01”昆明暴力恐怖事件

一、事件概况

2014年3月1日21时20分，10余名（后经确认为8人，其中6男2女）统一着黑色服装的新疆男女持械冲入昆明火车站广场、售票厅，见人就砍，造成多人伤亡。警方赶到现场后，对火车站实施3层封锁。在民警使用3次催泪弹无效后，赶来的特警当场击毙4名恐怖分子（3男1女）、击伤抓获1人（女）。截至2014年3月2日18时，事件造成29名平民死亡（不包括被击毙的4名恐怖分子）；143人受伤，其中70人轻伤、73人重伤。在29名遇害者中包括两名车站保安员，伤者中亦包括7名民警。截至2014年3月3日，有12名伤员仍然处于危重状态，其余伤员病情平稳。

二、事件应急处置

案件发生后，习近平总书记高度重视并作出重要指示，中共中央政治局常委、国务

院总理李克强对处置工作作出批示，要求抓紧追捕和坚决严惩暴徒，各地公安机关要加强治安防控措施，做好人群密集的公共场所防范工作。案发当晚，中共中央政治局委员、中央政法委书记孟建柱，国务委员、公安部部长郭声琨和有关部门同志连夜赶赴云南指导处置工作，看望受伤群众和遇难人员亲属。

云南省委、省政府有关负责同志迅速赶赴现场组织指挥处置工作。

1.积极抓捕侦破

经公安部组织云南、新疆、铁路等公安机关和其他政法力量40余小时的连续奋战将案件侦破。

2.社会治安防范升级

案件当晚，昆明警方就在现场拉起警戒线，从昆明火车站往外150米左右的主干道被封锁，对火车站内人员进行排查。公安、特警、消防等多方力量到达现场，大批警力协助处理。事件发生后，大批特警立即包围了维吾尔族在当地的聚居点大树营，直至2日仍有警察列队在此持枪或警棍巡逻。昆明全市中小学、幼儿园正常上课，学校周边部署特警持枪巡逻，学校校级负责人联合保安执岗。

3.交通防范升级

事件发生后，警方出动大量警力，对全城进行巡逻检查，对出城的车辆进行严密盘查，全力缉拿在逃嫌犯。昆明长水国际机场也立刻召开紧急会议，全面提升安保级别。北京、深圳、西安、南昌等地机场均提升了安防等级，增加了防暴检查。

4.医疗救援处置

国家卫生计生委迅速落实领导指示和批示精神，从全国抽调医疗专家支持云南做好伤员救治工作。徐科副主任参加国务院工作组，于2014年3月2日凌晨紧急赶赴昆明，指导事件处置。国家卫生计生委连夜调派北京协和医院、北京大学第三医院、北京天坛医院和四川大学华西医院9名医疗专家，赴昆明指导当地开展伤员救治。云南省、昆明市卫生计生部门立即启动应急响应机制，开展医疗救援工作。云南省急救中心迅速出动20余辆救护车、70余名救护人员转运伤员，各收治医院快速开通伤员收治绿色通道，组织医疗专家和医护人员全力开展伤员救治工作。2014年3月2日，昆明市承诺将承担所有伤者的医疗救治费用和家属陪护费用。

5.心理干预工作

事件发生后，昆明铁路局劳卫处和云南省心理卫生中心的专家分组进驻昆明站。负责为铁道旅行社的工作人员、受伤的警察开展先期心理危机干预。卫计委也组织专家开展心理辅导。

6.网络管理

事件发生后，警方第一时间披露了恐怖嫌疑人的宗教背景以及衣着，使民众可以防范并检索嫌疑人。很多认证的微博用户以及各大主流媒体开始进行如何应对灾难事件的教育活动，通过文字讲解、发布视频等方式尽可能地使大众接触、了解、学习此类知识。

三、事件过程与影响

经公安部组织云南、新疆以及铁路等公安机关和其他政法力量40余小时的连续奋战，2014年3月3日下午该案件告破。在破获过程中，事件也在国际、国内造成了巨大影响。

1.国际方面

许多国家发表声明谴责，坚决支持中国打击恐怖主义。网络谣言四起，同时有不少声音谴责中国政府的行为不当造成此次重大暴力事件，有损社会稳定。当然其中不乏来自国际的声音。

2.国内方面

昆明事件发生之后，各大城市开始在社区、学校等人群密集地进行灾难事件应急教育，并且详细展示昆明暴力事件的最新进展。各大城市进入警戒状态，在地铁等人流量较大的地区加强警戒和安保。各大高校的保安措施也依次跟进。

四、事件原因

经调查，该案是以阿不都热依木·库尔班为首的暴力恐怖团伙所为。该团伙共有8人（6男2女），现场被公安机关击毙4名、击伤抓获1名（女），其余3名已落网。2014年3月6日，涉及作案的女暴徒被抓获，她如实交代了作案的动机和全过程。2014年3月29日，昆明市人民检察院分别以涉嫌组织、领导、参加恐怖组织罪和故意杀人罪，依法批准逮捕昆明“3·01”暴恐案4名犯罪嫌疑人。但有关该暴徒的作案动机，因涉及国家和社会稳定，并未公开。昆明市政府新闻办认定，这是一起由新疆分裂势力一手策划组织的严重暴力恐怖事件。新疆地区的少数恐怖分子一直希望自己所在的新疆只有维吾尔族人民，并有口号“驱汉杀回”（驱逐汉族、杀光回族）。这些极端的想法是此次事件的主要原因。

五、事件教训与反思

此次事件从发生到处置也暴露了我国政府相关部门反恐工作的一些薄弱环节。

1.预防与准备

恐怖主义的存在挑战着政府反恐工作、暴露了我国反恐工作的不足。此次事件，让人们对于城市的安全性产生诸多质疑，政府的安防系统预防与准备明显不足。同时，大众也缺乏自我保护与反恐意识，面对暴恐袭击缺乏自我保护与自救能力。

2.联动与处置

此次事件从策划到发生经历了很长一段时间，暴恐分子经过国内很多地区，这些人到过哪里、住在哪里？他们一定有迹可寻，这些也显示出我国反恐区域应对能力的不足以及区域间协调联动意识的不足。

3.新闻媒体管理

此次事件发生后，警方多次进行了网络回应和辟谣，但多数公众表示，知道事件的过程还是通过自媒体。同时，网络上也存在关于此次事件的一些血腥照片等。面对事件，新闻媒体需要先行和引导公众，当前我国多数情况面对突发事件舆情还是一种被动的应对状态。

六、事件处置经验与启示

此次事件中，我国政府与公安机关等其他相关部门迅速集结破获案件，其中，有一些先进经验可以供我们借鉴。

1.承担责任

案件发生后，国家领导高度重视并即刻作出指示，连夜赶赴云南处置工作，看望受伤群众和遇难人员亲属，国家公安部、卫生计生委等紧急调集全国专家赶赴云南进行事件处置和救援。云南省政府领导也即刻赶往现场指挥工作，并承诺将承担所有伤者的医疗救治费用和家属陪护费用。体现了国家处置突发事件的能力和政府的责任意识。

2.真诚沟通

案件发生后，一方面，相关政府领导立刻赶往现场，看望受伤群众，安抚群众情绪；另一方面，关于伤亡情况以及案件进展情况及时对媒体和公众进行公布。

3.快速反应

案件发生后，国家主席习近平立刻作出指示，国家及当地政府领导第一时间赶往现场指挥工作，公安部门也在第一时间赶往现场保护群众抓捕嫌疑人，就伤亡情况以及案件侦破情况第一时间与媒体进行沟通。

4.话语权掌控

案件发生后，政府部门组织权威医疗专家为伤员进行会诊和救治，同时，国家相关领导亲赴云南对案件进行调查指导，最终将昆明火车站袭击事件定性为“暴力恐怖袭击事件”。

第三章　社会安全风险预防

风险与不确定性是密不可分的概念，通常可以将风险界定为一种不确定的状态，或是预期结果与实际结果之间的偏离程度。具体到社会安全领域，风险更多的是对社会秩序与稳定带来的不确定性挑战，可能会导致社会安全的结果与其所追求的秩序良好、安全感提升的目标相偏离。随着小康社会的全面建成，人民美好生活需要日益广泛，不仅对物质文化生活提出了更高要求，而且在民主、法治、公平、正义、安全、环境等方面的要求日益增长。但是，在风险社会的大背景中，社会安全领域的各种风险不断增多，而风险一旦转化为社会安全事件，势必会造成严重的损失和后果。因此，如何做好社会安全风险预防，在社会安全事件发生前发现、消除或者减少可能引发社会安全事件的风险因素，成为社会安全治理的一项重要工作。

第一节　社会安全风险预防新理念

理念具有先导性和指引性作用。面对社会安全领域出现的新情况、新问题，我们要及时更新社会安全风险预防的理念，用先进科学的理念来指引社会安全治理活动，提升社会安全风险预防的效率和效果。

一、风险可预防理念

社会安全风险是可以预防的，这是社会安全风险预防的基础。实践中各类社会安全事件频繁发生，并不说明这些事件不可预防，而是说明影响因素的复杂性与相互之间的关联性，即预防的可行性、必要性还没有得到大多数人的认同。

通过对大量突发事件的分析，可将其发生原因归于两类：自然因素和人为因素。人为因素引起的突发事件是可以预防的，自然因素引起的突发事件虽然还做不到百分之百预防，但是通过采取预防措施可以缩减事件发生造成的损失。社会安全事件就属于典型的由于人为因素引发的突发事件，对于此类事件，可以通过加强管理、优化设计、人员培训等实现预防，同样也可以通过预警和降低脆弱性，减少其造成的损失。

对于由人为原因引起的社会安全事件，如重大刑事案件、恐怖袭击事件、涉外突发事件、经济安全事件、群体性事件、民族宗教事件等，由于发生得越来越多，越来越频繁，表现形式多种多样，往往会给人造成防不胜防的感觉。但是，仔细分析每一类社会安全事件发生的过程，都会得出这样的结论：社会安全事件都是由一系列人为因素造成的，如果能正确把握事件发生的规律，及时识别社会安全风险前兆信息，避免人为的失误和管理的缺陷，督促人们在从事各种社会活动时能够自觉地遵守社会规范和规章制度，这些社会安全事件就可以避免。具体而言，如果在经济社会的发展过程中能够及时化解社会矛盾与纠纷，各级政府能够正确处理好改革与发展稳定之间的关系，全心全意为人民服务，依法行政，注重民生，则社会矛盾就会减少，社会安全事件也会减少。

坚持风险可预防的理念，主要是为了提高对预防工作的必要性、可行性和复杂性的认识，特别是要消除部分管理人员存在的社会安全事件不可预防、损失不可避免的错误观念，促使社会各方重视对社会安全风险的预防工作，科学认识预防的效果，从而为完善社会安全治理奠定坚实的基础。

二、主动预防理念

社会转型会带来社会矛盾纠纷的易发多发，进而增加社会安全的风险，导致加大社会安全事件发生的概率（见图3-1）。面对社会安全治理中出现的新问题、新情况，社会安全治理的理念需要由被动处理转向主动预防，通过主动预防来消除和化解社会安全风险。

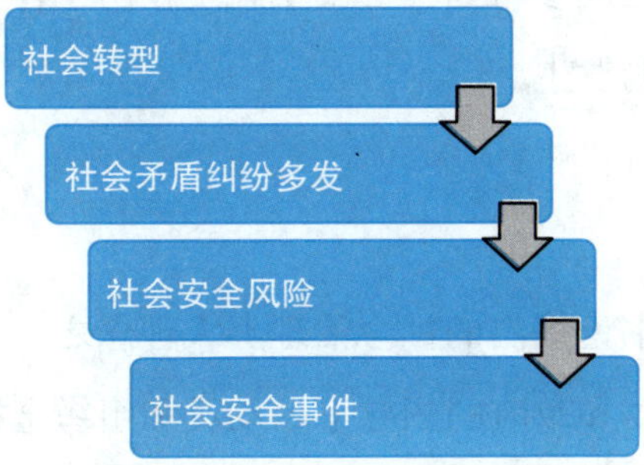

图3-1　社会安全事件的形成

主动预防相较于传统的事后处理，其优势在于能够提前预判风险，根据风险预先采取防范措施，最大限度地减少危机的发生或者缩减危机发生后造成的损失。主动预防的理念已经被应用到社会生活的各个领域。以汽车安全为例，奔驰汽车研发了预警安全（Pre-Safe）系统，最早装备在2003款奔驰S级轿车上。它通过车身电子稳定系统（ESP）监测车辆转向角度、横向加速度和刹车力度等数据，当检测驾驶员在规避危险时，Pre-Safe系统可以预先收紧安全带，并把座椅调节到碰撞损伤最低的角度。同时，打开的车窗可以在需要的时候自动关闭。而在2006款S级轿车上，奔驰的工程师为其装备的Pre-Safe系统集成了主动预防车前方碰撞的功能，升级之后的Pre-Safe系统增加了微波探测器和刹车辅助，在检测即将发生碰撞时刹车系统可以自动施加最大-0.4G的加速度，确保将损失最小化。到了奔驰的2009款车型时，Pre-Safe系统已经可以在碰撞前0.6秒时，使自动刹车的力度达到最大值。奔驰的Pre-Safe系统就属于典型的主动预防系统，通过主动预防，极大地提升了汽车的安全性，降低了汽车发生事故的概率，保护了驾驶员和乘客的生命安全。

三、共同预防理念

习近平总书记在谈到社会治理创新时强调，要完善党委领导、政府主导、社会协同、公众参与、法治保障的社会治理体制，建立共享共治的社会治理新格局。社会安全风险预防是社会安全治理的重要内容，同样需要社会协同、公众参与，共同预防。

社会安全风险如果转化为社会安全事件，会造成社会秩序的破坏，人员的伤亡和财产的损失，以及不可恢复的社会影响。社会安全事件产生的原因十分复杂，社会安全风险的类型多样，单纯依靠政府的力量无法做到完全预防，需要政府之外的企事业单位、社会团体和广大人民群众共同参与到社会安全风险预防工作当中，群策群力，共同预防风险，减少社会安全事件的发生。

四、综合预防理念

综合治理是习近平总书记提出的社会治理五大理念之一，也是社会治安领域长期坚持的理念，主要是指在党委和政府的领导下，动员和组织全社会力量，运用政治的、法律的、行政的、经济的、文化的、教育的等多种手段，对社会治安进行综合治理，从根本上预防和减少违法犯罪，维护社会秩序，保障社会稳定的社会系统工程。对于社会安全风险而言，其类型多种多样，原因复杂多变，单纯依靠某一项措施、某一类主体无法实现对风险的预防和消除。特别是在社会转型期，矛盾纠纷多发易发，更需要调动一切可以调动的力量，采取一切可以采取的措施进行综合预防，最大限度地防止和减少社会安全风险转化为社会安全事件。

社会安全风险综合预防应当是全过程、全要素的预防。综合预防既要关注社会安全风险可能会造成的不利后果，又要关注社会安全风险产生的根源。综合预防除了可以运用传统的经济、政治、法律手段之外，更应当将大数据、信息化等高科技手段纳入其中。综合预防不仅需要党委领导，提供强有力的保障和支撑，更需要调动全社会力量参与，发挥各自的优势和特长，共同应对挑战。

五、重点领域风险优先预防

近年来，社会安全部分重点领域安全风险等级高、安全事件频发，破坏了社会秩序，降低了公众的安全感，造成了严重的后果和深远的社会影响，需要引起我们的特别关注，在预防过程中优先预防。

对社会安全重点领域风险进行优先预防有利于突出重点、明确方向，集中力量化解风险高、危害大的隐患。这些重点领域包括寄递物流、危化物品、电信诈骗、涉众型经济犯罪等。以寄递物流为例，近年来，随着电子商务的迅猛发展，寄递物流业也随之呈现出高度发展态势。寄递服务因其手续简便、上门服务、快捷高效、成本低廉等特点，深入千家万户，逐渐成为人们传递物品的主要方式之一。但与此同时，利用寄递物流传送违禁物品、非法贩卖传递枪支、弹药、毒品，非法窃取、使用、泄露、买卖用户信息等安全事件也随之发生。因此，将寄递物流纳入社会安全管理的重点领域属时势必然。为此，国家和地方均出台了相应的快递市场管理和寄递服务用户个人信息安全管理方面的法规规章，通过从业主体切实守法、管理部门严格执法，将寄递物流的安全管理纳入法治轨道。在具体措施上，切实落实实名制度、先验视后封箱制度，以及X光机安检制度，信息登记与抽检抽查制度，从源头上削减寄递物流安全风险。健全寄递用户信息安全保障机制，依法规范寄递企业、从业人员以及相关管理部门行为，加强寄递用户信息安全管理，提高管理与从业人员用户信息安全意识，明确管理与从业人员用户信息安全责任，严惩非法窃取、使用、泄露、买卖用户信息等违法犯罪，维护寄递用户信息安全。

第二节　社会安全风险评估

社会安全风险是一种导致社会冲突、危及社会稳定和社会秩序的可能性。[①]近年来，中国政治、经济的转型，城市化的快速发展，使城市系统复杂化，由此带来的环境、经济纠纷等社会安全问题频发，社会发展面临着不同程度的利益冲突与社会治理障碍，社会安全问题不断增多。其原因是多方面的，既有城市自身发展、城市的功能结构发展带来的人口高度集中、城市急剧膨胀、贫富差距等问题，也有城市的管理体系不健全、管理不规范等手段缺失带来的管理失当问题。我国中央及地方政府正在积极探寻造成当前社会安全风险频发的原因，在社会管理实践中引入风险分析方法，以期更早发现风险，实施“关口前移”，提高政府管理效能，进而实现社会稳定发展。

链接：重大决策社会稳定风险评估

中共中央办公厅、国务院办公厅于2015年4月发布《关于加强社会治安防控体系建设的意见》时强调，落实重大决策社会稳定风险评估制度，切实做到应评尽评，着力完善决策前风险评估、实施中风险管控和实施后效果评价、反馈纠偏、决策过错责任追究等操作性程序规范。落实矛盾纠纷排查调处工作，协调会议纪要月报制度，完善人民调解、行政调解、司法调解联动工作体系，建立调处化解矛盾纠纷综合机制，着力防止因决策不当、矛盾纠纷排查化解不及时等引发重大群体性事件。

一、社会安全风险评估内容

社会安全风险是对引起社会秩序紊乱、社会不稳定的一系列潜在因素的统称，是一类基础性、深层次、结构性的潜在危害因素，这些因素具有明显的不确定性和不可预测性等特征，并对社会的安全运行和健康发展构成负面影响和严重威胁。在各类社会安全风险事件的背后，往往体现的是由复杂的人、事、物、信息所组成的组织系统及组织系统间的相互作用关系。社会安全风险评估，需要从复杂的社会风险中找到影响风险的潜在联系和原因，通过系统分析的方法对社会风险进行事前预测和控制，识别并评估某种

① 司鹄，贾文梅.城市公共安全风险评估指标敏感性分析［J］.中国安全生产科学技术，2014（10）.

威胁造成财物、人员损害的可能性，采取措施降低风险或减轻危害后果的过程。其实质是通过社会风险源检测，对社会事件进行风险管理，将风险管理的理论运用到社会安全领域。

当前，在社会安全治理领域，相对比较成熟的风险评估理论传统上主要基于社会风险指标或者是传统的阶段性数据进行统计分析。很多国家都把社会治安数据动态监测、预警体系的建立作为政府行政管理的重要环节。在对社会治安整体态势的分析方面，最早的如美国学者埃·蒂里阿基安、爱茨和莫根等建立了预测社会稳定与否的“晴雨计”，通过标准的预测指标反映一国风险需求水平。美国的“国家风险国际指南”风险分析指标体系（CPFER）指出，国家风险指标包括领导权、法律、社会秩序与官僚程度等13个政治指标，停止偿付、融资条件、外汇管制及政府撕毁合同等5个金融指标和物价上涨、偿付外债比率、国际清偿能力等6个经济指标，以此来判断社会的整体风险水平。

链接：社会稳定风险评估

社会稳定风险评估是指与人民群众利益密切相关的重大决策、重要政策、重大改革措施、重大工程建设项目，以及与社会公共秩序相关的重大活动等重大事项在制定出台、组织实施或审批审核前，对可能影响社会稳定的因素开展系统的调查，科学的预测、分析和评估，制定风险应对策略和预案，有效规避、预防、控制重大事项实施过程中可能产生的社会稳定风险，确保重大事项顺利实施。

这些方法都尝试从社会发展的不同方面、不同领域找到可以衡量社会全面风险和发展的指标。但整体来说，由于风险管理的内容很丰富，既包含国家、企业、个体等主体风险，也包含社会、经济、金融等行业风险，所以理想的风险评估与管理，是结合风险成因，对各种风险发生的可能性、可能威胁、安全制度（机制）脆弱性及损害进行分析，根据不同类型的风险特点，采用不同的处理方法。在经典的公共安全“三角形”模型[①]中，按照致灾因子分析、承灾载体脆弱性评价和危险性评价三个方面的分析模式对风险进行识别、衡量、评估和决策（见图3–2）。

① 范维澄，刘奕，翁文国.公共安全科技的“三角形”框架与“4+1”方法学［J］.科技导报，2009（6）.

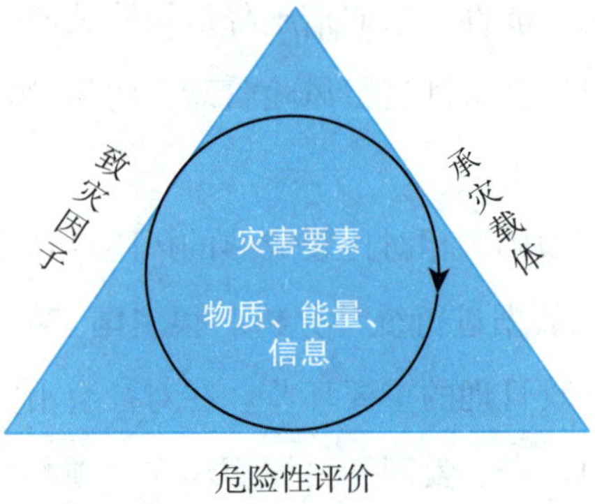

图3-2 公共安全“三角形”模型

第一，从致灾因子分析的角度看，社会安全风险需要先分析其发生原因、威胁要素等，根据风险作用的类型、强度及时空规律，为科学评估提供方法。对于社会安全事件，可以评估其致灾因子包括事项所涉及政策调整、利益调节的对象和范围是否界定准确，调整、调节的依据是否合法；是否给所涉及的群众生产、生活带来一定影响，是否符合大多数群众的利益诉求和愿望；是否会诱发关联性的其他不稳定问题；对所涉及群众的补偿、安置、保障等措施是否与其他同类地区或类似事项的措施有较大差别，是否可能引起群众的强烈不满，等等。

第二，从承灾载体脆弱性评价的角度看，社会安全风险的承灾载体包括社会体制、制度及其机制运行和固有的脆弱性。当然，这种脆弱性也包括其自身属性的脆弱性和恢复能力的差异性等方面。立足于承载载体的脆弱性和差异性，通过分析产生社会安全风险事件的社会、经济、自然与环境原因，评估这些承灾载体与致灾因子的相互作用及其对社会安全事件发生、发展的驱动力、抑制极值和应急响应能力，甚至可以建立详尽的脆弱性评估指标体系。

第三，从危险性评价的角度来看，社会安全风险评估是要定量地、准确地评价社会安全事件可能的损害结果。通过危险性评价，做好社会资源投入，维护社会稳定和秩序。按照社会危害程度、影响范围等因素，将社会安全事件划分为特别重大、重大、较大和一般四个等级。这种划分很显然意在通过对社会安全事件损害危险性的分级评估，实现风险评估的科学化和定量化，在危险性结果评价上为我们实际风险应对指明方向。

根据致灾因子分析、承灾载体脆弱性评价和危险性评价分析建立风险准则，并进行风险评价，通过风险评价，使其中可以导致最大损失及最可能发生的事情优先处理，而相对风险较低的事情则延后处理。

二、社会安全风险评估机制

社会安全风险评估是要完成针对社会风险事件的早期定量评估与识别，即在社会安全风险因素分析的基础上分析、预测风险，将风险事件处置的重心从响应环节前置到事件发轫之初，以减少和规避风险造成的伤亡和伤害，是社会稳定工作不可或缺的重要一环和基础。当前，我国正处于政治、经济转型阶段，复杂多变的社会风险严重地影响了我国社会的和谐稳定，这就对社会安全风险的预防、控制和有效管理提出了要求，各级部门要建立社会风险意识、强化风险防控能力，全面推进社会安全风险评估机制建设。

结合以上分析，按照公共安全“三角形”的致灾因子、承灾载体、风险管理的作用机理，我们可以简单建立社会安全风险的评估指标体系（见表3–1）。

表3–1　社会安全风险评估指标体系

性质	指标
致灾因子	失业 通货膨胀 腐败 贫富差距 ……
承灾载体–环境	人口增长 GDP年增长率 年收入增长速度 ……
风险管理	万人刑事案件 万人民事案件 万人行政案件 ……

如表3–2所示，根据实际需求从社会、经济、生活等方面详细考虑社会的不同方面进行评估。

表3-2　社会安全风险评估指标体系

指标	内容
城镇化经济发展	人均地方财政收入
	人均GDP
	地方财政收入增长速度
	高新技术产业增长率
	恩格尔系数
	居民消费价格指数
城镇化发展水平	城镇化增长速度
	城镇人口增长率
	城镇固定资产投资完成额占GDP比重
城镇化生活质量	城镇居民人均住房面积
	城镇燃气普及率
	城镇互联网普及率
	人均市政基础设施投入
城镇化生态环境	城镇人口人均绿化面积
	城镇空气质量指数
	城镇污水处理率
	城镇生活垃圾处理率
	环保投入占GDP的比重
城镇化发展公平	城镇居民人均可支配收入
	农村居民人均纯收入
	城乡居民收入比
	地区经济发展差异系数
城镇化发展贫富悬殊	企业亏损率
	失业率
	基尼系数
	贫困线以下的居民比重
	农村贫困发生率
城镇化发展的社会控制风险	上（信）访案件增长率
	群体性事件持续时间增长率
	暴力群体性事件比重
	每万人警力配置人数比率
	劳动合同纠纷受理件数增长率

续表

指标	内容
城镇化发展的政府管理风险	基层干部失职渎职处罚人数
	基层干部贪污腐败案件立案数
	基层政策变动频率
	保障性住房建设增长率
	公用设施投资占财政收入的比例
城镇化发展人口管理风险	人口出生率
	平均受教育年限
	平均预期寿命
	人口老龄化速度
	出生人口性别比
	人口地区分布
	人口流动率
城镇化发展教育风险	人口受教育的年限
	万人高等学历数
	适龄青年接受技术培训次数
	城镇图书馆覆盖率
城镇化发展社会治安风险	刑事犯罪立案率
	治安案件立案率
	青少年犯罪占刑事犯罪比重
	交通火灾事故死亡率
	年投入监狱关押犯人数量增长速度
	公安机关网上追逃人数年增长速度
	110报警服务台接警量年增长速度
	公众安全感系数年增长率
	群体事件发生数增长率
	参与群体性事件人次增长速度
城镇化发展突发事件风险	突发事件出现频率
	突发事件平均规模
	突发事件持续时间
	突发事件参与人数

续表

指标	内容
城镇化发展公共卫生风险	艾滋病感染率
	地方病死亡率
	精神病慢性发病率
	职业病发病率
城镇化发展社会保障管理风险	农村养老保险覆盖率
	基本医疗保险覆盖率
	离退休职工养老金增长率
	社会保障支出占财政总支出比重
城镇化发展中资源风险	森林覆盖率
	地表水达标率
	常用耕地面积指数
	自然灾害死亡率
	自然灾害经济损失率

第三节　社会安全风险预防措施

社会安全风险的预防是非常复杂的，需要根据风险的类型和特点针对突发事件发生的诱因采取科学有效的措施达到预防的目的。

一、明确社会安全风险预防主体责任

责任是一种职责和任务。它伴随着人类社会的出现而出现，有社会就有责任。责任是身处社会的个体成员必须遵守的规则和条文，带有强制性。有责任才有担当和行动，明确主体责任能够有效地推动社会安全风险预防工作的开展，能够督促社会安全风险各项措施的落实。党委和政府是社会安全风险预防的第一责任主体，应当加强社会安全治理的领导、统筹和协调，制定社会安全风险预防的目标和总体规划，检查督促各部门、各单位社会安全风险预防的具体工作。政府职能部门在社会安全风险预防中承担着具体落实和执行的责任，企事业单位、社会组织和公民个人在社会安全风险预防中负有积极参与和配合的责任。主体责任的落实要与相应的监督和奖惩制度相配套。权力机关和法律监督机关也要充分发挥监督作用，督促各类主体责任的落实，落实责任较好有奖励，

拒不履行责任需要承担一定的不利后果。

二、增强风险意识，普及安全文化

安全文化是人们在从事风险管理的活动中逐渐形成的行为方式、思维模式和安全价值观，它决定着一个社会或社会中的某个群体关于危机与风险的知识、态度和行为准则。安全文化可以增强人们的防范意识，树立正确的风险观念，有助于规范人们的行为，从思想意识的层面上避免危机的发生，并在危机发生时，能够理智地支配自己的行为，采取正确措施逃生自救。

社会安全治理不仅是对政府能力的挑战，更是对社会整体能力的综合考验。在社会安全风险预防中，社会公众既是潜在的受害者，也是积极的参与者。加强危机教育，增强风险意识，是普及安全文化的重要途径，不仅能够提高社会成熟度，也有利于提升政府社会安全应急管理的效果。在和平稳定的环境中，公众的风险意识往往比较薄弱，需要采取各种措施，特别是开展风险意识教育、风险知识教育、危机心理承受能力教育、危机生存能力教育，不断增强其风险意识，了解社会安全风险到社会安全事件发生发展的过程，提高公众应对社会安全风险的能力。

三、注重联动融合，打破部门壁垒

当今社会业已成长为一个建立在信息网络基础上的横向流动社会，信息存取迅捷多元，社会面向多维互动，社会安全治理也应适应这一发展趋势，以开放、互动为取向，整合各地区各管理部门，聚集社会力量，摒弃管理模式的地区化、条块化、部门化，推行社会安全治理的地区联合、部门联合和社会整合。打破部门之间的壁垒和障碍，实现资源、信息和技术的共通共享。特别是在社会安全风险预防的过程中，需要调动全社会的力量参与，尤其需要建立联动融合的机制，以便节约社会资源、避免重复浪费，提高预防效率。

四、善于运用新方法、新科技、新手段

新时期，社会处于转型期，经济发展步入新常态，新型城镇化建设不断推进，新的信息技术不断突破，这一切在带来经济社会发展的同时也带来了社会安全的新挑战：社

会矛盾纠纷多发易发、新型违法犯罪不断出现。面对社会安全治理当中的新问题、新挑战、新形势，需要治理者更新理念，创新手段和方法予以应对。社会安全风险预防，作为社会安全治理的重要组成部分，同样需要引入新方法、新科技、新手段。各地方在创新社会安全治理方面有许多成功经验值得借鉴。如浙江宁波“互联网+社会治理”的特色基层社会治理模式、河北“雪亮护城河工程”新模式、山东济南“法治六进”社会治理法治化模式等。“互联网+”、云计算、大数据等现代科学技术可以更多地为社会安全风险预防所用，并且有些地方已经开始尝试用大数据来预测、发现、预防违法犯罪，并取得了积极成效。

以广州为例，充分利用视频监控系统的“城市之眼”，通过大数据分析化解社会安全风险。[①]广州火车站是华南地区重要的铁路客运枢纽站，火车站地区日均客流量达到70万人次，春节等节假日最高峰达到120万人次。在这样一个人口密集、案件易发的地区，发案率却在逐年下降，在这背后，“城市之眼”——视频监控系统在社会治安防控方面发挥了重要的作用。

“在广州火车站地区，我们密集建设了101支高清摄像枪，无死角、全覆盖在火车站广场及周边区域。”广州火车站所在的广州市公安局越秀区分局负责人介绍说，“我们还率先引入了全景视频技术，由7支高清摄像枪统一融合形成火车站广场全景，全面直观地将火车站广场的一举一动呈现在指挥员面前，一旦广场出现突发情况，我们可以第一时间对异常情况进行追踪，大大提升了对该区域的掌控能力和精准的指挥效能”。

广州市从2005年开始在全市开展公共安全高清视频监控建设，目前已建成摄像头57.4万个，建成高清道路卡口系统1 590套，实现了主要道路、重点部位、重点区域、重点场所等公共区域全覆盖。

不仅是简单的获取，而且这些丰富的视频资源通过云计算、大数据等多种技术，被有效运用在警务工作当中。“智能视频警务云平台”通过为各警种提供视频录像文件分析、视频摘要压缩、虚拟卡口、以图搜图、人脸识别等视频综合服务和工具，深化了视频在立体化防控体系中的应用，有效提高了民警工作效率。“视频云+”平台则应用动

① 广州：“城市之眼”助力大数据时代社会治安防控［EB/OL］.［2017-05-10］.http：//www.chinapeace.gov.cn/2017-05/10/content_11408755.htm.

态人脸比对技术，叠加车牌识别、证件感知设备等数据，将视频数据与情报数据进行关联，让民警更全面、更及时、更准确地掌握辖区内相关人员的活动情况。

据了解，2016年广州市公安机关利用视频协助破获刑事案件19 028起，视频破案率从2011年10.51%跃升至2016年70.96%。在大数据时代，视频监控系统切实提升了社会治安防控能力，市民的安全感和满意度也在不断提升。

五、坚持社会矛盾纠纷多元化解

党的十八届五中全会提出："建设平安中国，完善党委领导、政府主导、社会协同、公众参与、法治保障的社会治理体制，推进社会治理精细化，构建全民共建共享的社会治理格局。"在我国当前社会矛盾纠纷日益多样化、复杂化、尖锐化的形势下，迫切需要以"全民共建共治共享"理念为指导，打造一套科学完备的社会矛盾纠纷多元化解机制。

在我国社会矛盾纠纷化解机制的建构中，要真正实现"全民共建共治共享"的目标，必须围绕利益表达渠道畅通、利益协调和保护机制健全这一目标，从司法的公众参与、仲裁的自治、调解的体系重塑和信访的法治化改革等需要共建的实践单元入手，努力打造一套司法、调解、仲裁、信访等有效衔接、相互协调的多元化纠纷解决机制，从而方便民众接近正义和利用多种渠道解决纠纷，满足其多元化的纠纷解决需求，最终实现社会矛盾纠纷化解机制效益的全民共享。①

案例3-1：平安北京人人参与创新首都群防群治工作②

当前，我国正处于经济转轨、社会转型的特殊时期。全面推进依法治国，社会面上还有大量工作要做，要坚持"打防结合、预防为主"的方针，积极探索和完善在新形势下符合社会安全治理客观规律的长效防范机制，而"群防群治"作为治安管理社会化和社会治安综合治理的具体体现，可以全面压缩违法空间，是推进依法治国、建设平安辖区、构建和谐社会的基础工程。

---

① 廖永安，刘青.构建全民共建共享的社会矛盾纠纷多元化解机制［N］.光明日报，2016-04-13（13）.

② 平安北京人人参与创新首都群防群治工作［N］.北京晨报，2017-10-10.一文解密"朝阳群众"：由五部分人群组成不只活跃在朝阳区［N］.法制晚报，2017-09-21.

一、首都群防群治力量简介

党的十八大以来，我国在社会治安防控中，正逐步建立起以社区治安志愿者队伍为主要载体的“人防网”“朝阳群众”“西城大妈”“海淀网友”“丰台劝导队”……这些在北京非常活跃的治安志愿者队伍备受瞩目。目前全市实名注册的治安志愿者已超过85万人，各类群防群治力量动员总量近140万人。

（一）84.5%的志愿者在50岁以下

据市公安局相关负责人介绍，目前北京群防群治志愿者由以离退休干部职工为主向各阶层广泛参与、力量来源多元化转变，流动人口、大学生、在职党员干部等新生力量不断充实到群防群治队伍中。据介绍，截至目前，治安志愿者队伍中，50岁以下的中青年志愿者达到68万人，占总数的84.5%；高中以上学历达60.6万人，占总数的75%。首都群防群治队伍的年龄结构不断优化、整体素质不断提升。

（二）平安志愿服务覆盖2 000多万人口

北京市市级、区级、街道（乡镇）、社区（村）四级平安志愿服务工作站已全部建成并运转良好。同时，运用互联网信息技术实现了平安志愿服务的网络注册登记、网络指挥运行、网络需求对接、网络监督评价的闭环管理系统，服务覆盖全市324个街乡镇、近7 000个社区（村）的2 000多万常住人口，初步形成了平安志愿服务“人人可为、人人参与、就近就便”的工作网络。

（三）举报涉恐线索最高奖励4万元

2017年在市财政划拨专款为全市实名注册志愿者购买保险的基础上，积极争取中国人寿保险支持，为全市参与社会面防控工作的85万名治安志愿者赠送了为期1年的团体意外伤害保险，切实解决了志愿者的后顾之忧。开展举报奖励，主动适应反恐维稳的新形势新任务，制定出台《群众举报涉恐涉暴线索奖励办法》，明确群众举报涉恐涉暴线索的4种途径，细化涉恐涉暴线索的3个等级和最高4万元以上的奖励标准，进一步激发了广大群众参与的积极性。

（四）群防群治动员140万人

近年来，北京市按照中央深化平安建设的部署要求，充分发挥综治体制机制优势，不断创新首都群防群治工作，积极探索各级各部门和社会各界广泛参与平安北京建设的新机制、新模式，使得首都群防群治始终焕发出新的生机和活力，为圆满完成各项重大安保任务、始终维护首都安全稳定奠定了坚实基础。志愿服务网络遍布全市各个地区、各个行业，初步建立了一整套符合时代特点和首都特色的平安北京建设公众参与的工作机制。

北京警方通过持续深入地弘扬志愿服务理念，大力倡导以奉献、友爱、互助、进步为主要内容的志愿精神，全面激发了公众参与社会治理的活力。目前，在全市范围内形成了关心、支持和参与志愿服务的良好环境，营造出积极参与社会治理、人人共享平安和谐的浓厚氛围，有效塑造了首都公众参与社会治理的良好环境。广大平安志愿者分布在全市各社区村、楼门院、大街小巷、村头路口，承担着社情民意收集、安全隐患排查、矛盾纠纷化解、法律宣传服务、治安巡逻防范、流动人口服务、城市秩序维护、社区公益服务等近30项工作任务。他们当中既有党员公务员、社区干部群众、老党员、老模范、老公安、老教师、老法官，也有公交、地铁、商场、环卫、社会组织、私营企业等行业职工，初步构建了“平安北京人人参与、北京平安人人共享”的社会治理格局。

二、形成众多志愿服务品牌

政府部门主动发挥志愿者在社会治理中的主体作用，积极参与城市管理、社区互助、矛盾纠纷调解、公益事业、法制宣传、法律服务等领域服务职能。担当“安全稳定信息员”，在街头巷尾、楼门院落及时了解收集社情民意，并在第一时间准确预警，上报各类涉及反恐防暴和安全稳定的行动性和苗头性信息，服务了反恐防暴实战需要；担当“矛盾纠纷调解员”，凭借其良好的群众基础，积极参与社会矛盾化解工作，就地消除不稳定因素；担当“城市运行监测员”，积极开展消防、卫生、安全、突出秩序等问题的排查上报，以柔性化管理的方式协助专责机关加强城市环境秩序整治；担当“政策法律宣传员”，通过日常走访、进门入户，志愿者在群众中宣讲普及法律法规、政策决策、安全知识等，使党和政府的政策主张在第一时间传达到群众当中；担当“社区群众服务员”，志愿者热心公益、乐于助人、扶危济困，积极开展敬老助残、关爱青少年等活动，帮助解决特殊群体的实际生活困难，营造社区和谐友爱的良好氛围。

此外，针对大城市流动人口聚集，来京青年群体思想活跃的特点，探索建立新居民互助服务站，探索创建“社区青年汇”，引导流动人口开展自我管理、自我服务，自觉参与地区平安建设；针对人民内部矛盾纠纷多发的特点，充分发挥社会组织、群众组织的居间中立优势，开展民间调解，化解社会矛盾，形成了“社区恳谈会”“家和万事兴”“入户民情图”“老法官协会”等一大批志愿服务的工作品牌；针对社会治安和城市秩序等痼疾顽症，注重发挥群众柔性劝导的优势，创新推广“市民劝导队”工作模式，探索开展以治安联片协管为内容的“平安联盟”，充分发挥社会参与、齐抓共管的工作优势。

三、首都群防群治力量典型代表——朝阳群众

“朝阳群众”，一个似乎无所不能的群体，从明星吸毒、藏毒，到卖淫嫖娼、刑事案件等，不管是城市、乡村，他们似乎无处不在但却无名无姓，人们将其称为“世界第五大王牌情报组织”。

（一）“朝阳群众”有多牛

2015年“6·26”国际禁毒日前夕，有群众向北京市公安局朝阳分局举报，在朝阳区黑庄户一家物流公司有人利用物流包裹邮寄大量毒品。警方根据这条线索，迅速锁定取包裹的嫌疑人李某及其女友崔某，在嫌疑人拒不交代的情况下连续奋战4昼夜，最终在2名嫌疑人单独租赁专门用于藏毒的1间地下室内，起获了他们购买的1公斤冰毒。

李代沫、王学兵、高虎、张耀扬、薛蛮子、黄海波、宁财神……2013年以来，这些曾经星光熠熠的明星或涉毒，或涉黄被警方抓获而曝光，隐藏在官方简短的案情通报中的“群众举报”引起了人们的注意。也正是由于落网的明星大多居住在朝阳区，热心的人们给举报者起了一个共同的名字——“朝阳群众”。

随着越来越多的人栽倒在“群众举报”，“BJCYQZ”（北京朝阳群众）被网民戏称为与中情局、克格勃、摩萨德、军情六处并列的“世界第五大王牌情报组织”。

“今年1月，有1名朝阳区的群众直接找到禁毒中队举报，他的1个邻居每天‘昼伏夜出’，行动鬼鬼祟祟而且整夜整夜不睡觉，看着感觉像吸毒的。”朝阳公安分局禁毒中队副中队长李江波说，侦查员根据这条举报线索观察了几天，发现被举报的男子的确有涉毒嫌疑，立即将这名男子控制。随后，在这名男子家里，侦查员发现了30多克冰毒。根据这名男子的交代，警方连续抓获了他的2名“上家”，成功破获了1个吸贩冰毒的网络。

2017年4月，根据1名社区居民的举报，警方抓获12名外籍吸毒人员，破获1个外籍人员的吸贩毒网络。

事实上，“朝阳群众”关注的焦点不仅仅在毒品案件，大到杀人抢劫的刑事重案，小到卖淫嫖娼、黑车扰序等治安类警情，以及违法建筑、火灾隐患，都有“朝阳群众”举报的重要线索。

（二）“朝阳群众”究竟是谁

朝阳区的潘家园社区毗邻著名的潘家园旧货市场和中国医学科学院肿瘤医院，人流

量大、环境复杂。73岁的孙宗芬老人与老姐妹一起正在楼下巡逻。

“一个没见过的小伙子提着不知道什么东西进了我们单元，我就问他‘你去哪儿啊’，他说到楼上，又说不出来去几层，我就跟着他上楼，后来发现是新来的租户。”孙宗芬说，“他要是有问题，我赶紧就得跟社区民警说。”

“我们跟派出所所长有个‘热线’，发现问题打电话，10分钟内准到。”朝阳区农展南里社区治安巡逻员于小惠说。已经在这里居住了32年的她告诉记者，自己居住的这栋楼“每家每户我们都了解”。

农展南里社区居民总数近1万人，只有2名社区民警，却保持着连续12年社区零发案的记录。

“整个社区注册的治保积极分子有100多人，但从我的实际工作情况来看，每一个居民都是我们预防犯罪预防发案的帮手，虽然他们身上没戴红袖标，但每个人心里都有一个红袖标。”社区民警王洋说。

而在禁毒领域，除了社区居民，娱乐场所从业人员、在校学生等各个社会群体都逐步被吸纳到志愿者行列。“我认为的‘朝阳群众’，是那些懂法、有正义感，敢于与违法犯罪行为做斗争的人。”李江波说。

朝阳公安分局人口管理大队副大队长韩春喜告诉记者，“朝阳群众”并不是近两年才涌现出来的，目前，朝阳区共有群防群治力量约12万人。

“其中有专业的力量，比如保安、物业管理人员，一些单位的保卫人员，还有志愿者，还有社区里的大爷大妈等，他们能够到达社区民警不能‘够到’的地方，能够随时发现可疑迹象，及时给公安机关提供有效的线索。”韩春喜说。

事实上，“朝阳群众”并不只是活跃在朝阳区，在整个京城，像“朝阳群众”这样可敬可爱的人们已经成为维护首都稳定的重要力量。

据统计，2017年以来，北京警方已接到人民群众举报涉毒线索1 500余条，同比增加64.8%，其中查实240余起，抓获涉毒犯罪嫌疑人260余名；自2014年3月北京警方颁布《群众举报涉恐涉暴线索奖励办法》至2015年5月，已收到群众举报涉恐涉暴线索800余条，破获了涉及非法持有和运输枪支、易燃易爆危险物品、煽动实施暴力恐怖活动等方面的案件。

（三）“朝阳群众”为什么这么牛

在潘家园社区，社区民警杨国建一般情况下平均每月会给治保积极分子们开一次会，通报近期高发案情、提示社区防范宣传重点。这个会一般都是双向的，大爷大妈们也会把自己近期的一些想法告诉杨国建。

“社区里又有新租户、手机上收到新形式的诈骗短信、谁家跟邻居闹矛盾了……大爷大妈都是义务的，但是他们是民警的眼睛和耳朵。”杨国建说。

正是这些纯粹义务巡逻的大爷大妈们，他们的勇气和责任心让人感动。

“我活了73岁了，经历过苦日子，现在咱们这么好的日子我也过上了，还有什么遗憾的呢？”孙宗芬说，“儿子闺女担心我‘管闲事’挨打，我说挨打我也得管，看到像坏人的我就要盯着他。”

潘家园社区居民谢玉明并不是巡逻队成员，但在小区里连续有多辆车轮胎被扎后，谢玉明自费安装了不同角度的3个摄像头，不但社区里没有再发生扎胎的事，他的摄像头还帮助民警破获了一起盗窃摩托车的案件。

“我觉得能帮助人，就说明我没白装这个东西，能帮助人，心里面就高兴。”谢玉明说。

在记者采访的“朝阳群众”中，听到最多的一句话是：“社区是每个人的家，大家都搭把手，社区安全了、干净了，每个人住着都舒心。”

“发动群众、依靠群众，建设平安社区、平安城市，这正是我们一直在努力的。”韩春喜说。

在“6·26”国际禁毒日，北京市公安局官方微博“平安北京”发布一条微博：“手把手教你如何成为‘朝阳群众’”。

“朝阳群众很神秘，因为警方会保护举报人的隐私，因此就不要刨根儿问底儿了；朝阳群众很可爱，因为他（她）们疾恶如仇，耳聪目明。警方工作离不开大家的支持和配合，不论是案件线索收集还是交通、消防、治安隐患排查，大家都可以来做朝阳群众。”“平安北京”说。

（四）人海战术转变为科学防控

北京警方以现代化手段提高群防群治工作效能，实现从粗放式投入的“人海战术”到建立科学防控模式的转变。相关负责人介绍，对群防群治队伍按照真实姓名逐人登记造册、逐人分配任务、逐人明确职责、逐人兑现奖惩。在此基础上，对防控工作实行定岗、定人、定责，确保每个防控要素都有人盯、有人管、有人负责到底。

四、首都群防群治创新取得成效

近年来，全市累计动员组织群防群治力量超过140万人，参与破获各类刑事治安案件

5 158件，抓获犯罪嫌疑人9 174人。2015年，“朝阳群众”向公安机关提供情报21万多条，其中关于吸毒、贩毒的线索851条。2014年“海淀公安”微信公众号正式开通了“海淀网友”互动平台。迄今为止，平台共接到网友举报1 122条，其中警务类线索达649条。自丰台劝导队成立以来，这支队伍共发现劝导不文明行为12 340余件，参与维护社区生活秩序11 755次，劝解社区各类邻里纠纷1 125件，提供破案线索879件，提供反恐信息60条，协助警方破获案件293起，抓获犯罪嫌疑人223人。据东城公安分局统计，2015年以来，守望岗志愿者发现并提供有价值的信息线索1.5万件，疏导化解各类矛盾213件，警方根据志愿者提供线索抓获各类违法犯罪嫌疑人1 500余人。据西城警方统计，“西城大妈”2015年共提供31 777件线索信息，警方通过线索刑事拘留536人，侦破刑事案件467起，治安拘留1 677人，侦破治安案件1 273件，涉恐案件1 203起。

五、案例点评

首都群防群治工作实践体现了社会安全风险预防理念的创新，各类群防群治力量和主体的参与，发现了很多违法犯罪线索，消除了很多公共安全隐患，极大地提升了社区的安全水平，满足了居民的获得感和安全感，降低了重大社会安全事件发生的可能，充分验证了社会安全风险可预防理论。朝阳群众、西城大妈、海淀网友、东城守望者等首都群防群治品牌在社会治安防控中取得的成绩，充分体现了社会安全风险主动预防、共同预防、综合预防的理念，展现了理念创新的价值和作用。

第四章　社会安全治理的应急准备

社会安全治理的应急准备是指针对可能发生的社会安全事件，为迅速、有效地开展应急处置而预先进行的组织准备和应急保障。主要包括社会安全应急预案的制定和演练，以及社会安全法治保障、人员保障、物资装备保障、信息通信保障等。

第一节　社会安全应急预案

根据国务院《突发事件应急预案管理办法》的规定，应急预案是指各级人民政府及其部门、基层组织、企事业单位、社会团体等为依法、迅速、科学、有序应对突发事件，最大限度减少突发事件及其造成的损害而预先制定的工作方案。具体到社会安全领域，社会安全应急预案指的是面对可能突然发生的社会安全事件而预先制定的应急管理、指挥、处置、救援等工作方案。完备的社会安全应急预案能够提高社会安全治理决策的科学性和时效性；能够提高社会安全事件处置指挥的规范性和权威性。

一、社会安全应急预案的编制

（一）编制的原则

社会安全应急预案制定的目的在于能够最大限度地减小社会安全事件造成的损失。因此，预案的制定需要遵循一定的原则。

1. 完整性原则

制定应急预案必须按照社会安全事件的时间过程进行通盘考虑，从社会安全事件发生之前的预防、准备，到发生之中的应急反应，再到发生之后的恢复，对涉及社会安全事件处理的所有方面和所有工作内容等都要进行完整的安排。

2. 预见性原则

虽然应急预案不可能预见到社会安全事件的具体时间、地点、规模、伤亡的具体人数等。但是，应急预案需要在以下几个方面体现它的预见性，才能有助于增加组织处理的预见能力并有利于组织的有效处理：一是本地区不同种类社会安全事件的性质和大概原因；二是社会安全事件可能发展的方向；三是处置社会安全事件可能动用的资源；四是针对社会安全事件可采取的措施等。

3. 主动性原则

社会中非稳定因素的存在是一个长期的现象，社会安全事件又具有易发性、多发性和长期性的特点，这决定了制定与修改应急预案是政府机构与公共组织的长期行为，不是一时一事的临时措施，所以应急预案中的所有措施都应该具有主动的策略，即应急预案的制定要在各类社会安全事件可能发生之前，尽可能通过预案的主动规范，来防止社会安全事件损失的扩大。

4. 可操作性原则

一方面，应急预案中的所有措施都要结合环境及资源的实际，具备完全的可操作性。预案中的文字要简单、易懂，必要时可采用标志或图案等。另一方面，应急预案是为应对社会安全事件而制定的防范、处理、管理和恢复的一套完整体系，具有强制性和权威性，各种组织和社会公众都必须遵守，所以必须规定得简洁明确。应急预案的制定过程既是动员、协调相关部门和教育民众的过程，也是使处置单位明确应急状态下各自的目标和责任，在组织内部建立相应的规章制度的过程，并且在这一过程中不断明确各部门各岗位的运作模式。

链接："9·11"事件中的应急疏散

2001 年"9·11"事件发生时，在纽约世界贸易中心大楼里工作的有近万人。由于电梯停运，人们只能从几十层高的楼上走下来。然而人们在下楼时都非常自觉，沿着楼梯右侧往下走，消防人员则沿着楼梯的另一侧上楼灭火救人，秩序井然。正是因为应急预案规定的措施已经深入人心，具有切实可操作性，数以千计的人才得以在突发事件发生时能够自觉执行预案中的规范。

5. 层次性原则

应急预案的制定应根据制定单位层级的不同分出层次，如涉及全国范围内的社会安全事件或者指导规范全国社会安全事件应急处置行为的预案，应由国务院及相关部委制定，只涉及某区域或者某部门的社会安全事件则由该区域或该部门制定。

（二）编制的要求

1. 基本情况清楚

无论是政府部门，还是企事业单位，在制定社会安全应急预案时必须将自身职责范围内的基本情况搞清楚，如所在地区和单位存在哪些安全风险或者危险源，人员的数量、结构与分布情况，可能发生的社会安全事件的类型，有哪些重要的区域和部位，可用的应急力量等。这些基本情况是制定应急预案最重要的基础。

2. 职责分工明确

不同的社会安全事件具有不同的特点，所需要的应急处置力量也不尽相同。即便如此，社会安全事件的应急处置过程一般是各级、各类应急机构和力量联合反应的过程。因此，各应急机构力量之间的职责分工就显得十分重要。如果职责分工不明确，势必会形成互相推诿、扯皮的局面，影响应急处置目标的实现和处置效率。

3. 指挥决策统一

统一指挥决策是社会安全事件应急处置工作达到既定目标的重要保证。在多个部门参与的应急处置中，应有统一的指挥决策机构，指挥链要保证从上到下贯彻指挥员的命令，避免多头指挥带来的混乱局面。应急预案应规定在各种社会安全事件情形下，应急处置现场的指挥权的归属，这样有利于各级指挥决策者能明确自身职责与权限，避免越权或推诿。

4. 信息渠道畅通

信息渠道畅通的要求包含几个方面：一是有关社会安全事件的各种信息要能够及时传递到指挥决策部门和人员手中，以对事件的实际情况作出正确的判断与决策；二是保证有关的信息能够及时传递给新闻媒介，以便新闻媒介把准确的信息传递给社会公众，避免不确切的信息传播；三是在发生社会安全事件的单位和地区，要保证把有关的信息与处置的安排及时传递给潜在的受害人，如人员疏散的计划等。各种信息如何传递，由谁来传递，传递的途径是什么等相关问题都应体现在应急预案之中。

5. 建立咨询系统

为保证应急处置工作的科学性，避免发生连带反应，有必要建立咨询系统：一是应急处置的专家系统，为特殊的社会安全事件提供专家的智力支持，避免应急处置工作的失误，在社会安全事件处置中，尤其要注重发挥外部专家的作用；二是对社会开设咨询电话，为受害人、新闻媒介以及希望为应急处置工作贡献力量的社会公众提供必要的信息。

6. 重视善后恢复

善后恢复是对社会安全事件应急处置的最后一个环节，恢复阶段的工作主要是围绕使那些受到社会安全事件影响的人和社会秩序、生活秩序、工作秩序尽快恢复到正常的状态。在某些情况下，恢复阶段的工作难度大于处置阶段的难度。在应急预案的制订过程中，受害人心理干预、社会心理调查、受害人生活条件的安置等，都应引起足够的重视，并纳入应急计划之中。

二、社会安全应急预案的主要内容

应急预案的制订是一种主动性的行动，它规定了行动的具体目标，以及为实现这些目标所做的所有工作安排，即它要求制定者不仅要预见到事发现场的各种可能，而且要针对这些可能拿出实际可行的解决措施。由于社会安全事件往往具有人为故意的特点，事件的策划实施者希望通过一系列的行动达到特定的目的，在策划和实施过程中甚至会根据政府相关部门的应对模式和应急预案调整和完善自己的计划。因此，社会安全事件的应急预案一方面要根据社会安全事件的特定规律进行情景构建，另一方面也要考虑事件策划实施者为达到目标有意制造的应急困境。例如，在发生恐怖袭击时，不仅应考虑已经发生的人员伤亡、建筑损毁，还应考虑恐怖分子是否在现场或其他场所实施二次爆炸。因此，在应急预案的制订过程中，必须充分考虑这种二次破坏的可能性。一个完整的社会安全应急预案应包括总则、组织指挥体系及职责、预警和预防机制、应急响应、后期处置、保障措施以及附则、附录等内容。

（一）总则

说明编制预案的目的、工作原则、编制依据、适用范围等。

（二）组织指挥体系及职责

明确各组织机构的职责、权利和义务，以社会安全事件应急响应全过程为主线，明确事件发生、报警、响应、结束、善后处理处置等环节的主管部门与协作部门；以应急准备及保障机构为支线，明确各参与部门的职责。

（三）预警和预防机制

包括信息监测与报告，预警预防行动，预警支持系统，预警级别及发布（建议分为四级预警）。

（四）应急响应

包括分级响应程序（原则上按一般、较大、重大、特别重大四级启动相应预案），信息共享和处理，通信，指挥和协调，紧急处置，应急人员的安全防护，群众的安全防护，社会力量动员与参与，事件调查分析、检测与后果评估，新闻报道，应急结束等要素。

（五）后期处置

包括善后处置、社会救助、保险、事件调查报告和经验教训总结及改进建议。

（六）保障措施

包括通信与信息保障，应急支援与装备保障，技术储备与保障，宣传、培训和演习，监督检查等。

（七）附则

包括有关术语、定义，预案管理与更新，国际沟通与协作，奖励与责任，制定与解释部门，预案实施或生效时间等。

（八）附录

包括相关的应急预案、预案总体目录、分预案目录、各种规范化格式文本，相关机构和人员通讯录等。

三、社会安全应急预案的演练

应急预案是一个事先制定的工作计划，用于处置社会安全事件的工作计划在什么状况下启动，启动以后参与处置部门如何组织实施这个预案，如何落实各方面的实际行动，如何协调各单位、各部门的行动，以及如何做好后勤保障工作，它是一个复杂的系统工程。应急预案是否科学合理、是否符合实际情况，需要经过实践的检验，而演练是最直接的途径之一。

（一）演练的目的

社会安全事件应急预案的演练包括以下目的：一是验证应急预案的整体或关键性局部是否能有效地付诸实施；二是验证预案在应对可能出现的各种社会安全事件方面所具备的适应性；三是找出预案可能需要进一步完善和修正的地方；四是确保建立和保持可靠的通信联络渠道；五是检查所有有关组织是否已经熟悉并履行了它们的职责；六是检查并提高应急救援的启动能力。其核心目的就是让参与社会安全事件处置的各单位、各部门，乃至每个人更好地理解预案，更好地检验预案，进而提高对社会安全事件处置工作的整体水平。

（二）演练的原则

1. 结合实际、合理定位

紧密结合应急管理工作实际，明确演练目的，根据资源条件确定演练方式和规模。

2. 着眼实战、讲求实效

以提高应急指挥人员的指挥协调能力、应急队伍的实战能力为着眼点。重视对演练效果及组织工作的评估、考核，总结推广好经验，及时整改存在的问题。

3. 精心组织、确保安全

围绕演练目的，精心策划演练内容，科学设计演练方案，周密组织演练活动，制定并严格遵守有关安全措施，确保演练参与人员及演练装备设施的安全。

4. 统筹规划、厉行节约

统筹规划应急演练活动，适当开展跨地区、跨部门、跨行业的综合性演练，充分利用现有资源，避免浪费，努力提高应急演练效益。

（三）演练的方式

演练包括桌面演练、功能演练和全面演练等多种方式。实战部门应结合社会安全事件处置管理进展的不同阶段，或结合自身条件进行不同方式的演练，最终根据演练结果将预案进行修改和完善。

1. 桌面演练

桌面演练是指由社会安全事件处置部门的代表或关键岗位人员参加的，按照应急预案及其标准运作程序，讨论社会安全事件发生时应采取行动的演练活动。桌面演练的主要特点是对演练情景进行口头演练，一般是在会议室内举行非正式的活动。主要作用是在没有时间压力的情况下，演练人员在检查和解决应急预案问题的同时，获得一些建设性的讨论结果。

桌面演练方法成本较低，主要用于为功能演练和全面演练做准备，它只是演练的初级层次，其目的一方面是培养参加者相互配合的协同性，另一方面是检验应急预案的合理性、系统性和完整性。

2. 功能演练

功能演练比桌面演练的规模要大，需动员更多的应急响应人员和组织，它是指针对某项应急响应功能或其中某些应急响应活动举行的演练活动。功能演练一般在应急指挥中心举行，并可同时开展现场演练，调用有限的应急设备，主要目的是针对应急响应功能，检验应急响应人员以及危机管理体系的策划和响应能力。必要时，功能演练可要求国家级应急响应机构参与演练过程，为演练方案设计、协调和评估工作提供技术支持，因而协调工作的难度也随着更多应急响应组织的参与而增大。功能演练所需的评估人员一般为4 ~ 12人，具体数量依据演练地点、社区规模、现有资源和演练功能的数量而定。演练完成后，除采取口头评论形式外，还应向地方提交有关演练活动的书面汇报，提出改进建议。

功能演练的参加者一般是应急预案的制定者或者批准者，通过功能演练，既检验了应急预案的程序、组织结构、任务分配和指挥者之间必需的相互联络的合理性，又培养了在社会安全事件发生时的应对能力。

3. 全面演练

全面演练指针对应急预案中全部或大部分应急响应功能，检验、评价应急组织应急运行能力的演练活动。全面演练一般要求持续几个小时，采取交互模式进行，演练过程要求尽量真实，调用更多的应急响应人员和资源，并开展人员、设备及其他资源的实战性演练，以展示相互协调的应急响应能力。与功能演练类似，全面演练也少不了负责应急运行、协调和政策拟订人员的参与，以及国家级应急组织人员在演练方案设计、协调和评估工作中提供的技术支持。但在全面演练过程中，这些人员或组织的演示范围要比功能演练更广。全面演练一般需10 ~ 50名评价人员。演练完成后，除采取口头评论、书面汇报外，还应提交正式的书面报告。

第二节　社会安全应急保障体系

完善的应急处置保障系统是社会安全事件应急处置顺利进行的基本条件。社会安全事件应急处置需要法治、技术、资金、物资、人员等方面的广泛支持和保障。

一、社会安全法治保障

维护国家安全和社会秩序，保护公民、法人和其他组织的合法权益，保护公共财产安全、打击违法犯罪是国家和政府义不容辞的职责。维护社会安全作为国家和政府的职责需要有法治的保障。特别是当社会安全事件发生时，应急处置更需要法治的支撑与保障。一方面，社会安全事件需要依法处置，社会安全事件应急处置的措施、手段都应当有明确的法律依据，并且要遵守预设的法律程序；另一方面，法律为政府处置社会安全事件提供明确的法律授权，保证其权力行使的合法性和强制性。具有中国特色的社会主义法律体系已经初步建成，以《突发事件应对法》《反恐怖主义法》《国家安全法》为代表的有关社会安全治理方面的法律法规也已经初具规模，为社会安全事件的应急处置提供了较为充分的法治保障。

二、社会安全人员保障

任何组织机构从本质而言，都是由人构成的统一整体。应急处置人力资源的能力如何，直接取决于人员素质的高低。公安、武警、消防、交管、医疗、市政等队伍是基本的社会安全应急处置队伍，保安、联防、治安志愿者等群防群治力量是社会安全应急处置的补充力量。各专业部门要落实先期处置队伍和增援队伍的组织保障方案。进一步优化、强化以公安机关及人民警察为主体、群防群治力量队伍为辅助的社会安全事件应急处置队伍。各级各类社会安全事件应急处置队伍要合理部署和配置、配备各类先进的处置装备、器材和通信、交通工具，制定各类应急处置专业方案，并积极开展处置能力培训和演练。应定期组织跨部门、跨行业的综合性处置演练，以加强组织协同和各专业保障，提高队伍快速反应和协同作战能力，确保队伍随时出发完成处置任务。

三、社会安全后勤保障

社会安全后勤保障包括物资装备保障、资金保障和医疗卫生保障。

（一）物资装备保障

社会安全事件应急处置是社会安全治理的重要内容。要实现处置目标，完成处置任务，必须要有现代化的技术装备做保障，这是处置社会安全事件的物质基础。随着人们对社会安全事件认识水平的提高和科学技术的发展，应急处置装备也在向科学化、标准化方向发展，对事件的应急处置也提出了更高的要求，这些都必然要求有精良的物资装备作后勤保障。

物资装备保障对于社会安全事件的应急处置具有十分重要的意义：首先，物资装备保障是确保应急处置队伍及其人员战斗力的必要前提。在应急处置时缺乏必需的物资装备或者装备落后，必然会影响处置队伍的战斗力，甚至导致处置任务的失败。其次，良好的物资装备保障对社会安全事件的应急处置具有增效作用。现代社会要求政府是精干高效的政府，对于社会安全事件的应急处置而言，更是如此。

（二）资金保障

物资装备建设离不开资金保障。应急处置资金是现代社会中社会安全事件应急处置活动的重要保障，是应急处置保障系统中不可或缺的重要组成部分。为了更好地应对和处置社会安全事件，各级政府应当在年度预算中设立专项的社会安全事件应急储备资金，并随着经济社会的发展情况进行动态调整。

（三）医疗卫生保障

医疗卫生保障包括医疗救治资源分布，医疗卫生机构的能力与分布，被调用方案等。要有专人负责，保证医疗急救用品和受害者的必需用品的供应，负责联系安排交通工具运送伤员、药品、器械或其他的必需品。应急医疗救护工作必须坚持“救死扶伤、以人为本”的原则。应急医疗救护队在事件发生后，要尽快赶赴现场，设立现场医疗急救站，对伤员进行现场分类和急救处理，对伤势较重者要及时向医院转送。要对救援人员进行医学监护，处理死亡者尸体以及为现场救援指挥部提供医学咨询等。

四、社会安全信息保障

准确及时的信息是进行指挥决策的必要基础，而社会安全事件的突发性和不确定性，导致了应急处置工作中信息的不充分，因此信息保障就显得十分重要。信息保障一般以应急联动中心为基础，成立信息综合管理平台，形成以信息监测、信息报告、信息共享、信息分析、信息发布为主要构件的信息保障机制。对相关社会安全事件的信息进行收集、分析和处理，按照早发现、早报告、早处置的原则，预测可能发生的情况，及时上报应急指挥中心，并按照预案的规定组织有关单位、职能部门和专家拟写新闻统发稿、专家评论或公告，以适当的方式向媒体和市民发布相关信息。

同时，要有效地减轻社会安全事件造成的危害，离不开各种媒体的信息传递。在社会安全事件的应急处置中，各种媒体尤其是新媒体和自媒体传递的信息，应当有专门负责与媒体接触的机构，处理一切与媒体报道、采访、新闻发布会等相关事务，保持对外的一致口径，保证报道的客观性和可信性，做到对事件单位、政府部门负责和为公众负责，为应急处置工作营造一个良好的社会舆论环境。

五、社会安全治安保障

社会安全事件发生后，无论侵害到什么社会关系，都可能造成交通堵塞、社会秩序混乱、社会生产和生活不能正常进行。同时，事件形成后往往又诱发新的违法犯罪行为，导致事态不断扩大或冲突加剧。因此，在社会安全事件发生后，事件现场必须由公安机关和相关部门做好秩序维护和保障。

所谓治安保障，是指在应急处置过程中对治安秩序的维护，包括社会安全事件现场秩序的维护，交通秩序的维护，以及相关场所治安秩序的维护和重要场所、目标、人物的安全保护。社会安全事件发生后，由属地公安部门和基层政府负责治安保障，立即在社会安全事件处置现场周围设立警戒区和警戒哨，做好现场控制、交通管制、疏散救助群众、维护公共秩序等工作，并且维持治安秩序的警力布局、调度和工作措施等都应当事先予以明确。

案例4-1：2010年系列校园砍杀案

一、案例概述

从2010年3月23日开始，短短50天左右，全国发生了6起校园砍杀案件，共造成19人死亡，76人受伤，社会影响十分恶劣。

（一）福建南平校园砍杀案

2010年3月23日早上7时20分左右，正逢孩子上学的时间，福建南平延平区实验小学门口，一名男子手持25厘米砍刀，连续砍伤13名小学生，其中7女6男，已造成8死5伤。55秒内，刚刚还鲜活的生命被疯狂男给扼杀了。凶手名叫郑民生，1968年4月30日生，福建南平人，中专毕业，未婚，原马站社区诊所医生，2009年6月辞职。2010年4月28日上午，根据最高人民法院刑事裁定和执行死刑命令，对罪犯郑民生执行死刑。

（二）广西合浦校园砍杀案

2010年4月12日16时30分左右，广西合浦县西场镇西镇小学附近发生一起凶杀事件，发狂男连砍7人，共造成2人死亡5人受伤。2名死者中1名为8岁小学生，另1名为老年女性。5名伤者包括：2名小学生、1名未入学小孩和1对中年夫妇。行凶者是一名年龄40岁左右的男性，系一名精神病患者，已被警方抓获。

（三）广东雷州校园砍杀案

2010年4月28日15时左右，广东省湛江市下辖雷州市雷城第一小学发生凶杀案。一男子冲进校园，持刀砍伤18名学生和1名教师，33岁的犯罪嫌疑人陈康炳系雷州市白沙镇洪富小学公办教师，2006年2月办理病休至今。

（四）江苏泰兴校园砍杀案

2010年4月29日上午9时40分，江苏泰兴市泰兴镇中心幼儿园发生一起伤人事件，一名男子持刀冲入校园，砍伤31人，包括28名幼儿、2名教师、1名保安。犯罪嫌疑人叫徐玉元，男，1963年生，47岁，泰兴市泰兴镇人，已婚，高中文化，为泰兴本地一名无业人员。他原在当地一家保险公司工作，于2001年被单位辞退，此前曾从事过违法传销活动。

（五）山东潍坊校园砍杀案

2010年4月30日，山东潍坊男子王永来骑摩托车携带铁锤、汽油，强行闯入尚庄小学，用铁锤打伤5名学前班学生，然后点燃汽油自焚。王永来被当场烧死，5名受伤学生无生命危险。犯罪嫌疑人王永来，男，45岁，山东省潍坊市坊子区九龙街道尚庄村村民。

（六）陕西南郑校园砍杀案

2010年5月12日8时左右，陕西省南郑县圣水镇林场村幼儿园（民营）发生一起凶杀案。犯罪嫌疑人吴焕民持菜刀闯入该村幼儿园，致使7名儿童（5男2女）和教师吴宏英及其母亲共9人死亡，另有11名学生受伤，其中2名儿童伤势严重。犯罪嫌疑人吴焕民系男性，48岁，林场村四组人，行凶后返回家中自杀身亡。

二、官方应对

（一）温家宝：袭击儿童案应先解决深层原因

针对连续发生的多起针对儿童的袭击事件，温家宝表示，我们不但要加强治安措施，还要解决造成问题的深层次原因。政府对这些案件高度重视，对凶杀案造成的儿童伤亡，心里感到非常难过，对于他们家庭出现的这种不幸，心里也感到非常的难过。

温家宝说，除了采取强有力的治安措施之外，我们还要注意解决造成这些问题的一些深层次的原因，包括处理一些社会矛盾，化解纠纷，加强基层的调解作用，这些工作我们都在努力去做。一个和谐、安全的环境，不仅应该给孩子们，而且应该给每一个人，我们一定能够做到这一点。

公安部要求，对乡村、街道、城乡接合部、偏远地区的学校、幼儿园，私立私办的学校、幼儿园、托儿所进行拉网式排查。坚持严打严防，打得犯罪分子不敢对孩子下手，防得犯罪分子不能对孩子下手。

孟建柱强调，各级公安机关要积极会同综治、教育等部门，进一步严密学校、幼儿园周边治安防控措施。要紧紧依靠人民群众，依靠基层组织，进一步落实综合治理各项措施。要坚持一手抓打击防范，依法严格加强社会管理；一手抓思想政治工作，加强对性格偏执人员的心理疏导。要加强基层工作，努力化解社会矛盾。各级党委、政府要把维护学校、幼儿园安全稳定的责任落实到乡镇、街道和社区、村委会、治保会等基层组织，落实到具体的部门、单位和责任人，落实到每一所学校、幼儿园和工作的每一个环节。

（二）公安部提出“标本兼治”严打侵害师生安全犯罪

针对连续发生伤害学童的恶性案件，时任公安部新闻发言人武和平表示，对于伤害无辜学童的犯罪分子，警方将严惩。他指出，公安部门已采取四大措施严打严防校园血案。中国是法治国家，不管什么原因，采取残暴的、灭绝人性的、轻易剥夺他人生命的行为，都必须受到法律严惩。近期发生的几起案件，作案人手持凶器、光天化日之下闯入学校和幼儿园，自己漠视生命，也轻视他人的生命，甚至剥夺他人生命，而且剥夺的还是无辜儿童的生命。这种犯罪必须受到全社会的谴责。公安机关和司法机关依照法律对这种犯罪行为进行严惩，震慑犯罪分子使其不敢以身试法。

1. 四大措施遏止校园血案

武和平指出，如果犯罪分子胆敢再采取这种手段，警方将依据刑法的有关规定和人民警察使用警械和枪支的规定，坚决执法，毫不客气。因为对于这种丧心病狂的犯罪者的宽容，就是对人民的犯罪，就是对亿万人民的不负责任。

一是坚持严打方针，严厉打击侵害师生安全的违法犯罪活动。二是切实加强学校的安全防范工作，按照谁主管谁负责的原则，学校的主管要负起内部安全防范的责任，采取人防、技防、物防和各项安全检查制度、巡逻制度等，做好校园本身的安全防范工作。三是加强学校、幼儿园周边地区治安秩序的整顿和治理。四是进一步加大矛盾纠纷的排查化解和危险物品管控。

2. 公安部18个督导组赴各地

公安部派出18个督导组到各地督导各项防范工作措施的落实。同时，公安部部长孟建柱也亲自率员到基层检查此项工作。

另外，关于是否应该发动全社会来维护校园安全的问题，著名评论家、北京大学教授张颐武表示，严格来说，这些校园安全事件还是刑事案件，不宜过度引申为社会问题，但是，对于中小学校园安全，怎么保护都不过分。

3. 私立学校也将彻底检查

公安部已把落实校园安全的重点放在乡村、街道、城乡接合部、偏僻地区一些安全防范最薄弱的学校、幼儿园；同时对一些存在安全隐患的私立、私办的学校、幼儿园、托儿所以及各类课外青少年的校外活动场所要实行拉网式的检查。

案件发生后，警方坚持严打方针，“通过严厉打击和果断制止，要打到犯罪分子不敢对孩子下手，要通过严密的防范和防控，防到犯罪分子不能对孩子下手”。

4. 谁胆敢再犯警方可用枪

武和平称当前“危害校园和幼儿园秩序”“侵害师生安全甚至于剥夺师生生命”的暴

力犯罪“丧尽天良”“必须以严厉的手段来进行惩治”。公安机关和司法机关依照法律对这种犯罪行为进行严惩，树立依法治国的权威，震慑犯罪分子使其不敢以身试法；如果犯罪分子胆敢再采取这种手段，我们将依据刑法的有关规定和人民警察使用警械和枪支的规定，坚决执法，毫不客气。

5.关心弱势群体排解矛盾

作为治安问题，不能单纯从办案角度解决，社会各个方面各种力量要一起动员，实行综合治理。一是通过排查化解在基层出现的矛盾，给弱势群体以关心、关怀，及时解决他们的困难。二是对于一些思想偏激、性格偏执的人员进行必要的心理疏导；对有可能造成危险的人员要通过群众的举报采取必要的救治和管理措施，更重要的是能够深入群众当中，加强基层基础工作，了解社情民意，使社区成为社会治理的一个最基础的细胞，各种手段综合使用，使和谐因素尽可能增大，把消极因素解决在萌芽状态。

三、案例点评

校园砍杀类的社会安全事件容易造成灾难性的后果、社会负面影响恶劣而持续，容易产生传导和示范效应，最好的危机应对结果是做好预防和准备，不让其发生，即使发生也要在早期予以控制，防止灾难后果发生。系列校园砍杀案发生后，政府和学校都做了相应地准备，特别是制定应急预案，组织开展演练，进行应急保障，在防范和应对校园砍杀类的社会安全事件方面取得了很好的效果。

（一）编制应急预案，做好预案演练

针对此类社会安全事件，政府及其教育部门、公安部门、卫生部门都应当制定相应的应急预案，在预案中明确各自的职责分工、沟通协作、舆情引导、善后处置等。当预案制定好后，一定要组织相关部门和人员对预案进行演练，熟悉相关流程和应对措施。特别是学校一定要组织学生按照预案进行全面演练，模拟砍杀事件发生时，学校、教师和学生分别如何应对，让学生体验自我保护和应急逃生，根据演练的结果对应急预案进行修订和完善。

（二）做好应急保障

充分的应急保障可以有效地预防校园类砍杀事件的发生，即使不能完全避免，当事件发生时，充分的保障可以缩短应急处置的时间，最大限度地降低人员的伤亡和财产的损失。针对校园砍杀类社会安全事件的应急准备主要包括人员保障、物质装备保障、医疗保障和应急通信保障。人员保障主要包括校园内配备专门的安保人员、上下学高峰时配备必要的警力；物质装备保障主要包括校园内安装封闭的门禁系统、报警系统，配备必要的防刺背心、警用钢叉等；医疗保障主要包括配备必要的医护人员、外伤急救药品等；应急通信保障主要包括在校园内配备应急逃生疏散用的扩音设备，指挥或报警用的通信设备。

第五章　社会安全预警

预警是在灾害或灾难以及其他需要规避的风险发生之前，根据以往总结的规律或观测得到的可能性前兆，向相关部门和人员发出紧急信号，报告危险情况，以避免危害在不知情或准备不足的情况下发生，从而最大限度地减低危害所造成的损失的行为。社会安全预警是在掌握相关影响因素对社会安全威胁规律的基础上，对相关因素的动态监测，并在达到警限后发布社会安全警报，启动社会安全治理的相关措施，防止社会安全的进一步恶化。

第一节　社会安全预警在社会安全治理中的作用

通俗地说，预警就是预先警告，所谓“预”为“事前、事先”之意，就是判断事态的发展形势，在时间上做出超前的活动。所谓“警”，为“提醒、告诫”之意，含有防范、规避的意味。可见“预警”一词应有“事先提醒，事前防范”之意。预警就是事先发出警报，根据事物的现实状况及其发展的客观规律，判断、推测事物将要发展的趋势，并在一定范围内发布警示性信息。预警是建立在预测的基础上。预测是在事件未发生之前或发展过程中，用已知的条件，对事物的未来状态进行科学的预计和推测，或对已发生或存在的事物的未知状态进行估计和推断。

链接：“预警”的由来

据考证，“预警”一词最早源于军事，也最常用于军事，原指通过预警提前发现、分析和判断敌人的进攻信号，并把这种进攻信号的威胁报告给指挥部门，以提前采取应对措施。后来这个词逐渐被应用到政治、经济、社会、自然等多个领域。预警，可以理解为报警，如在军事上，敌方飞机要来空袭，就要拉响警报。

人类社会预警的历史经历了神灵性预警、经验性预警、哲理性预警和实证性预警四个时期（见图5-1）。[①]

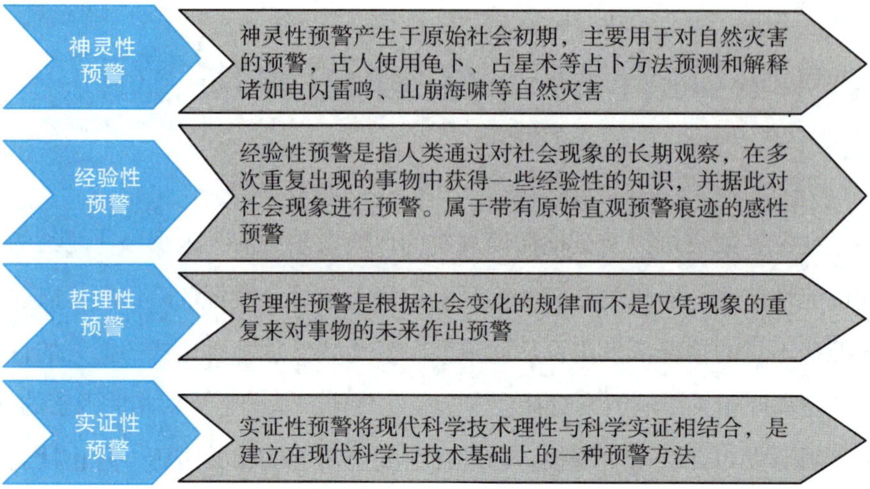

图5-1　四种不同的预警

20世纪六七十年代，美国社会学家雷蒙德·鲍尔（Raymond Bauer）出版了《社会指标》一书，引起了很大的反响，并启发了人们通过构建指标体系的方法来研究社会风险预警问题的灵感。此后，西方国家兴起一股“社会指标运动”。比较有代表性的是美国“哈佛景气动向指数”“富兰德指数”，7国首脑联合制定的“经济监测指标”，美国外资政策研究所的“政治监测指标”等。

我国改革开放后，由于社会转型导致社会不稳定性增大，国内学者也开始了对社会预警指标的研究。1988年，中国社会科学院社会学所成立了社会指标预警课题组，对涉及社会安全与风险的相关指标进行了研究，提出包括经济指标、生活质量指标、社会问题指标、主观指标四大类40多个主客观具体指标组成的指标体系。1989年，宋林飞对社会预警指标做系统研究，并多次进行修订，在2000年最后确定为收入稳定性、贫富分化、失业、通货膨胀、腐败、社会安全、突发事件七大类40多个指标构成的“社会监测与报警指标体系”。[②]朱庆芳于1992年在《社会指标的应用》一书中也提出由40多个指标构成的“社会综合报警指标体系”。2002年，仇立平负责的上海课题组提出由17个方面70多个具体指标构成的“社会稳定指

① 阎耀军.现代实证性社会预警［M］.北京：社会科学文献出版社，2005.
② 宋林飞.中国社会风险预警系统设计［J］.人大复印报刊资料：社会学，2000（1）.

标体系”。2004年，阎耀军提出社会稳定模型，并在此基础上建立了六大类55个指标构成的预警系统。①

预警系统的构建，要求预警对象具有事先的可预测性和一定的预警时间。各种影响社会安全的因素都是动态预警可考虑的因素。这些因素具有累积效应，从治安防控的实践看，实现社会安全预警预控必须将这些因素进行筛选，根据其对社会安全的影响程度排序，并以其对社会安全的影响方式确定其在预警系统中的权重，从而获得影响社会安全的各种因素的逻辑框架。社会预警、社会风险预警、社会稳定预警虽然在立足的高度、着眼的角度方面有所不同，但都是以社会安全为基本目标而开展的理论分析和实践探索，可以看作是不同层次、不同视角的社会安全预警。

与自然灾害、事故灾难、公共卫生风险的预警不同，社会安全预警由于社会安全影响因素多样，影响机制复杂，又具有主客观双重特性，微观预警的可行性方面尚需获得社会学、心理学、管理学、经济学、法学等多学科的理论支撑和实证分析。我国《突发事件应对法》也仅对自然灾害、事故灾难、公共卫生事件的预警进行了规范。目前的社会安全预警主要是从宏观层面上对某区域的社会安全进行总体预警，或是针对某一类社会安全事件进行具体预警。

链接：预警的级别

《中华人民共和国突发事件应对法》第42条规定，国家建立健全突发事件预警制度。

可以预警的自然灾害、事故灾难和公共卫生事件的预警级别，按照突发事件发生的紧急程度、发展势态和可能造成的危害程度分为一级、二级、三级和四级，分别用红色、橙色、黄色和蓝色标示，一级为最高级别。

预警级别的划分标准由国务院或者国务院确定的部门制定。

作为社会安全治理的重要组成部分，科学及时的社会安全预警在社会安全治理中具有时间标识作用、资源配置作用和导向治理作用。

一、时间标识作用

社会安全治理存在两种状态：常态治理和非常态治理。常态治理是为了保持社会正常的运行状态，预防影响社会安全的相关威胁因素演变为现实的威胁。非常态治理

① 阎耀军.现代实证性社会预警［M］.北京：社会科学文献出版社，2005.

则是在发生各类影响社会安全和稳定的突发事件时，能够采取应急处置措施及时控制事态的蔓延扩大，降低事件的影响。虽然从时间跨度看，常态治理占主要地位，但是由于非常态治理需要对突发的紧急状况进行反应和控制，在事件发展瞬息万变的紧迫情境中，如果不能在事件发展过程中占得先机，非常态治理可能是低效的，甚至是失败的。

当前国际局势正在发生新的深刻变化，世界多极化和经济全球化的趋势继续在曲折中发展，综合国力竞争日趋激烈，各种思想文化相互激荡，国际恐怖主义犯罪形势依然严峻，跨国犯罪活动日益增多，高科技犯罪不断涌现，民族宗教矛盾错综复杂。这就要求在信息主导下的社会安全治理必须耳聪目明、快速反应。只有坚持动态性原则，社会安全治理才能做到灵活应变、以动制动、以快制快、先发制人，实现社会安全治理的开放性，不断推动社会治理创新。

在启动非常态治理机制，实现社会安全治理从常态向非常态转换的过程中，社会安全预警恰好具有掌控先机的时间标识作用。预警信息的发布提示社会治理主体和社会公众，危机状态即将来临，所有的应急措施必须按照预警标识的警级分级启动，否则将错失社会安全治理的良机。也就是说，预警发布的时间正是社会治理由常态转为非常态的“集结号”，标志着应急反应的开始。

二、资源配置作用

人类社会所面临的基本问题是人类需要的无限性和用来满足人类需要的各种资源的稀缺性之间的矛盾。人类的需要无论是物质上的还是精神上的，都要依托一定的资源来实现。但是，在社会经济发展的一定阶段，相对于人们的需求而言，用来满足人类需要的资源却是有限的，即有稀缺性。这就要求人们对有限的、相对稀缺的资源进行合理配置，以便用最少的资源耗费，生产出最适用的商品和劳务，获取最佳的效益。

一般来说，资源配置表现为一种对时间上、空间上和数量上的要求。一种资源的配置状态，一般要给出3个基本要素：数量、时间、空间。

社会安全治理需要政府及相关社会治理主体通过一定的方式把有限的资源合理分配到社会安全治理的各个领域中，以实现资源的最佳利用。

链接：什么是配置

“配置”（allocation）的含义为“分配、分派、配给、调拨，把物资、资金等划归等”。而资源合理配置问题是资源经济学研究的核心问题，也是经济科学的永恒主题。我国著名的经济学家厉以宁在他所编的《市场经济学大辞典》中将资源配置解释为“经济中的各种资源，包括人力、物力、财力在各种不同的使用方向之间的分配”，并指出均衡发展与有效增长是对资源配置进行宏观调节的目标体系中的两个最基本的成分。

（一）社会安全预警为资源配置提供动力

资源配置的目标是实现最佳效益，预警信息的发布能够明确社会安全利益即将受到某些特定因素的威胁，如果不能在此方面投入必要的治理资源，将会有不可预见的损失和负面影响，从而为社会安全治理的资源配置提供动力。

（二）社会安全预警为资源配置提供信息

为了选择合理配置资源的方案，需要及时地、全面地获取相关的信息作为依据，而信息的收集、传递、分析和利用是通过一定的渠道和机制实现的，如信息的传递可以是横向的或者是纵向的。预警不仅能够指明非常态社会安全治理资源配置的重点领域，还可以为进一步的治理提供相应的信息，提升治理的合理性和有效性。

（三）社会安全预警为资源配置提供决策基础

资源配置的决策权可以是集中的或分散的，集中的权力体系和分散的权力体系，有着不同的权力制约关系，因而形成不同的资源配置决策机制。社会安全预警可以为社会安全治理的决策提供不同的可选方案，避免决策的盲目性。

三、导向治理作用

在社会安全预警的基础上，根据预警的内容采取及时有效的先期处置措施，将各种社会不稳定因素和社会矛盾控制在萌芽阶段，防止其继续酝酿发展，可以大力提高社会安全治理的有效性。在社会安全环境复杂，影响因素众多的背景中，社会安全治理必须以动制动、以快制快，力争将更多社会安全事件控制在始发阶段，将犯罪嫌疑人抓获在案发地段。情报信息越灵敏、社会安全预警越及时，社会安全治理的成本也就越低。

社会安全问题的出现可能有两种情况：一种是已经出现了显性的问题，另一种是问题还没有发展为客观事实，仅通过预测认为可能要发生影响社会安全的问题，即潜在问题。对显性问题的控制用控制论的术语可将其称为“反馈控制”，对潜在问题的控制称为“前反馈控制”，简称前馈控制。基于某区域或某类社会安全事件的社会安全预警能够为社会安全治理指明具体的治理方向和目标。

链接：曲突徙薪——预警的导向作用

臣闻客有过主人者，见其灶直突，傍有积薪。客谓主人，更为曲突，远徙其薪，不者且有火患。主人嘿然不应。俄而家果失火，邻里共救之，幸而得息。于是杀牛置酒，谢其邻人。灼烂者在于上行，余各以功次坐，而不录言曲突者。人谓主人曰：“乡使听客之言，不费牛酒，终亡火患。今论功而请宾，曲突徙薪亡恩泽，焦头烂额为上客耶？”

——《汉书·霍光传》

第二节　社会安全预警体系的构建

一、社会安全预警基本模式

社会安全预警的基本模式包括确定警情、警源分析、警兆筛选、警限设定、警级划分、警情发布、风险预控（见图5-2）。

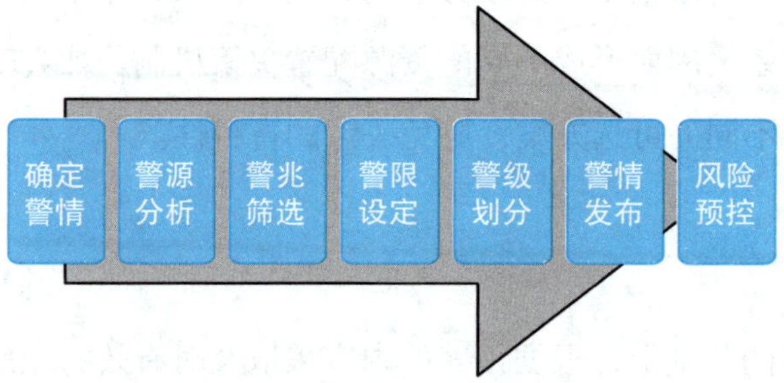

图5-2　社会安全预警的基本模式

（一）确定警情

警情是指各类风险在一定的条件下发展为影响社会安全的外部形态表现，即对社会安全起阻碍甚至是破坏作用的社会现象或问题。在社会安全预警中，警情是预警的具体对象。

社会安全预警是在各类社会安全问题发生之前预测社会安全的发展趋势并及时发出明确的、有针对性的警示，采取预控措施，从而以最低的成本和最快的速度控制维护公共安全和社会秩序。由于影响社会安全的因素包括诸多方面。因此，在开展社会安全预警之前首先要明确预警的目标。

在社会安全预警中，警情通常与社会的负面状态相联系，政府和相关部门关注的预警对象是多方面的，如违法犯罪行为、突发事件等。在社会安全治理中，从风险管理的角度看，这些预警对象都属于风险，即可能引发社会危害，影响社会安全的潜在的、不确定的威胁因素。确定警情是社会安全预警的基础和起点，如果不能准确辨识社会安全面临的风险、确定风险的性质、分析可能发生的损失，社会安全预警就可能失去预控的最佳时机，从而导致预警的失败。

（二）警源分析

警源是产生警情的根源，是警情的发源地。警源可以分为内生警源和外生警源。内生警源是社会内部的不良扰动因素，外生警源是外部的不良扰动因素。在社会安全预警中，寻找警源是整个预警过程的逻辑起点。

从风险的本质属性看，风险意味着不确定性，即风险演变为现实危害，造成社会负面影响的过程存在明显的偶然性和随机性。因此，社会安全风险与其造成的危害后果之间存在偶然损失性。有些社会安全风险可能长期存在，但从未引发社会安全问题；有些风险可能在一定条件下初露端倪，但也没有造成严重危害。在警源分析的过程中，对这些风险都不能心存侥幸。由于社会安全事件一般属于小概率事件，很容易被忽视，一旦风险演变为现实危害，必然措手不及、仓皇应对。

链接：兰州自来水污染事件

2014年4月，兰州发生自来水苯超标事件，导致市政供水中断、市民抢水，社会秩序混乱。据调查，对自来水苯含量的监测周期是半年一次，此次兰州自来水苯超标是偶然检出，这就意味着如果不是偶然检出，水污染可能要等到出现大量人员中毒甚至是死亡后才能被发现。

（三）警兆筛选

警兆是警情在孕育过程中先行出现的现象。在警源向警情发展的过程中，警兆是一种外部表现，也是社会安全预警的主要监测对象。警兆的产生可能是由于警源的扩散，也可能是在警源扩散过程中产生的其他相关现象。分析警兆是预警的关键。

（四）设定警限

警限是警情由量变转化为质变的临界点，是由此事物过渡到彼事物之间的中介。从警源到警情是一个由量变到质变的过程，在这一过程中，警情的孕育、发展、扩大、爆发，都有一定衡量度。如在社会预警中，通常使用基尼系数描述社会贫富差距，认为基尼系数达到一定数值时，社会就会进入不稳定状态，这个数值就是警限。

链接：常州市在“抢盐”风潮中的预警

2011年日本地震后，全球关于核辐射的担忧主要集中在空气污染、蔬菜等食品的放射性物质检出量等方面。社会大众普遍感到不安，但没有具体地卷入事件的理由。直到3月15日中午，一位网名为“渔翁”的人在QQ群上发出消息：“据有价值信息，日本核电站爆炸对山东海域有影响，并不断地造成污染，请转告周边的家人朋友储备些盐、干海带，且一年内不要吃海产品。”由于这条信息建立了核污染、海水污染、海盐污染的信息链，具有很强的说服力，被广泛转发。16日，北京、广东、浙江、江苏等地发生抢购食盐的现象，形成了一场全国范围内的核辐射恐慌和“抢盐”风波。

在事件的发展过程中，常州市应急指挥中心根据其他城市的信息和本市部分超市市民开始集中购买食用盐的现象，及时发出风险预警，动员政府相关部门及盐业公司、大型超市等企业，利用各类信息传播方式，一是向市民解释食用盐来源是井盐而非海盐，二是向市民展示盐业公司仓库充足的食用盐储备情况。由于预警及时，反应迅速，该市未出现大规模“抢盐”现象。

（五）划分警级

警级是为了直观地表示警情的严重程度，根据警情的警限，运用定性或定量的方法分析警兆的变化区间认定划分的预警级别。警级是社会安全预警的结果，一般分为2~5级，例如，5级预警包括：无警、轻警、中警、重警、巨警，分别用绿色、蓝色、黄色、橙色、红色表示。一些简单事件的预警可不进行警级划分。

（六）警报发布

警报就是向社会安全治理相关主体和风险的潜在受害者发出明确无误的警报，宣告危机即将来临。为保证警报作用的正确发挥，首先要在警报系统与警报接收对象之间建立良好的沟通渠道，使用简单明了的警报信号并在第一时间通知到每一个人。为了使更多的人“接收”到预警信息，从而能够及早做好相关的应对、准备工作，预警信息的发布、调整和解除要通过广播、电视、报刊、通信、信息网络、警报器、宣传车或组织人员逐户通知等方式进行。对老幼病残孕等特殊人群以及学校等特殊场所和警报盲区，要视具体情形采取有针对性的公告方式。

（七）风险预控

风险预控是在发现风险征兆和信号并进行确认后，或者在社会安全问题即将来临但还没有造成巨大损失时，迅速采取措施，对社会安全风险进行及时、有效的控制，尽可能用较小的代价迅速化解问题，避免问题扩大和升级，造成大规模的人员伤亡和财产损失。预控可分为两种形式：一种是经常性的预控，实际上是预防的内容；另一种是社会安全问题爆发前的紧急状态中的预控。有的学者认为预控不是在紧急状态中的预控，而是在危机爆发前所采取的控制措施。预控不可能出现在紧急状态中，只能在预警信号发出之后，紧急状态来临之前。当紧急状态来临时已经不是预控而是控制了。

风险预控的目的主要包括两个方面：一是在发现征兆，确认社会安全问题可能爆发，或者是问题已经在相邻地区爆发时，迅速采取果断措施，把问题消灭在爆发之前或消灭在萌芽状态，避免风险大规模爆发，或者阻断风险蔓延到本地的途径，避免问题在本地发生。二是即使不可能把风险消灭在爆发之前或者萌芽状态，也要尽可能采取措施缓解危机，即最大限度地把风险的强度控制在一定的范围内，避免风险迅速扩大和升级，造成惨重的人员伤亡和财产损失。

链接：SARS危机中的风险预控

2003年的SARS引发的不仅仅是公共卫生方面的危机，而且派生出一系列的社会问题和政治问题，如大面积的恐慌、抢购、弃城逃跑等社会心理问题，政府公信力及行政能力问题，经济增长与社会系统均衡问题，以及国家的国际形象和国际关系问题，等等。如果控制不好，SARS就会演变为严重的社会危机、经济危机和政治危机。疫区严格贯彻“早发现、早隔离、早治疗”的防治原则，非疫区的各级政府紧急动员，组织“严防死守”，加之全体民众积极配合，就是一次成功的风险预控实践。

社会安全预警在社会安全治理中具有重要的导向性作用。构建科学有效的社会安全预警体系能够为社会安全治理提供明确的工作目标和方向，提升社会安全治理的主动性、目的性和有效性。

二、社会安全风险识别

风险识别也称风险辨识，是在特定的系统中确定风险因素并定义其特征的过程。[①]风险识别是社会安全预警的基础和起点，如果不能准确辨识社会安全面临的风险，确定风险的性质，分析可能发生的损失，社会安全预警就可能失去预控的最佳时机，从而导致预警的失败。

（一）社会安全风险识别的原则

社会安全预警是在风险尚未演变为现实危害之前，从纷繁复杂的社会现象中辨识可能出现的问题。为全面有效地识别风险，必须遵循一些基本的原则。

1. 系统性原则

社会安全治理是对社会安全实施全方位动态防控的一项系统工程。风险识别的过程不能局限于某个部门、某个环节、某个具体风险，而是要按照社会安全的内在流程和结构关系，从治安防控的全局角度系统地开展调查和了解，掌握风险产生的原因、条件和风险本身的性质。必须强调的是，在公共安全体系中，自然灾害、事故灾难、公共卫生安全都可能成为社会安全风险，进而引发社会安全事件。因此，在进行风险识别时，要充分考虑风险的相互作用，确保对潜在风险有系统的认识。

链接：美加大停电

2003年8月，美加东部9 300平方千米的区域大面积停电，造成美国纽约、底特律、克利夫兰、波士顿，加拿大渥太华、多伦多等城市交通瘫痪，通信服务中断，社会秩序混乱。纽约市地铁、火车停止运行，地面交通由于十字路口的阻塞而出现严重的拥挤和混乱，35万人被困在电梯和地铁中。很多人只好在33摄氏度的高温下徒步回家。电话公司的中央控制室由于断电中断服务，不仅影响了民用通信，还影响了消防局、紧急医疗服务机构的危机反应能力，“911”电话严重超载，无法打通。

① 范道津，陈伟珂. 风险管理理论与工具［M］. 天津：天津大学出版社，2009.

2. 动态性原则

现代社会是一个快速运行、变化多端的社会。动态性原则要求在风险识别时，不仅要识别那些曾经发生过的风险，还要用发展的观点分析随着社会安全的变化和社会环境的变化而可能产生的新的风险，特别是一些外来的非固定风险源对社会安全的影响。例如，随着通信技术的大量应用，出现了各类电信诈骗案件，从中大奖到账户涉黑洗钱，从法院传票到机票改签补差价，诈骗的手段随时都在更新。

3. 重要性原则

重要性原则是指风险识别应有所侧重。从社会安全涵盖的内容看，社会安全预警的对象是非常复杂的，为保证风险识别的效率，必须在遵循系统性原则的基础上突出重点，掌握关键。风险识别得出的结果将用于下一步的社会安全预警和预控，如果不能在识别出的风险中确定重点，社会安全预警和预控只能全面铺开，不仅会造成人力、财力资源的浪费，而且会使社会安全预警失去应有的价值。

一般来说，风险评估的侧重点包括两个方面：一是风险的属性，二是风险的载体。关注风险属性是通过风险识别辨识那些重要风险即潜在损失较大的风险，如各种自然灾害、事故灾难、公共卫生事件等。这些风险会对公共安全造成严重影响，有些风险即使发生在外地也会对本地区的社会安全产生影响，正如2011年日本福岛核电站事故后，我国多地发生了大规模的“抢盐”风波。关注风险的载体，则是辨识对社会安全有严重影响的实体结构。例如，城市的供水、供电、供气、供暖、通信、交通等生命线工程设施。

（二）社会安全风险识别的方法

风险识别的方法有很多，如检查表法、情景分析法、事故树分析法、头脑风暴法、德尔菲法等。这些方法各具特色，在风险识别中要根据风险的特征和评估的要求灵活使用。由于社会安全的影响因素复杂，演化规律不易把握，在社会安全预警中，对社会安全风险的识别主要使用头脑风暴法、德尔菲法、情景分析法。

1. 头脑风暴法

头脑风暴法又称集思广益法，是以专家的创造性思维来索取未来信息的一种直观预测和风险识别方法。[①]这种方法是通过营造一个无批评的自由的会议环境，让与会者针

① 杨顺勇，王晶. 会展风险管理［M］. 北京：化学工业出版社，2013.

对预测的主题畅所欲言、充分交流、相互启迪，从而产生大量创造性意见的过程。

头脑风暴法适用于对一些简单问题的探讨和预测，在发言过程中参与者只能发表自己的意见，也可以根据别人的发言修改自己的意见，不进行讨论和辩论。为保证与会者能够不受拘束地发言，主持人要善于创造一个轻松开放的会议气氛，一般不能有直接领导参加。

2. 德尔菲法

德尔菲法又称专家调查法，实质是一种多次的匿名咨询法。德尔菲法需要成立专门的风险识别小组，将需要识别的风险和相关社会安全状况的资料提供给选定的专家，向专家征询相关问题，专家之间不发生横向联系和讨论。德尔菲法识别风险主要靠专家的个人经验和主观判断。根据风险识别的重要性原则，需要将专家意见进行集中，以便开展有针对性的风险评估和社会安全预警。由于个人经验和判断的差异，专家意见可能需要在多次反复之后才能趋于一致。因此，德尔菲法比头脑风暴法更为准确，但也更为复杂，适用于对严重风险的识别和预警。目前，德尔菲法在社会预警中的应用主要在指标体系的构建和赋值方面。①

3. 情景分析法

情景分析法是根据社会安全发展趋势的多样性，通过对影响社会安全的相关问题的系统分析，设计出多种可能的未来前景，以便采取措施防患于未然。情景分析法的雏形可追溯到曼哈顿计划，即采用模拟技术估计第一次核爆炸是否会灭绝整个地球生命。②情景分析法适用于在识别特定的突发事件（如马航MH370失联事件）或重大事项决策（如修建垃圾焚烧场）引发的风险，通过对事件发展的展望，构建可能的风险后果，再确定从这些风险后果到现在必须经历哪些关键事件（倒后推理），从而发现这些事件或决策将会以何种方式影响社会安全，以便对这些关键事件（风险征兆）进行监测并及时预警。

三、社会安全预警目标的类别

从预警目标的层级上划分，社会安全预警可以是针对某地甚至是全国范围内的社会安全形势的总体预警，也可以是针对某地发生某一类危害社会安全的因素预警。前者有

---

① 阎耀军.现代实证性社会预警［M］.北京：社会科学文献出版社，2005.
② 范道津，陈伟珂.风险管理理论与工具［M］.天津：天津大学出版社，2009.

助于社会安全治理的宏观决策，更接近于社会预警或社会稳定预警，但对社会安全治理的具体实践意义不大。后者则是一种微观预测，能够有效地预测特定区域、特定时期内某一类治安问题是否会超出设定的警限，属于现代实证性预警。

根据风险识别的基本原则，当前社会安全预警的目标主要包括以下几个方面：一是典型治安案件风险，如抢夺、诈骗、盗窃、赌博等；二是重大刑事案件风险，主要是指造成严重社会影响的刑事案件，如连环杀人案件；三是自然灾害风险，如破坏性地震、台风等可能造成社会秩序的混乱；四是各类事故风险，如道路交通事故、火灾、爆炸等；五是群体性事件风险，如群体性上访、非法集会、抗议性游行、打砸抢烧事件等；六是公共卫生风险，如空气污染、水污染、危险化学品泄漏或丢失、不明原因的疾病流行等；七是恐怖袭击风险；八是社会心理风险，如由突发事件、错误信息等造成的社会心理恐慌等（见图5-3）。

- **典型治安案件风险**：如抢夺、诈骗、盗窃、赌博等
- **重大刑事案件风险**：造成严重社会影响的刑事案件，如连环杀人案件
- **自然灾害风险**：破坏性地震、台风等可能造成社会秩序的混乱
- **各类事故风险**：道路交通事故、火灾、爆炸等
- **群体性事件风险**：群体性上访、非法集会、抗议性游行、打砸抢烧事件等
- **公共卫生风险**：空气污染、水污染、危险化学品泄漏或丢失、不明原因的疾病流行等
- **恐怖袭击风险**
- **社会心理风险**：由突发事件、错误信息等造成的社会心理恐慌等

图5-3 社会安全预警的目标

四、社会安全威胁评估

通过风险识别获得的风险类型，需要进行进一步的分析评估，找出风险源（警源），

为最终确定预警的监控对象提供清晰的条理和依据。威胁评估是在综合分析多种因素的基础上，识别和评价可能对社会秩序和公共安全造成影响的各种威胁，这些威胁构成了社会安全预警中的警源，是引发社会安全问题的源头。在社会安全预警模式中，威胁评估是指对社会安全的潜在风险进行全面的调查，包括威胁的种类、威胁主体的攻击目标和攻击能力、危害的程度及可能性的过程。

如图5-4所示，风险源是可能导致风险后果的因素或条件的来源，包括客观风险源和主观风险源。客观风险源是由客观因素控制的，包括自然风险源和人为风险源；主观危险源是由于人们掌握的信息、风险管理能力的局限性而在风险管理中掺杂了主观判断等原因造成的。

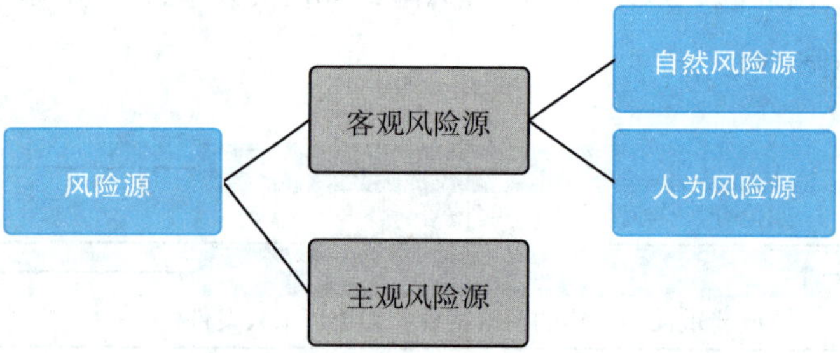

图5-4 社会安全威胁的风险源

（一）自然风险源

自然风险源是最基本的风险源，地震、强风、暴雨、雷电都可能导致人员伤亡、经济损失，造成社会秩序的破坏。自然环境造成的风险影响范围一般都比较大，损害后果也比较严重。

虽然自然风险源的破坏力巨大，但对自然风险源的监测和预警基本属于自然计量的范畴，随着人类社会的发展和科技的进步，对自然规律的观测和掌握越来越准确，为风险预警提供了良好的技术保障。

（二）人为风险源

在影响社会安全的风险源中，随着人类行为影响力的增加，人类自身活动造成的风险源成为后现代社会面临的新的更具有威胁性的风险。吉登斯把人为风险源称为人为制造出来的风险，或简称人造风险。人类自身知识能力的增强，科学技术的进步，信息量的扩大，使人为风险逐渐超过自然风险而成为风险结构的主导内容，人类成为风险的主要生产者。为了规避和减少风险，人类借助现代治理机制和各种治理手段，不断提高应对风险的能力。但是，由于制度本身的不可靠性和执行过程中各种可变因素的影响，这些治理机制和治理手段又带来新的风险，即制度化风险（包括市场风险）。

影响社会安全的人为风险源主要包括社会风险源、经济风险源、政治风险源、技术风险源等。社会风险源是影响社会安全的重要的、深层次的因素。社会风险源涵盖的范围非常广泛，如人口的总量和结构、贫富差距、城市发展、劳动就业、教育、医疗、住房、环境污染、青少年犯罪、吸毒、赌博等。在经济转轨、社会转型的重要历史时期，各种社会矛盾凸显，对社会安全带来了不同程度的威胁。经济风险源是指由于市场调剂机制缺失而导致物质生产、金融流通、生存质量等方面受到威胁或损失，同时，经济的发展也会带来人财物的大流通和生产活动的增加，不仅使风险源的数量不断增加，而且造成了新的未知风险。此外，经济发展的不均衡性造成的城乡收入差距和地区发展差距扩大，收入分配不平等，[①]都会对社会安全形成潜在威胁。政治风险源是指由于政治利益之间的对立与矛盾引发的冲突和危机。政府领导人的更换、政策的改变、国际政治局势的变换以及恐怖组织的政治化都可能成为风险产生的根源。技术风险源是由于科学技术的发展带来的威胁，如化工技术的发展造成了苏丹红、三聚氰胺等食品安全风险，通信技术的发展带来了新型诈骗案件，汽车的广泛使用造成了越来越多的交通事故等。

（三）主观风险源

虽然风险是客观存在的，但是人们对风险的认识往往带有主观特性。因此，风险本质具有主客观双重性。不同的风险管理者或承受者受到主观因素的影响，对风险的理解、估算的能力千差万别。在社会安全预警中，必须考虑不同社会群体在风险认知、判断、态度方面的差异，这些主观因素可能会成为影响社会安全的心理基础。例如，在群体性事件的预警中，公众的生活和职业满意感、对政府工作的满意感和政治信任、对当地社会问题和经济形势的判断、遭遇不公对待时的应对行为意向等主观因素可以有效监测社会形势。[②]

---

① 薛澜，张强．危机管理［M］．北京：清华大学出版社，2003.

② 王二平．群体性事件的监测与预警研究［J］．领导科学，2012（2）．

五、社会安全风险衡量

为表明不同社会安全风险警情的严重性和紧迫性，提示相关部门和社会公众对预警信息采取不同的应对措施，预警信号一般需要划分不同的级别，并使用直观的、明确的警级标志。例如，分别用红色、橙色、黄色和蓝色表示。[①]美国国土安全部采用的国土安全警报系统使用红、橙、黄、蓝、绿5种颜色对恐怖袭击进行了警示分级。日本的灾害对策体系中，将灾害分为一般灾害和非常灾害两类。一般灾害属地方管理范围，非常灾害属国家管理范围。[②]

（一）社会安全风险衡量的内容

风险衡量是对识别出的风险进行进一步的分析和整理，获得对风险的全面描述。社会安全风险衡量至少要涉及三个方面：发生概率、严重性和主观判断。

1. 社会安全风险发生概率的衡量

准确衡量特定事件在一定时期内发生的概率，可以描述对该风险采取防控措施的紧迫性。风险概率越高，风险发生的可能性就越高。对风险概率的衡量可以参考相关的统计数据。根据大数定律，[③]大量随机现象的平均结果呈现出稳定性的规律，只要被观察的风险单位足够多，就可以估测风险发生的概率，被观察的单位越多，估测值与实际值就越接近。在长期社会安全管理中，积累了大量的统计数据，通过建立风险估计模型，运用风险衡量的方法对这些数据进行综合整理和分析，可获得对某类风险的概率估计。

2. 社会安全风险的严重性的衡量

估计特定事件发生后造成的社会危害的损失程度，可以明确表示风险的严重性。根据类推原理，任何事物的发展变化都有一定的规律，认识了这种规律，就可以进行类推。例如，多地发生的PX事件、垃圾填埋场选址引发群体性事件，通过分析其原因发现，民众对自身生存环境的关注和邻避效应是造成此类事件频发的根本原因，由此可以推测其他地区在建设类似项目前，应充分考虑本地区民众对环境的关注程度和为避免可

---

① 郭太生.公共安全危机管理［M］.北京：中国人民公安大学出版社，2009.

② 郭济.政府应急管理实务［M］.北京：中共中央党校出版社，2004.

③ 范道津，陈伟珂.风险管理理论与工具［M］.天津：天津大学出版社，2009.

能的环境污染而采取过激行为的可能性。

3. 社会安全风险主观判断的衡量

风险的主客观双重性决定了进行风险衡量时必须将不同的个体或群体对风险的感受和承受能力纳入考虑的范畴。社会心理学的研究表明，安全感除了受到社会稳定性、社会安全状况等社会环境因素的影响之外，也受到生活环境因素和性别、年龄、受教育程度、身体状况和社会经济地位等个体因素的影响，而且受个人的主观因素影响，个体对安全的预期不同，个人对风险的认知不同。[①]风险认知又决定了风险容忍度和承受能力。2018年5月28日1时50分，吉林松原发生5.7级地震，很多市民被地震惊醒后，拖家带口，纷纷逃离松原，导致交通拥堵，社会秩序混乱。有关“2小时后会有7级地震”的谣言更是引发了更大范围的恐慌。“地震云”“停水”等谣言甚至从松原蔓延到长春。这些都是由于民众对地震风险的承受能力不足，导致对风险认知的偏差，进而引发了社会安全问题。

（二）社会安全风险等级划分的方法

风险的属性是多重的，且不同属性对风险等级的影响也不相同。因此，在进行风险等级划分时必须考虑所有的属性以及各种属性对风险等级的重要程度。但是，在实践中一般只考虑风险的发生概率和严重程度，并假定这两种因素同等重要。虽然这种简化并不能全面描述风险，那些概率很小但后果非常严重的风险往往比那些概率较高而后果轻微的风险更为严重，但这种简化却极大地提高了风险衡量的可操作性。

在社会安全预警中，常用的风险等级划分方法有风险矩阵法和风险指数法。

风险矩阵法是将发生概率和影响程度划分不同级别，假设风险等级=概率×严重程度，将风险发生频率分为非常可能、可能、非经常、不可能、非常不可能5个级别，将事件的影响程度分为灾难性的、重大的、严重的、中等的、轻微的5个级别，然后将二者综合得到风险矩阵。[②]利用风险矩阵法可将风险划分为不可接受、难以接受、可以接受、可以忽略4个等级（见表5-1）。

① 王俊秀.面对风险：公众安全感研究［J］.社会，2008（4）.
② 郭太生.公共安全危机管理［M］.北京：中国人民公安大学出版社，2009.

表5-1　风险矩阵法

发生频率	结果				
	灾难性的	重大的	严重的	中等的	轻微的
非常可能	不可接受	不可接受	不可接受	难以接受	难以接受
可能	不可接受	不可接受	难以接受	难以接受	可以接受
非经常	不可接受	难以接受	难以接受	可以接受	可以接受
不可能	难以接受	难以接受	可以接受	可以接受	可以忽略
非常不可能	难以接受	可以接受	可以接受	可以忽略	可以忽略

风险指数法是将风险矩阵中的风险发生的可能性及其影响程度赋值，每个风险事件所对应的两个值相乘得到一个介于1~25的数字，从而给出风险大小的排序。指数1~4表示低风险，风险可以忽略，不需要任何减轻措施；指数5~9为中等风险，风险可以容忍，但需要一定减轻措施；指数10~15为高风险，风险在一定容忍的边界，应该实施减轻措施以便降低风险；指数16~25为最高风险，风险难以容忍，必须实施风险减缓措施（见表5-2）。

表5-2　风险指数法

发生频率	结果				
	灾难性的5	重大的4	严重的3	中等的2	轻微的1
非常可能5	25	20	15	10	5
可能4	20	16	12	8	4
非经常3	15	12	9	6	3
不可能2	10	8	6	4	2
非常不可能1	5	4	3	2	1

（三）社会安全警级的划分

警级的划分是为了在监测的警兆出现时根据事态的发展趋势及时采取预控措施，降低风险对社会安全的影响。在社会安全预警中要遵循适度反应原则，即预控反应措施应与风险的规模、性质、危害程度相当。一方面，要避免事态严重而反应不足造成的控制不力；另一方面，要避免反应过度造成资源浪费甚至是社会恐慌。因此，在社会安全预警中需要对警级进行划分，并根据警级制定不同的反应行动计划。

但是，由于社会安全的复杂性和实践性，警级的划分并不是越多越好，烦琐的警级划分不仅会增加预控工作的难度，而且从人的心理认知特点看，分级超过5个级别将导致判断的混乱，使社会安全预警失去意义。从当前社会安全预警的实践看，将社会安全警级划分为2级到3级较为适合，并用红色、黄色或红色、黄色、蓝色表示，对一些简单的警情则可以不分级（即警级为1）。

六、社会安全风险分析

在对警源识别的基础上，需要分析从警源到警情发展的规律，以确定社会安全风险预警需要监测的指标对象。风险分析是在风险识别和风险衡量的基础上，将损失概率、损失程度和其他因素综合进行考虑，分析风险的影响，并对风险的状况进行综合评价。在进行风险分析时，一般要建立分析的指标体系，对这些指标的选择就是对社会安全预警中的警兆筛选。

（一）警兆筛选的原则

警兆既可能是警源的扩散，也可能是警源扩散过程中引发的相关现象。在社会安全预警中，警兆是预警监测的关键目标。不同警情出现之前的警兆也各不相同，同一警情出现之前可能有多重警兆。因此，需要根据预警目标对警兆进行筛选，既要保证预警的准确性，也要保证其可操作性。

1.因果相关性

辩证唯物主义认为，世界上的事物是普遍联系的，不是互不相关的。相关性是筛选警兆的基本原则。在社会安全预警中，警源—警兆—警情之间构成了因果相关性，警源的存在是引发警情的深层次原因，由于其存在的普遍性，对社会安全预警没有监测的意义，警兆既是警源的结果又是警情的原因，一般具有可监测性，通过对警兆的监测可以预测警情的出现进而发出警示信号。

2.可行性

在选择警兆时，必须注意警兆含义的清晰度及数据的可得性，尽量避免产生误解和歧义，以提高监测的可行性。按照监测的难易程度可将警兆分为三个层次：一是量化指标，如温度、湿度等；二是物化指标，如人口结构、职业等；三是非物化指标，如民众对政府的态度、对社会安全的期望等。量化指标的可监测性最高，对物化指标和非物化指标则需设计出量化的方法以便于监测和预警。

（二）警兆筛选的方法

根据分析对象的复杂程度，可以采用定性、定量或半定量的分析方法。任何事物的发展变化过程都是量变和质变的统一，只进行定性分析显然是不全面的。但是，定量分析必须以准确的模型和大量数据为基础，否则，定量将失去意义。在社会安全预警的实践过程中，一般应以定性分析为基础，以定量分析为目标，对定性指标进行适当量化，以得出较为准确的评价结果。

检查表分析法是一种常用的方法，通过对警情和警源因果关系的分析，将警兆指标事先编制成有标准要求的检查表，以提问或赋值的方式判断是否达到预警的标准。这种方法具有较大的弹性，既可用于简单的快速评价，也可用于深层次的分析。但对检查表的编制有较高要求，检查表设计的是否翔实、是否全面是决定评价准确性的关键。以重大事项（如建设垃圾焚烧场）风险分析为例，可设计简单的检查表（见表5–3）。

表5–3　重大事项风险分析

序号	检查项目	判断（是或否）	备注
1	该项目是否通过环境评估		
2	是否在社区开展垃圾焚烧的宣传		
3	选址时是否遭遇民众的反对		
4	是否已有民众向政府部门提出抗议		
5	是否有人通过网络或手机联络组织抗议活动		

七、社会安全警情确定与发布

在确定警兆后，要建立警兆监测系统，对警兆指标进行信息收集、传递、加工和决策，并在警兆达到预定标准时发出预警信号，以便及时采取相应的风险控制措施，防范社会安全风险，降低由此引发的负面影响。

（一）信息收集与传递

信息收集就是对各类风险和危机征兆等信息进行收集。及时、准确、全面的信息是进行社会安全预警的重要基础，是影响社会安全防控成效的关键性因素。信息收集必须保证信息收集的范围涵盖风险的分布位置，不同预警的信息收集有不同的途径，包括大众传媒、政府信访部门、社会心理状况掌握、事故记录、实地调研、建立专门的监测系统等。在信息传递过程中，一是要保证传递的速度，二是要注意防止信息的失真。

（二）信息加工与决策

信息加工包括信息整理、信息识别和信息转化。信息收集所获得的信息不仅数量庞大，而且种类繁多，必须通过对信息的整理和归类，得到条理较为清晰的信息总体情况。为保证决策的准确性，还需对虚假信息和干扰信息进行识别和剔除。最后将信息转化为简单、直观的信号或指标，为决策做好准备。根据信息加工的结果决定是否发出警报以及警报的级别。在决策的过程中，需要将获得的信息与事先制定的预警指标和临界值进行对比，确定警报的级别。

链接：《裕华治安预警周报》

河北省石家庄市裕华公安分局自2002年起创办了《裕华治安预警周报》。每周一上午，分局指挥中心对上一周全区治安动态进行认真分析。从发案的时间、部位、侵害的对象、案件的性质等分析当前刑事犯罪的规律和特点；根据已抓获处理的犯罪分子分析其人员构成、作案手段的规律和特点；针对阶段性发案特点，向群众介绍提高自我防范能力的意见和建议等。对以上信息经过认真筛选和研判后，编写本周的预警周报。

（三）预警信息发布

警情确定后要及时向相关管理部门和潜在受害者发出明确无误的警报，宣告风险即将来临。预警信息发布是从预警到预控的重要节点，对预警的成败有至关重要的作用。预警信号发布不仅要有畅通的渠道，还要考虑信息接收方对预警信息的理解。警级划分的目的就是让相关部门和人员应时而动。因此，必须让接收预警信号的组织和个人明确预警信号的含义和相应的措施。

（四）风险预控措施

预警与预控是两个紧密联系的问题，预警指明了预控的方向，预控是预警的目标。在社会安全预警中，要根据警情和警级事先设定预控的措施，即制定有针对性的分级响应预案，预警信号的发布是启动应急预案的触发点。2003年SARS期间，3个不同地点的散发病例触发了美国疾控系统对这一新型传染病的警报，美国政府启动了卫生部的紧急指挥中心，该中心按照预案采取了一系列风险预控措施：向各州卫生局发出疫情监控指导手册；向全国派出300名医学专家指导工作；向全美的医院和医生发出疾病或疫情警告；向准备到疫情国旅行的公民提出建议等。①

在社会安全预警中，预控措施的制定不是在预警信号发出之后，而是与警级划分同时进行。针对警情特点和警级高低，结合以往的历史资料和典型案例，使用情景分析法、头脑风暴法等设想风险来临的情景，提出控制风险需要采取的措施。因此，在制订应急预案时，要成立专家咨询小组，既要有社会安全方面的专家，也要有风险评估方面的专家，还要有熟悉所在区域情况的人员，以保证预控措施的有效性和及时性。但是，由于社会安全的复杂性和风险的不确定性，事先制定的预控措施在预警发布后可能还需进行进一步的调整。因此，在整个预警过程中，都要有畅通的信息渠道和健全的专家咨询机制，以根据社会安全的具体情况采取科学有效的预控措施。

案例 5-1：上海外滩踩踏事件

2014年12月31日23时35分，上海市黄浦区外滩陈毅广场东南角通往黄浦江观景平台的人行通道阶梯处发生拥挤踩踏，造成36人死亡，49人受伤。

一、事件发生地基本情况

外滩风景区是黄浦区辖区内的公共区域，陈毅广场位于外滩风景区中部（与中山东一路335号至309号段隔路相望），与南京东路东端相邻，与中山东一路相连，公共活动面积约2 877平方米。陈毅广场通过大阶梯及大坡道连接的黄浦江观景平台，是外滩风景区最佳观景位置。事发现场位于陈毅广场东南角通往黄浦江观景平台的上下人行通道阶梯处。阶梯自上而下分为两组共17级，两组阶梯间距2.3米，阶梯两侧有不锈钢条状扶

---

① 张黎明，张晓新.美国公共安全危机管理卫生快速反应机制及SARS防治预警系统［J］.中国医院管理，2003（7）.

手。阶梯宽6.2米，最高处距地面高3.5米，纵深8.4米。

二、新年倒计时活动变更和准备情况

（一）新年倒计时活动变更的有关情况

自2011年起，黄浦区政府、上海市旅游局和上海广播电视台连续3年在外滩风景区举办新年倒计时活动。鉴于在安全等方面存在一定的不可控因素，黄浦区政府经与上海市旅游局、上海广播电视台协商后，于2014年11月13日向市政府请示，新年倒计时活动暂停在外滩风景区举行。

2014年12月9日黄浦区政府第76次常务会议决定，2015年新年倒计时活动在外滩源举行，具体由黄浦区旅游局承办。

（二）黄浦区有关准备情况

12月25日，黄浦公安分局制定了新年倒计时活动安全保卫工作方案，主要内容是成立新年倒计时活动安保工作指挥部，下设现场管控、外滩及南京路沿线秩序维护2个分指挥部。新年倒计时活动共安排安保警力771名、主办方保安180名。其中，外滩、南京路沿线秩序维护警力350名（陈毅广场60名，阶梯处7名），其余警力分别用于外滩源活动现场管控、反恐处突、综合保障、公共安全管理等。

12月31日，黄浦区市政管理委员会及其下设的黄浦区外滩风景区管理办公室，共安排了108名城市管理执法人员和社会辅助力量，参加外滩风景区中班时段的管理工作（中班日常工作时间为14时15分至22时15分，当日安排工作时间为14时15分至次日凌晨1时）。

（三）上海市公安局有关工作情况

2014年12月19日、24日，上海市公安局先后召开2次党委会议，专题研究部署元旦春节安保维稳工作。12月25日、28日，又召开了各公安分局领导专题会议，转发公安部《关于切实做好2015年元旦春节期间安保维稳工作的通知》，就做好元旦春节安保维稳工作提出明确要求。12月30日，上海市公安局主要领导在安保维稳工作动员部署视频会上强调，上海中心的亮灯和灯光秀仪式可能造成陆家嘴、外滩等相关区域短时间内游客大量聚集，要按照“一活动一方案”“一点一方案”的要求，制定周密的安保工作方案和应急处置预案，加强活动现场警力配置。

三、事件发生当晚外滩风景区人员流量变化及应对情况

事发当晚8时起，外滩风景区人员进多出少，大量市民游客涌向外滩观景平台，呈现人员逐步聚集态势。事后，根据上海市通信管理局、上海市公安局、地铁运营企业（即申

通集团）等部门单位提供的数据综合分析事发当晚外滩风景区的人员流量，20时至21时约12万人，21时至22时约16万人，22时至23时约24万人，23时至事件发生时约31万人。

20时12分，上海市公安局指挥中心要求黄浦公安分局指挥中心整点上报外滩风景区和南京路步行街人员流量情况。20时20分，黄浦公安分局指挥中心上报，外滩风景区观景平台人员流量5成（民警凭经验对人员密集程度的判断），南京路（河南路至中山东一路）人员流量5~6成。

20时27分，上海市公安局指挥中心要求黄浦公安分局指挥中心每半小时上报外滩风景区和南京路步行街人员流量情况。21时14分，黄浦公安分局指挥中心上报陈毅广场人员流量5成，情况正常；21时39分，黄浦公安分局指挥中心指挥员致电外滩分指挥部，询问外滩风景区和南京路步行街人员流量情况，回复均为6~7成，但电台和电话记录均未显示上报上海市公安局指挥中心；22时45分，黄浦公安分局上报，外滩风景区观景平台人员流量5~6成。

20时31分，上海市公安局主要领导致电周正，要求重视外滩风景区人员流量情况，落实安保措施。22时，上海市公安局副局长陈臻、俞烈、陆民在市局指挥中心大厅，通过视频监控查看外滩风景区等区域人员流量情况。陈臻通过视频电话提示周正，外滩风景区人员已经很多，要求其进行安全评估，如有需求及时提出。对此，黄浦公安分局未提出需求。

23时24分，上海市公安局指挥中心致电黄浦公安分局指挥中心，建议在外滩风景区沿线的中山东一路两端对机动车进行改道分流，实施交通临时管制措施。黄浦公安分局指挥中心回复，周正的意见是继续保持交通畅通，否则老百姓会认为外滩风景区有大型活动。

四、事件发生和应急处置及救援情况

22时37分，外滩陈毅广场东南角北侧人行通道阶梯处的单向通行警戒带被冲破以后，现场值勤民警竭力维持秩序，仍有大量市民游客逆行涌上观景平台。23时23分至33分，上下人流不断对冲后在阶梯中间形成僵持，继而形成“浪涌”。23时35分，僵持人流向下的压力陡增，造成阶梯底部有人失衡跌倒，继而引发多人摔倒、叠压，致使拥挤踩踏事件发生。

23时35分，拥挤踩踏事件发生后，在现场维持秩序的民警试图与市民游客一起将临近的摔倒人员拉出，但因跌倒人员仍被上方的人流挤压，多次尝试均未成功。此后，阶梯处多位市民游客在他人帮助下翻越扶手，阶梯上方人流在民警和热心的市民游客指挥下开始后退，上方人员密度逐步减小，民警和市民游客开始将被拥挤踩踏的人员移至平地进行抢救。许多市民游客自发用身体围成人墙，辟出一条宽约3米的救护通道。现场市民游客中的医生、护士都自发加入了抢救工作，对有生命体征的受伤人员进行紧急抢救。

23时41分22秒起，上海市“120”医疗急救中心陆续接到急救电话。23时49分起，先后有19辆救护车抵达陈毅广场，第一时间开展现场救治和伤员转运。上海市公安局及黄浦公安分局迅速开辟应急通道，调集警车、公交及其他社会车辆，将受伤市民游客就近送至瑞金医院、长征医院、上海市第一人民医院和黄浦区中心医院抢救。同时，迅速组织力量设法收集伤亡人员信息，及时联系伤亡人员所在单位和家属。

事件发生后，市委、市政府主要领导迅速赶赴现场指挥应急处置工作，并分别赶往医院看望慰问受伤人员和伤亡人员家属。同时，连夜召开紧急会议，决定成立医疗救治、善后处置等专项工作组和联合调查组，各组当即开展工作。

五、案例分析

上海外滩踩踏事件是一起对群众性活动预防准备不足、现场管理不力、应对处置不当而引发的拥挤踩踏并造成重大伤亡和严重后果的公共安全责任事件，后果极其严重，社会影响极其恶劣，教训极其深刻。

（一）事件直接原因分析

对事发当晚外滩风景区特别是陈毅广场人员聚集的情况，黄浦区政府和相关部门领导思想麻痹，严重缺乏公共安全风险防范意识，对重点公共场所可能存在的大量人员聚集风险未作评估，预防和应对准备严重缺失，事发当晚预警不力、应对措施不当，是这起拥挤踩踏事件发生的主要原因。

12月31日20时至事件发生时，外滩风景区人员流量呈上升趋势。黄浦公安分局指挥中心未严格落实上海市公安局指挥中心每半小时上报人员流量监测情况的工作要求，也未及时向黄浦区委区政府总值班室报告。黄浦公安分局对各时段人员流量快速递增的变动情况未及时采取有效措施，未报请黄浦区政府发布预警，控制事态发展。对上海市公安局多次提醒的形势研判要求，未作响应。

（二）社会安全预警能力不足导致错失控制事态的最佳时机

事发当晚，随着陈毅广场人员密度的不断上升，相关管理部门对监测信息研判不够、对人群高度密集产生的后果估计不足，错过了控制现场秩序，防止踩踏事件发生的最后机会。由此可以看出，在社会安全治理中必须健全“谁主管、谁监测，谁预警、谁发布”

的预警管理机制，针对不同突发事件，完善预警标准和响应措施。特别是要进一步加强重点环节、重点领域和重要时段的现场情况监测，结合大规模人员聚集、大流量交通等情况变化，加强分析研判，及时发现苗头性、趋势性问题，及时启动相关应急预案，采取限流、划定区域、单向通行等交通管控措施，重点加强台阶、扶梯、连接通道等特定区域的人员流动管理。

此外，预警不仅是为社会安全治理的相关主体发出警报信息，也是对身处危险之中的社会公众的警示。加强社会公众对社会安全预警的了解和认同也非常重要。可以在重要场所设立显示屏和高音喇叭等安全提示设施，充分利用应急广播、新闻媒体、网络等平台发布预警信息和相关提示，规范引导市民游客采取合理避险措施。要利用大数据加快构建统一的公共安全信息平台，实现信息共享，进一步加强预警信息沟通。

第六章　社会安全事件应急处置

社会安全事件应急处置是社会安全治理的重要环节。科学合理的应急处置不仅能大大降低社会安全事件造成的损失，也是一个国家和地区的政府部门应急处置能力的重要体现。作为社会安全治理中时间压力最大、民众关注度最高的一项内容，应急处置既依赖于前期应急准备的水平，又需要应急决策者和现场处置人员的灵活应对。

第一节　社会安全事件应急处置的目标

不同类型的社会安全事件有不同的现场特征，因而在进行现场管理时采取的措施和侧重点都有所不同。但是，不论何种社会安全事件，进行现场管理的总体目标是相同的。所有的现场应急处置工作都应围绕这些目标展开。

一、进行先期处置，控制事态蔓延扩大

由于社会安全事件的不确定性和连带性，如果在其爆发后没有采取正确的措施进行干预和控制，事件造成的损害后果将会蔓延扩大至更大的范围，甚至引发其他类型的事件，造成更深层次的社会影响。事件爆发瞬间造成的人员伤亡和物质损毁已经是一种客观存在，最有效、最及时的现场管理措施也无法挽回这些损失，然而现场管理的失误却可能进一步加重损失的程度。因此，控制事态蔓延扩大是现场管理的首要目标。控制事态蔓延扩大需要充分把握危机的发展规律，分析现场情况，准确预测事件的发展方向，才能对症下药，有的放矢。

二、维护现场秩序，控制违法犯罪

社会安全事件发生后，现场环境往往会发生巨大的改变，需要对受害者展开及时的救援工作。维护现场的秩序是进行应急处置的重要保证。但是，随着大量的应急救援

人员、媒体工作人员、受害者家属、政府官员等涌入现场，现场的人员多，应急处置工作千头万绪。即使建立了完善合理的应急处置协调体制，配备了训练有素的应急处置人员，由于社会安全事件的不确定性，部门之间的现场协调配合也很难在短时间内达到预期的水准。加之各种外围因素与应急处置机构之间的摩擦，往往会导致现场秩序的进一步恶化，甚至会引发新的危机。

此外，不法分子可能利用现场的混乱乘机浑水摸鱼，偷盗或哄抢现场物品，一些别有用心的人甚至会对城市重要基础设施实施破坏，加重事件造成的损害后果。

三、为恢复创造条件

社会安全事件的发生破坏了特定范围内正常的社会秩序和工作秩序，给被害人的生理和心理造成了严重的伤害。进行社会安全治理的最终目标是将由于社会安全事件造成的秩序混乱恢复到常态。在进行现场处置时应有意识地为恢复创造精神方面和物质方面的条件，特别注意避免由于处置措施的不当增加恢复的难度。

四、保护现场与证据不被破坏

按照一般的程序，社会安全事件的现场处置工作结束之后，或在应急处置过程的适当时机，调查工作就需要介入，以分析社会安全事件的原因与性质，发现、收集有关的证据，并追究相关人员的责任，从而总结经验教训，避免社会安全事件的重复发生。因此，在进行现场管理时，必须注意对现场进行有效的保护，以便于日后开展调查工作。现场管理所采取的一切措施都要有利于日后对事故的调查。

保护现场不仅有利于事后的原因、性质调查，而且也是保证应急处置工作有序开展和善后恢复的重要措施。现场不仅保留着能够反映事件发生原因的主要证据，而且有受害者的尸体及各种遗留物品。救援人员的大量涌入和各种救援工作的开展都会对现场造成一定程度的破坏，在采取破拆措施或翻动现场物品前要进行必要的记录和标志。同时要注意某些别有用心的人趁乱故意销毁或更改现场证据。

第二节　社会安全事件应急处置的基本原则

在社会安全事件发生之后，现场管理并没有一个现成的模式，一方面要遵循现场管理的一般原则，另一方面也需要根据事件的性质与所影响的范围灵活处理。

一、快速反应原则

社会安全事件具有突发性、连带性和不确定性等特点，整个过程发展变化迅速，能否在危机发生的初始阶段采取及时、准确的应急措施，争取在最短的时间内控制局势的发展，在很大程度上决定着应急处置的成败。现场处置过程中任何时间上的延误都有可能加大应急处置工作的难度，以至于使事件的损失扩大，引发更为严重的后果。因此，在应急处置过程中必须坚持做到快速反应，力争在最短的时间内到达现场、控制事态、减少损失，以最高的效率与最快的速度救助受害人，并为尽快恢复正常的工作秩序、社会秩序、生活秩序创造条件。

如果在事件发生时反应迟钝、优柔寡断，势必丧失抢救时机，使应急管理陷入被动。美国有关研究机构通过计算机模拟分析得出结论：当地铁受到沙林毒气袭击时，如果能在6分钟之内做出反应，伤亡人数是372人；在14分钟内做出反应，伤亡人数将增加到1 084人；如果反应时间延长到半小时，则伤亡人数会增加到2 188人。因此，快速反应原则是现场管理的首要原则。

快速反应不仅要求应急反应力量能够在社会安全事件发生后的最短时间内到达现场并投入现场管理和救援工作，而且要求决策机构和领导者也能反应迅速，在信息相对缺乏的情况下进行非程序化决策，及时采取措施避免更大的人员伤亡和财产损失，并向公众表明政府对待事件的态度和决心，以获得有利的社会安全事件管理的外部环境，为事件的善后恢复创造条件。

二、协调联动原则

社会安全事件应急涉及不同的政府部门、企事业单位以及社会群体。在事件现场，来自公安、交通、通信、消防、医疗救护、公共设施、物资支持，以及军队、武警等部门的大量人员共同开展各种现场处置工作。不同部门在应急处置中的职责不同，目标各异，因而在现场采取的应急措施也有不同的侧重。而现场管理工作千头万绪，需要整合各方面的力量，才能发挥最大的效能。因此，在现场管理的过程中，必须重视增强部门之间的协调，加强中央政府与地方政府、不同职能部门、政府与社会各界之间的联动和配合，明确不同部门的职责，按照确定的总体目标，各司其职、各负其责，并建立良好的信息沟通和共享机制，最大限度地减少社会安全事件造成的损失。

现场的协调配合一般需要有专门机构承担，许多国家是由警察治安当局负责事发现场的协调配合工作。而一些规模较大、涉及国家利益的社会安全事件则需要政府首脑直接负责组织协调，统一调度，以保证应急决策的权威性和及时性。随着国际恐怖主义的蔓延，恐怖袭击事件的国际性特征凸显，世界各国政府也在加强全球合作，广泛寻求国际间的合作。“9·11”事件后联合国设立反恐怖主义委员会，旨在加强各国之间的合作，防止和制止恐怖主义行为。

三、安全第一原则

以人为本，安全第一是现代法治社会确定的重要原则。在社会安全事件现场处置的过程中，贯彻安全第一的原则要求把保护人的安全放在首要位置，被保护的对象不仅包括事件的直接受害人、间接受害人，还包括参与应急处置的人员、其他社会公众等潜在受害人。

社会安全事件现场依然存在各种危险因素，对所有进入现场参与应急救援的人员构成严重的威胁。保护救援人员的安全是近年来随着应急管理的实践逐渐形成的对安全第一原则的一种扩充。在“9·11”事件之前，人们在价值观念上普遍崇尚那些为人民群众的安全和利益不怕流血牺牲的人，“英雄主义”、舍身救人，虽然在社会道义上值得提倡和发扬，但从危机管理的角度看，如果没有科学的方法与态度，这种精神就可能成为一种盲目的、不负责任的冲动。从理性的角度考虑，现场指挥人员在指导思想上应当充分地权衡各种利弊得失，尽可能保证决策的科学化与最优化，避免付出不必要的牺牲和代价。因为救援人员的伤亡同样也要计入人员伤亡的统计范围，而且可能造成更大的社会影响。在“9·11”事件中，由于现场指挥点紧邻世贸大楼，大楼发生整体坍塌时，包括纽约市消防局局长和港务局警察署负责人在内的现场指挥人员全部遇难。纽约市消防局的343名人员、港务局警察署的37名警察和纽约市警察局的23名警察由于防护手段不力和信息沟通不畅，没有及时撤离而牺牲。

四、适度反应原则

适度反应原则是指现场管理各种措施应当与社会安全事件的规模、性质、危害程度相当，一方面要避免反应不足造成的控制不力，另一方面要避免反应过度而扩大危机的影响范围，甚至引发其他类型的危机。在现场管理中，必须有效甄别主要危害物，对现场情况进行科学评估，启动相应级别的应急预案，调动适当数量的应急处置人员赶赴现场参与现场处置。由于应急处置中的各种措施会对社会稳定和人民的生命财产安全造成不同程度的破坏，因此，必须谨慎、适度地行使紧急管理权，以期将这种破坏和利益损失降到最低限度。

五、合法性原则

依法行使紧急管理权是现代国家治理的基本要求。在现代法治社会中，政府权力的法定性决定了在紧急状态下政府行使的权力是国家宪法和法律赋予的，宪法和法律是政府行使紧急管理权的正当和合法的来源。社会安全事件的现场管理是一种非常规状态下的非程序化决策过程，在此过程中，应急管理部门拥有许多特殊权利。确立依法行使紧急管理权，有利于发挥法律对社会无序状态或是紧急状态的防范和矫正功能，在维护公共安全和保障公民权益的基础上保证政府在宪法和法律规定的范围内行使紧急管理权。因此，在采取现场处置措施时，必须尊重法律的权威，按照法律规定的职权和范围，依法行使紧急管理职权，并严格遵守法律规定程序，防止误用或滥用紧急管理权，恣意侵犯公民的合法权益。在处置一些涉外事件时，更需要注意各国法律的不同，避免由此造成政治、经济、宗教和外交等方面的问题。

为保证社会安全事件处置的合法性，各国都致力于通过立法的方式来规制政府在社会安全事件管理中的权利、职责和义务，明确其采取紧急措施的范围、手段和方式，依法规范应急管理行为，实现应急管理的法治化。美国先后制定了许多适用于应急管理的法律、法规和法案，如《国家安全法》《全国紧急状态法》《反恐怖主义法》《公共卫生服务法》等。这些法律法规不仅对紧急事件的定义和范围进行了严格的界定，而且明确规定了紧急状态的颁布程序、颁布方式、终止方式、紧急状态的期限以及联邦执法机构在紧急状态期间的权力。日本在应急管理过程中也逐步形成了较为完善的法律法规体系，包括《灾害对策基本法》《大规模地震对策特别措施法》《灾害救助法》等。《中华人民共和国突发事件应对法》对突发事件应对的主要环节都作了明确的规定。

六、资源共享原则

社会安全事件应急需要动用的资源包括人力资源、财政资源、物质资源、信息资源等。由于社会安全事件的紧迫性，在大多数情况下，可用的资源往往是有限的，而且这些资源掌握在不同的部门或机构手中，只有遵循资源共享原则，建立良好的资源准备和配置机制，将有限的资源用于社会安全事件的重要方面，才能最大限度地提高资源的综合使用效果。社会安全事件具有信息不充分的特征，在现场管理的过程中，信息资源的共享显得尤为重要。各种信息可能来自受害者、管理人员、利益相关者等多个方面。在应急处置过程中，必须注意通过各种方式收集信息并建立良好的信息沟通渠道，为决策和现场管理措施的实施提供必要的信息基础。

第三节　社会安全事件应急处置策略

社会安全事件的应急处置策略需要根据事件的类型、特点与规模作出紧急安排。尽管不同的社会安全事件所需的现场处置不同，但大多数现场处置都应包括设置警戒线、应急反应人力资源组织与协调、应急物资设备的调集、人员安全疏散、现场交通管制、现场以及相关场所的治安秩序维护、重要目标与设施的保护等方面的内容。

一、设置警戒线

为保证应急处置工作的顺利开展以及事后的原因调查，几乎所有的处置现场都要设立不同范围的警戒线。根据社会安全事件的性质、规模、特点等不同情况或需要，在社会安全事件现场或其他相关场所，应安排公安机关的人民警察、保安人员、企业事业单位的保卫人员、武装警察等应急参与人员实施警戒保护，防止非应急处置人员与其他无关人员随意进出现场，干扰应急处置工作的正常进行。设置警戒线一是为了保证处置工作的顺利进行，使应急人员在心理上有安全感，避免外来的未知因素对现场的安全带来威胁；二是避免现场可能存在的各种危险源危及周围无关人员的安全。

在警戒线的设置范围上，应坚持宜大不宜小，保留必要的警戒冗余度以阻止现场内外人、物、信息的大规模无序流动。在实践中，各国普遍的做法是设置两层以上的警戒线，由内向外，由高密度向低密度布置警戒人员。对于范围较大的社会安全事件现场，应从其核心现场开始，向外设置多层警戒线。

内围警戒线要圈定事件的核心区域，根据现场的具体情况，划定事件发生和产生破坏影响的集中区域，在核心区域内一般只允许医疗救护人员、警察、消防人员、应急专家或专业的应急人员进入，并成立现场管理小组，组织开展各项控制和救助工作。内围警戒线范围的确定要考虑两个因素：现场危险源的威胁范围和与原因调查的相关证据散落的范围。现场可能会发生二次灾害，通过内围警戒线的设立，尽量减少处于危险范围中的人员，以降低事件的二次伤害。

外围警戒线的划定以满足救援处置工作的需求为主要考虑因素，为保证安全，大量的应急救援工作是在两层警戒线之间开展的。在社会安全事件的现场，参与处置的人员可能成百上千，来自数十个不同的部门和组织，参与处置的各种车辆、设备也需要安排必要的停放位置和足够的活动空间，因此，外围警戒线是处置工作顺利开展的必要空间，无关人员，包括媒体工作人员一般不应进入此区域。在某些社会安全事件的处置中还设立三层警戒线，即在核心区和处置区之间设置缓冲区，作为二线处置力量的集结区域和现场指挥部所在地。

链接：温州市虹桥非法讨薪事件

2016年5月11日下午，虹桥镇飞虹路发生了一起非法讨薪事件。虹桥派出所民警接警后迅速出警，第一时间赶到现场。发现事态有可能进一步升级，民警立即向所长反馈情况。通过分析研判，该镇迅速启动应急处置预案，公安、综治、消防以及平安志愿者等人员在几分钟内纷纷赶到，有效稳控了局面。

有益经验：

1.建立指挥机制（具体由哪些部门实际操作、由哪些部门指挥）；

2.摸排问题（属于劳资矛盾、征地拆迁、非正常死亡、公共安全、信访哪一类）；

3.研判机制；

4.流程演练。

二、应急反应人力资源组织与协调

通过对现场情况的初步评估，应根据相关应急处置预案组织协调应急反应的人力资源。随着我国突发公共事件应急预案体系的建立，已逐渐摆脱了过去盲目反应的局面，大大地避免了人力资源组织的混乱。根据应急预案，不同事件由不同的部门牵头负责，并由相关部门予以协调和支持。各个部门在处置中分工协作，承担明确的任务和职责。在事件发生后，由牵头部门组织各部门应急处置人员赶赴现场并开展工作，在现场的出入通道设置引导和联络人员，安排应急处置的后续人员。各应急处置组织的带队领导应组成现场指挥部，统一协调指挥现场的应急人员与其他应急资源。

在人员集结过程中，虽然没有一定的模式，但是有一些原则值得遵循。一是人员集结要方便应急处置工作，核心处置力量和现场急需的专业处置力量要接近现场；二是人员集结要有序可循，不能造成混乱，人员集结的位置和规模不能对现场内外交通造成堵塞。

三、应急物资设备的调集

应急处置需要大量的专业设备和工具。专用设备、工具与车辆一般由各专业救援队伍提供，对于一些特殊和所需数量较多而现场数量不足的设备、工具与车辆可以通过媒体向社会征募，同时也可以向有关单位请求支援。各专业部门根据自身应急救援业务需求，采取平战结合的原则，配备现场救援和工程抢险装备和器材，建立相应的维护、保养和调用等制度，保障各种相关灾难性事件的抢险和救援。大型现场救援和工程抢险装备，应由政府应急管理部门与相关企业签订应急保障服务协议，采取政府资助、合同、委托等方式，每年由政府提供一定的设备维护、保养补助费用，紧急情况下应急管理部门可代表当地政府直接调用。专用设备、工具与车辆到达现场后，应按照救援工作的优先次序安排停放位置，需随时投入使用的设备、车辆应停放于中心现场，其他辅助支援车辆应停放于离现场稍远的指定位置，以免影响现场的车辆设备调度。

四、人员安全疏散与救助

在社会安全事件应急中，人员安全疏散和救助是降低事件损失的重要策略。主要包括两个方面：一是对现场人员的疏散，主要针对潜在被害者。特别是一些发生在人员密集的公共场所的社会安全事件，现场处置首先要防止大量人员在面临突发事件时由于本能的恐慌和逃避而造成拥挤踩踏，甚至被犯罪分子和恐怖分子利用，加大事件造成的损害后果。

二是对现场受伤人员和死亡人员的救助。对伤者应在现场院前急救的基础上，迅速安排车辆运送至附近的医院进行救治；对死亡人员则应由相关部门确认死者身份和死亡原因，及时通知家属。

五、重要目标与设施的保护

重要目标与设施主要包括特定区域内或具有特殊意义的建筑物、交通工具、设备、设施以及燃料、燃气、电力、水的供应设施等。这些设施是维护人们正常生活的重要保障。在发生社会安全事件时，首先，要立即抢修被损坏的交通、通信、供水、排水、供电、供气、供热等公共设施，保证现场救援工作的顺利展开，维护受影响区域的正常生活秩序。其次，这些重要目标与设施因其具有的重要地位也可能成为犯罪分子或恐怖分子实施破坏的对象。社会安全事件造成的秩序混乱和公众的恐慌心理，正好为犯罪分子提供了可乘之机，如果对这些重要目标和设施保护不力，极可能造成更为严重的后果。

六、对新闻媒介和信息的管理

随着信息传播手段不断进步和传播速度的突飞猛进，对社会安全事件管理提出了新的要求。有危机管理专家认为，只有少数人知道的危险不是危机，人人都知道的危险也不是危机，危险信息从少数人向多数人传播的过程才是真正的危机。从这种意义上看，危机管理就是对传播的控制。在社会安全事件现场，各种信息通过人们口耳相传、新闻媒介、小众传播等渠道迅速蔓延，如果没有有力的信息管理制度和手段，使危机信息在传播的过程中不断扭曲、失真，就会使应急处置工作无法获得公众的支持和理解，甚至会引发更大范围的恐慌和不信任。如果对恐怖袭击事件、个人极端暴力事件等社会安全事件的相关信息缺乏科学的管理，那么恐慌、质疑等心理就会在民众中迅速蔓延，加剧事件对社会安全的影响。

此外，全面及时的危机信息也是进行现场决策的必要条件，通过建立信息中心，收集分析相关信息，在现场处置中具有不可替代的作用。

七、现场交通管制

现场交通管制是确保处置工作顺利展开的重要前提。通过实行交通管制，封闭可能影响现场处置工作的道路，开辟救援专用路线和停车场，禁止无关车辆进入现场，疏导现场围观人群，保证现场的交通快速畅通。根据情况需要开设应急救援“绿色通道”，在相关道路上实行应急救援车辆优先通行；组织专业队伍，尽快恢复被毁坏的公路、交通干线、地铁、铁路、空港及有关设施，保障交通路线的畅通。必要时，可向社会进行紧急动员或征用其他部门的交通设施及装备。

八、维护现场治安秩序

社会安全事件发生后，应由当地公安机关的人民警察负责现场与相关场所治安秩序的维护，为整个应急处置过程提供治安秩序保障。在人民警察未到达现场之前，负有第一反应职责的社区保安人员、企业事业单位的治安保卫人员，或在社区与单位服务的紧急救助员等应立即在现场周围设立警戒区和警戒哨，先期做好现场控制、交通管制、疏散救助群众、维护公共秩序等工作。事件发生地的政府及有关部门、社区组织也要积极发动和组织社会力量开展自救互救，主动维护秩序，以防止有人利用现场混乱之机，实施抢劫、盗窃的犯罪行为。负责组织维护现场治安秩序的公安机关人民警察，应当在现场设置的警戒线周围沿线布置警戒人员，严禁无关人员进入现场；同时应在现场周围加强巡逻，预防和制止对现场的各种破坏活动。对肇事者或其他有关责任人员应采取必要监控措施，防止逃逸。

综上所述，社会安全事件的现场处置工作是多方面的，参与应急处置的各个部门、组织与人员应在现场指挥协调人员的指挥下，发扬协作精神，本着以人为本的指导思想，通过共同努力，将人员的伤亡、财产的损失、环境的破坏、社会心理的冲击减少到最低限度，并积极地为事后的恢复创造条件。

案例 6-1：贵州瓮安“6 · 28”事件

一、事件概况

2008年6月28日，贵州省黔南布依族苗族自治州瓮安县部分群众和中小学生，因对1名女中学生死因的鉴定结果不满，聚集到瓮安县公安局和县人民政府请愿，围观群众达2万多人。在极少数不法分子的鼓动下，县公安局、县政府多间房屋被烧，县委办公大楼被烧毁，46辆机动车被烧毁，9辆机动车被砸坏，数十台办公电脑被抢走，大量党委、政府和公安机关的公文、档案、办公用具被毁。

这起事件，无论是从参与、聚集、围观的人数和持续的时间，还是从冲突的剧烈程度、造成的经济损失和社会影响来看，都具有典型性。事件不仅暴露出当地经济社会发展、执政能力、执政基础等方面存在的突出问题，同时也暴露出公安工作和队伍建设方面存在的突出问题，教训极其深刻。

二、事件经过

贵州瓮安“6·28”事件是由一起非正常死亡事件演变的一起严重的打砸抢烧突发事件。事后调查表明，整个事件经历了潜伏期、酝酿期、爆发期、僵持期和平息期。

（一）潜伏期

贵州瓮安“6·28”事件开始于2008年6月21日，即瓮安三中女学生李树芬跳河自杀。2008年6月21日23时许，李树芬（瓮安三中初二6班学生）与男朋友陈光权（22岁，该县纸厂内某铝合金装潢店临时工）、同学王娇（17岁）及刘言超（19岁，与陈同村并在一处打工）等人酒后应李树芬的提议，到该县城郊西门河大堰桥上（该桥距县城约1.5千米，桥宽1米左右）玩耍。约22日零点10分，李趁人不备从桥上跳入河中（河宽约50米、河深2~3米），陈光权、刘言超等人虽下水积极施救，但因天黑、水深，施救未果，李溺水死亡。

但是，一名中学生自杀身亡，为何却引发了震惊世界的打砸抢烧事件？事后的调查表明，尽管瓮安县从2000年到2007年，全县GDP从11.4亿多元增加到21.9亿多元，翻了近一倍。但是，这种经济发展是以牺牲资源、牺牲环境、牺牲群众利益为代价的。群众的合法权益得不到有效保护，甚至严重缺乏安全感，导致群众对政府失去信任，“鱼水关系”变成令人痛心的“水火关系”。由于政府执政能力软弱，基层组织形同虚设，无法有效解决征地拆迁问题、矿群纠纷问题和移民安置问题等一系列社会矛盾，为瓮安事件的发生培植了社会“土壤”。因此，瓮安事件的发生正如贵州省委书记石宗源所说，“看似偶然，实属必然”。

（二）酝酿期

酝酿阶段是群体性事件爆发前的必经阶段，是其发生的临界点，也是预示其即将爆发的危险信号。酝酿阶段与潜伏阶段的区别在于存在的主观动机不同。在潜伏阶段，群众的不满情绪是对社会生活现状、公共管理行为等状况的一种直接情感表达，主观上并没有制造群体性事件的动机。酝酿阶段的标志是存在谋划、筹备、制造群体性事件的主观动机和行为。

6月22日零点27分，瓮安县公安局110指挥中心接警后立即指令雍阳镇派出所和县公安局消防大队出警。雍阳镇派出所民警和县公安局消防官兵接到指令后，虽及时（零点40分）赶到现场并开展打捞施救，但由于未带救援工具，特别是听现场目击者说明李树芬系自己跳河的情况后，出警民警和消防官兵未积极设法打捞，在施救未果的情况下以天黑水深、天亮再说为由擅自撤离现场，严重违反了公安机关接处警的有关规定。出警民警和消防官兵撤离1个多小时后，死者父亲及亲属自己想方设法将死者尸体打捞上岸，当天凌晨4时许，李树芬尸体被其家人打捞上岸后，其父亲急忙赶到派出所报告并要求民警出警，但值班民警编造理由推脱，既未出警也未向上级报告，更没有对尸体采取保护措施。

2008年6月22日至28日，由于死者家属不同意公安机关关于李树芬“自杀溺水身亡”的死亡鉴定，瓮安县西门河边每天都有上万市民聚集，各种传言、谣言甚嚣尘上。现场传言李树芬因拒绝伙同同班同学考试作弊而被奸杀，且作案人亲属为省厅高官。死者遗体被家属强留在现场，并要求当地公安机关再次进行尸检。互联网及手机短信传言四起，现场聚集围观人群络绎不绝。

2008年6月23日，李树芬的干爹谢新发——一个个体磷矿老板，出钱买来冰棺，收殓尸体，现场正式成为群众聚集场所。谢新发2007年曾因带领村民集体冲击县公安局刑警大队闻名全县并被判刑。

2008年6月24日，李树芬的叔叔李秀忠在县教育局门口遭不明身份人袭击重伤，之前有关公安机关勾结黑社会的各种传闻再次成为人们热议的话题。

6月26日，第二次尸检证明李生前处女膜完整，溺水前未发生性行为，但仍得不到李家认可。

6月27日，政府与李家第三次调停正式破裂。

6月28日，瓮安县副县长肖松下达最后处置通知，要求李家处理安葬李树芬的尸体，县公安局发送“尸体处理催办通知书”，限定李家于6月28日14时前将李树芬尸体领回安葬，“否则，公安机关将依法处理”。

在酝酿期，普遍存在社会不满情绪，兼具暴力、权贵、女性的偶发事件和政府相关工作人员简单粗暴的执法行为，构成了群体性事件爆发的充分条件。如果在这一时期，相关部门能够以“执政为民”的理念，站在死者家属的角度上与家属沟通，劝导家属按照相关规定处置死者尸体，就可以将群体性事件的酝酿过程釜底抽薪，斩断事件发展的链条。

（三）爆发期

从表面上看，群体性事件进入爆发期的诱发因素往往是偶然因素。一些群体性事件的发生是未经过筹划的，或看起来没有明显的征兆并在偶然事件的刺激下突然爆发，但是这种激情事件的发生却同样需要情绪的酝酿和极限的突破，因此也不是偶然性地发生。例如，在瓮安事件中，由于政府相关部门在与家属谈判中态度蛮横，语气强硬，在谈判未果的情况下，向家属发出最后通牒，要求家属在6月28日前处置尸体，否则将强行处置。正是这最后通牒被民众传为“警察要抢尸”，导致大批民众走上街头，爆发了群体性事件。

为防止公安局强行处置尸体，从6月28日15时30分开始，死者亲属和当地群众包括部分中小学生约300人，打着“人民群众呐喊申冤”的横幅，从河边停尸现场出发，到瓮安县城游行。

16时30分许，游行人员到达县政府，在砸坏县政府公示牌后，又转到相距约100米的县公安局办公楼前进行上访。公安民警拉起警戒线并开展劝说工作，但站在前排的人员情绪激动，在少数人的煽动下，一些不法分子用矿泉水瓶、泥块、砖头袭击民警，并冲破民警在公安局一楼大厅组成的人墙，打砸办公设备、烧毁车辆，围攻前来处置的公安民警和消防人员。

20时许，不法分子对瓮安县委和县政府大楼进行打砸抢烧，一度冲击邻近的县看守所。整个打砸抢烧破坏活动持续了近7个小时，县委大楼被烧毁、县政府办公大楼104间办公室被烧毁，县公安局办公大楼47间办公室、4间门面被烧毁，刑侦大楼14间办公室被砸坏，县公安局户政中心档案资料全部被毁，42台交通工具被毁，数十台办公电脑被抢走，150余人不同程度受伤，直接经济损失1 600多万元。

（四）僵持期

僵持期与爆发期是以政府管理部门的第一次处置行为为划分，从群体性事件的实质发生到政府管理部门的首次处置的过程属于爆发期，而当政府管理部门处置行为开始，群体性事件也转入了僵持期。

僵持期的主要特点是相持的双方处于对峙的状态。群体性事件发生以后，对峙双方往往要经过一段时间的僵持期。在这个过程中，政府管理部门将采取各种措施、手段希望尽快驱散聚集闹事人群，控制事态、平息事件。而聚集的群众希望通过进一步行动来满足自身需求以达到目的，进一步行动可能是提出要求，或是继续发泄自身情绪等。因此，僵持的状态必将向两个方向转变：一是矛盾激化、事态升级；二是矛盾缓解、事态缓和。

6月28日晚7时30分左右，在打砸抢烧事件发生后，瓮安县政府紧急调派2 000名武警赶赴现场，但由于进入县城的道路被群众封堵，武警的车辆受阻，没能进入现场。

为控制事态发展，黔南州当晚深夜12时再派出第二队武警增援，并由武警装甲防暴车开路。凌晨时分，许多居民开始互相劝告，息事宁人，气氛逐渐松懈，群众开始散去，只有部分学生家长及李树芬的亲人朋友仍集结在公安局门外请愿，直至深夜仍没散去。

在群众情绪逐渐平息之后，在尚未展开充分调查的情况下，瓮安县委有关负责人在与黔南州有关部门联合举行的新闻发布会上，将事件定性为“恶性暴乱”，称这一事件是“有组织、有预谋”的，并发布了“敦促犯罪嫌疑人投案自首”的通告。这种依照惯性思维急于寻找幕后“黑手”的做法，引起了更多群众的反感和猜疑。本来已恢复平静的瓮安，老百姓又再次被政府激起怨愤。不久，瓮安实施治安戒严。当地公安机关在县政府大楼强行驱散李树芬亲属等请愿群众。在驱散的过程中，一些居民与警方对峙受伤。

6月29日6时起，部分群众气愤难平，重新集结在县政府大楼外。但这次不是要求县政府调查李树芬的案件，而是要求省委领导对6月28日的集会性质进行平反。集结的人群表示，若不受理，会到贵州省政府请愿，并到北京上访。聚集人群最多时达到6 000多人，少数心怀不满的人混杂其中进行煽动，向执勤公安、武警投掷石块、砖头，并试图冲破警戒线，局势再度紧张。武警部队的1台宣传车和2台开道车被掀翻。

6月29日19时，武警官兵和公安干警执行命令，开始强行清场，围住县委、县政府和县公安局的人群逐渐散去。

（五）平息期

平息期的标志是再无群众聚集、发生危害社会治安秩序的行为。政府管理部门通过及时、有效的应对措施，恢复到正常的社会治安秩序。同时还应消除群众不满情绪，防止群体性事件的再度发生。

6月30日，贵州省委书记、省人大常委会主任石宗源专程奔赴瓮安，现场指挥“6·28”事件的处置工作。省委成立了处置瓮安“6·28”事件领导小组，首先启动问责制，迅速调整了县委、县政府及公安机关主要领导，召开新闻发布会，公布事实真相。

贵州省公安厅迅速成立“6·28”专案组，再次对死者进行尸体检验，迅速查清死因，安葬死者。针对当地普遍存在的黑恶现象，组织了有力的打黑行动。经过半年的努力，查清了“6·28”事件的全过程，摧毁了当地“玉山帮”等5个黑社会性质组织和7个恶势力团伙，抓获了一大批违法犯罪分子，迅速扭转了当地的社会治安形势。

三、案例分析

一起普普通通的偶发案件，却引发了新中国成立以来罕见的大规模群体性事件，瓮安事件的发生，引起了许多政府管理者和学者的深思。

（一）社会矛盾不断积累是瓮安事件发生的深层原因

“河冰结合，非一之日寒；积土成山，非斯须之作”，民怨非一日形成，而是从量变到质变的过程。没有矛盾问题增多这一量的蓄积，就不会发生严重群体性事件这一质变的结果，在群体性事件的潜伏阶段，一般存在各种社会日常生活中矛盾问题引发的群体性不满情绪。例如，拆迁过程中居民的正当利益受到损害，当地政府形象不佳，百姓遇到的问题不能及时有效解决而致使民怨四起，当地治安环境恶劣，人民的安全需求长期无法得到满足，等等。这些矛盾问题的发生，看似与群体性事件的发生毫无关联，但从事物发展的内部联系来分析，这些都将成为群体性事件发生的隐患。瓮安事件发生前，当地矿群纠纷严重、命案破案率低，官商勾结，民怨极大。政府工作人员以权谋私、作风腐败、执法蛮横，致使人民群众深恶痛绝。事件发生后，死者家属质疑警方尸检结果正是基于这样的社会背景，众多网民在转载、传播这一事件的过程中也表明了相关观点和情绪。

瓮安事件发生前，当地社会治安情况十分复杂。据统计，2007年年底瓮安县有刑释解教人员1 029名，登记在册吸毒人员523名，感染艾滋病的有100余人。该县被列为全国毒情整治重点县，雍阳镇是全省毒情重点整治乡镇。该县草塘镇假钞犯罪突出，曾被列为全国、全省重点打击整治区。但是当地党委、政府对社会治安工作重视不够，政法公安机关职能作用发挥不好，管理不严，打击不力，一些严重影响群众安全的大案、要案长期破不了，特别是黑恶势力团伙犯罪猖獗，横行乡里，欺压百姓，危害社会，甚至危及基层政权稳固，群众安全感低，2007年当地群众安全感仅为59.9%。

在当前“经济转轨、社会转型”的大背景中，各种社会矛盾、社会冲突大量涌现，构成群体性事件的深层次社会背景。为防止群体性事件的发生，必须加强党的建设，增强执政意识，提高执政能力，真正做到“权为民所用，情为民所系，利为民所谋”。通过建立有效的社会矛盾排查和化解机制，广泛收集能够反映社会矛盾和民众情绪的各种信息，科学评估群体性事件发生的风险等级，避免社会矛盾的升级和扩大。

（二）公安机关执法不规范，进一步激化了社会矛盾

在瓮安事件发生之前，由于当地政府与民争利，对群众反映强烈的矿区环境问题、生存问题置之不理，对大大小小的群体性事件置若罔闻，动辄就把公安机关推到矛盾冲突的最前线，用强制的甚至是专政的手段对付反映合理诉求的人民群众，把自己与群众对立起来，导致干群关系、警民关系势同水火。

在瓮安事件的发展过程中，公安机关对事件的处置也存在执法不规范、执法作风差和方式简单粗暴的问题。例如，在李树芬跳河自杀，家属报警后，处警民警既没有组织打捞尸体，也没有保护现场，调查取证，导致家属对尸检结果不认可。而且，一些公安民警甚至执法犯法，进一步激化了社会矛盾。事后调查证实，李树芬的叔叔由于与县公安局民警张明发生纠纷，被张明勾结黑社会成员将其当街打伤。

（三）现场处置不力造成事件升级

在这次事件中，其实存在两个现场：第一个现场是停放死者遗体的西门河边；第二个现场是县政府门口。但两个现场处置都存在严重的失误。

从6月22日李树芬溺水死亡到事件爆发的7天内，死者亲属停尸不埋，以此向政府施压，索要高额赔偿金。每天都有上千人到现场围观聚集，议论传谣，给死者亲属出谋划策。种种迹象表明事态非常严重，甚至已经到了一触即发的紧急关头。但当地党委、政府、公安机关和相关部门反应迟钝、麻木不仁、无动于衷、全然不知，无人收集情报信息，无人到现场查看，更谈不上信息研判预警。7天内没有上报过任何信息，没有采取过有效措施，任事件蔓延发展，直到打砸抢烧事件发生后事态严重、局面失控，使应急处置工作丧失了最佳时机。

6月28日家属和学生到县政府门前请愿，又转到县公安局上访，“6·28”事件中，游行队伍开始时只有10多个学生，随着游行队伍的行进，部分移民、失地农民也加入请愿者队伍之中，逐步发展到上万人。瓮安县公安局既没有在游行开始时采取有效措施制止，也没有有效地将游行队伍与其他民众进行隔离。

从6月28日14时到20时这6个小时的关键时段中，无论是瓮安县委、县政府和县公安局的主要领导，还是黔南州委、州政府、州公安局的主要领导，都没有出现在现场聚集群众的面前。事件初期由瓮安县进行指挥，后期由黔南州统一指挥，但是州公安局负

责人赶到现场，在外围转了一圈，未采取任何措施，只是坐等从省里赶来的领导进行指挥决策。州委书记当晚10时20分赶到瓮安，却由于汽车开不进城，只好在外围等待省里的领导。“人民公仆”不敢见人民，不愿见人民，不会做人民的思想工作，导致现场请愿群众的情绪逐渐由焦虑转向愤懑直到激昂。

（四）舆论引导不力，失去处置主动权

在信息化社会的大背景中，只有掌握应急处置的话语权才能掌握应急处置的主动权。但是，长期以来，受传统的观念和做法的影响，有关政府部门特别是一些领导舆论引导的意识不强，没有先机意识、主动意识，不善于甚至不会运用舆论引导这个武器来化解危机，争取主动，常常使自己处于被动状态。

李树芬自杀后，各种谣言甚嚣尘上。从6月22日起，死者尸体停放点既是人群聚集地，又是谣言散播地。不仅每天都有上千人前往观看，而且各种谣言四起，如“元凶系县委书记的亲侄女”“死者叔叔被公安人员打死”“发现了强奸现场”等各种谣言在社会上、互联网上迅速扩散。这些谣言对事件的发生起到了推波助澜的作用，激起了不明真相的群众对死者的同情和对当地政府的强烈不满。

但是，当地公安机关对这些谣言没有作出任何反应，更没有采取任何措施辟谣。特别是社会普遍关注的李树芬跳河自杀的原因，通过大量调查，排除了现场其他三人加害致李树芬死亡的可能。通过两次尸检，排除了暴力致死、中毒致死、性侵害致死等他杀的可能。通过对李树芬生前同学、好友的调查，可以证实李树芬因其家庭重男轻女，平时思想十分压抑，对学习、生活失去信心，产生了轻生的念头。但是这些信息从没有向外界公布，散失了引导社会舆论的主动权。权威信息失语，虚假信息泛滥，导致以讹传讹，谣言成了真理，社会上许多不明真相的人轻信谣言，同情死者，怨恨党委、政府、公安机关，以致出现了一呼百应、万众聚集的局面。

更富有讽刺意味的是，在瓮安事件发生后的第三天，贵州官方召开新闻发布会通报事件真相。通报描述了当事人李树芬跳河寻死的情景，在她准备跳河的时候，其好友刘某正在桥上做俯卧撑。“当刘某做到第三个俯卧撑的时候，听到李树芬大声说：‘我走了！’她便跳下河去了。”由此，“俯卧撑”迅速成为网络热词。

第七章　综合创新：构建立体化社会治安防控体系

社会安全风险的多样性和复杂性决定了社会安全治理必须坚持源头治理、综合治理、系统治理、多元治理，在深刻认识社会安全风险本质及其规律的基础上，确立科学的治理理念，构建完善的治理体系。立体化治安防控体系的构建和完善正是社会安全治理在实践中不断发展和总结的创新。

第一节　立体化社会治安防控体系概述

一、社会治安防控体系建设的发展历程

我国社会治安防控体系的发展经历了三个阶段，即萌芽阶段、提出阶段和形成阶段（见图7-1）。从分散到系统，从平面到立体，从简单的犯罪预防体系上升为国家的治安策略，成为提升社会安全治理能力现代化的一项基础性工程。

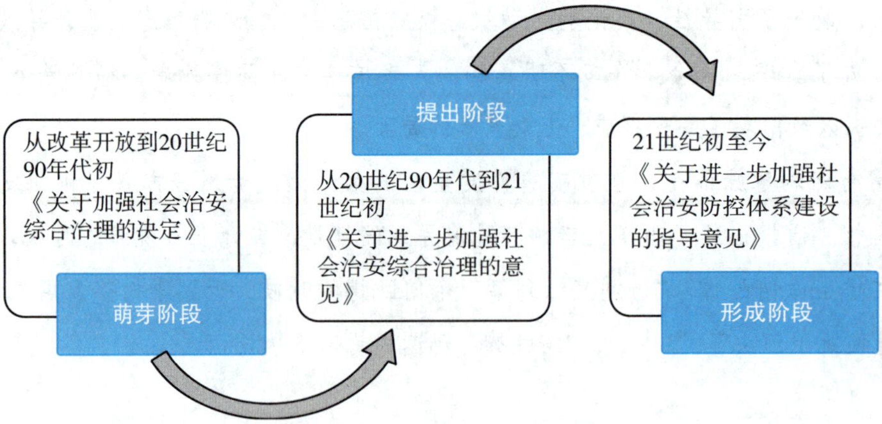

图7-1　社会治安防控体系的发展历程

（一）萌芽阶段（从改革开放到20世纪90年代初）

改革开放初期，面对违法犯罪不断增多的趋势，从1982年起，中央明确强调社会治安要进行综合治理，1983年“严打”开始后，中央要求严厉打击严重刑事犯罪，同时要求党政部门要抓住“严打”后的有利时机，扎实推进综合治理工作。1991年年初，中共中央、国务院和全国人大先后颁布了《关于加强社会治安综合治理的决定》，对社会治安综合治理的主要任务、基本原则、工作措施以及建立地方各级综治机构进行了规定。这一阶段，虽然在正式文件中并没有提及治安防控体系，但已经蕴含了治安防控的思想，是治安防控体系的萌芽阶段。

（二）提出阶段（从20世纪90年代到21世纪初）

在这一阶段，社会治安综合治理成为国家行动，“严打”成为综合治理的一个方面，与预防、教育、管理、建设和改造并举。随着1993年后违法犯罪的反弹，1996年4月，中央再度启动“严打”，并要求加强社会治安综合治理基层基础工作。如何强化治安防控体系建设被摆上中央的议事日程。2001年，中共中央和国务院出台了《关于进一步加强社会治安综合治理的意见》，提出各地要建立和完善全社会治安防控体系，逐步形成以110指挥中心为龙头，以社会面和干线公路巡逻网为骨干、以省市际和城市出入口治安卡口为依托的阵地式防控体系。这一阶段，治安防控体系作为综合治理的一项重要举措，正式出现在中央的文件中，各地自下而上开始探索建立各自的治安防控体系。

（三）形成阶段（21世纪初至今）

自2001年中央正式提出社会治安防控体系后，各地以公安机关为主导加强治安防控体系的建设。

2003年，第二十次全国公安会议提出要在今后五年完善社会治安防控体系，同时要建立以派出所民警和巡警为骨干，以群防群治力量为补充，以社会面、社区和内部单位防范为基础，以可能影响社会治安的特殊人群、危险物品管理为重点，人、物、时、空相结合，点线面结合，动静结合，人防、物防、技防结合，警民结合的社会治安防控体系。

2011年，公安部颁布了《关于进一步加强社会治安防控体系建设的指导意见》，提出建设以公安机关为主，以指挥中心为龙头，以警务信息综合应用平台为支撑，以“街面巡逻防控网、城乡社区村庄防控网、单位行业场所防控网、区域警务协作网、技术视频防控网、虚拟社会防控网”六张网为骨架，以“情报信息预警机制、警务实战指挥机制、实战勤务运行机制、工作绩效考评机制”四项运行机制为保障的全天候、全方位、立体化治安防控体系。

党的十八大报告强调“要深化平安建设，完善立体化社会治安防控体系”，党的十八届三中、四中全会又依次提出“创新立体化社会治安防控体系”和“完善立体化社会治安防控体系”。2014年11月，习近平总书记在深入推进平安中国建设工作时强调“加快创新立体化社会治安防控体系”。从“完善”到“创新”，再从“创新”到“完善”，最后从“完善”到“加快创新”，清晰呈现了我国立体化社会治安防控体系的构建发展历程。习近平总书记强调，公共安全连着千家万户，确保公共安全事关人民群众生命财产安全，事关改革发展稳定大局。为此，党和政府对于新时期社会治安防控体系的建设提供了前所未有的法律支持、政策支撑和信息技术保障，全力推进构建新时期立体化社会治安防控体系。

2015年4月，中共中央办公厅、国务院办公厅发布《关于加强社会治安防控体系建设的意见》，紧紧围绕完善和发展中国特色社会主义制度、推进国家治理体系和治理能力现代化的总目标，牢牢把握全面推进依法治国的总要求，着力提高动态化、信息化条件下驾驭社会治安局势能力，以确保公共安全、提升人民群众安全感和满意度为目标，以突出治安问题为导向，以体制机制创新为动力，以信息化为引领，以基础建设为支撑，坚持系统治理、依法治理、综合治理、源头治理，健全点线面结合、网上网下结合、人防物防技防结合、打防管控结合的立体化社会治安防控体系，确保人民安居乐业、社会安定有序、国家长治久安。

社会治安防控体系建设的目标任务是“形成党委领导、政府主导、综治协调、各部门齐抓共管、社会力量积极参与的社会治安防控体系建设工作格局，健全社会治安防控运行机制，编织社会治安防控网，提升社会治安防控体系建设法治化、社会化、信息化水平，增强社会治安整体防控能力，努力使影响公共安全的暴力恐怖犯罪、个人极端暴力犯罪等得到有效遏制，使影响群众安全感的多发性案件和公共安全事故得到有效防范，人民群众安全感和满意度明显提升，社会更加和谐有序”。并明确提出，地方党政主要负责人不仅是平安建设的第一责任人，也是社会治安防控体系建设的第一责任人。

在具体工作中要把社会治安防控体系建设列入国民经济和社会发展总体规划，与各项经济社会建设工作统筹推进。

党的十九大报告指出，要打造共建共治共享的社会治理格局，加强社会治理制度建设，完善党委领导、政府负责、社会协同、公众参与、法治保障的社会治理体制，提高社会治理社会化、法治化、智能化、专业化水平。报告明确提出要“加快社会治安防控体系建设，依法打击和惩治黄赌毒黑拐骗等违法犯罪活动，保护人民人身权、财产权、人格权”。

链接：打造共建共治共享的社会治理格局

——在中国共产党第十九次全国代表大会上的报告（节选）

（六）打造共建共治共享的社会治理格局。加强社会治理制度建设，完善党委领导、政府负责、社会协同、公众参与、法治保障的社会治理体制，提高社会治理社会化、法治化、智能化、专业化水平。加强预防和化解社会矛盾机制建设，正确处理人民内部矛盾。树立安全发展理念，弘扬生命至上、安全第一的思想，健全公共安全体系，完善安全生产责任制，坚决遏制重特大安全事故，提升防灾减灾救灾能力。加快社会治安防控体系建设，依法打击和惩治黄赌毒黑拐骗等违法犯罪活动，保护人民人身权、财产权、人格权。加强社会心理服务体系建设，培育自尊自信、理性平和、积极向上的社会心态。加强社区治理体系建设，推动社会治理重心向基层下移，发挥社会组织作用，实现政府治理和社会调节、居民自治良性互动。

二、立体化社会治安防控体系的意涵

新时期立体化社会治安防控体系的建设需要准确把握开放、动态和信息化条件下社会安全威胁产生的变化规律，强调防控体系的战略性、整合性和系统性。战略性是指将社会治安防控体系放在国家治安控制的顶层设计层面，指导治安运行机制和方式；整合性是指社会治安防控体系涉及范围广，需要国家、市场和社会各方面力量的参与，不仅是对公安机关内部警力的整合，同时也是对社会各方面资源的整合与动员；系统性是指社会治安防控体系作为一个整体存在，是由各个子系统构成的有机整体，要求各个系统共同作用，形成合力，治安防控体系是一项系统性的社会工程。

立体化社会治安防控体系建设对于完善国家治理体系、有效维护转型期社会稳定具有重要的作用。立体化社会治安防控体系的建设是一项需要日积月累、长久构建的基础工程，不仅是一项需要各种力量相互合作、有机协调的系统工程，更是一项需要随着时代变迁、不断探索的创新工程。要把立体化社会治安防控体系建设纳入经济社会发展、城乡建设等规划之中，推动公共安全基础性制度、设施和平台，完善人防、物防和技防的投入增长机制，做到同规划、同落实。把安全发展理念和措施切实嵌入经济社会发展的全过程，综合运用经济、行政、法律和社会等手段，系统治理影响公共安全的突出问题，提升维护公共安全的整体水平。①

立体化社会治安防控体系的本质在于把握防控主体、防控手段、防控对象的多元化，一个有效的社会治安防控体系在于有一个协调有序的运行保障体系将构成治安防控体系各个要素充分展开。立体化治安防控体系需要整合多方力量和资源、运用多种手段和方法，及时对违法犯罪等社会治安问题进行多角度、多层次、多环节和全方位防治，根本目的是立足预防，从源头上进行防范和治理，不断减少和消除产生社会治安问题、影响社会稳定的诸多社会矛盾和消极因素，最大限度地预防、控制和减少违法犯罪，增加社会和谐因素，维护社会治安秩序和长期稳定。社会治安防控工作涉及打击、防范、管理、控制和服务等诸多环节，只有各个环节统筹联结和良性互动，才能最大限度地维护社会的整体安全有序。立体化社会治安防控体系的建设是从社会管理走向社会治理、从单一面向走向多元新维度、从“空间—时间”防控走向“心理—社会”防控、从分散应对走向综合控制的构建过程。

第二节　立体化社会治安防控体系建设

新时期立体化社会治安防控体系建设，应该立足于当前社会安全治理的现状，有针对性地加强社会面巡逻防控网、城乡社区村庄防控网、单位行业场所防控网、区域警务协作网、视频监控网、信息网络防控网“六张网”的建设，构建专群结合、硬防控与软防控结合、点线面结合、人防物防技防结合、打防管控建结合、虚拟社会与现实社会结合的立体化社会治安防控体系（见图7–2）。

---

① 宫志刚，周延东.行走在自由与秩序之间：构建治安实践运作中轴［J］.中国人民公安大学学报，2015（1）.

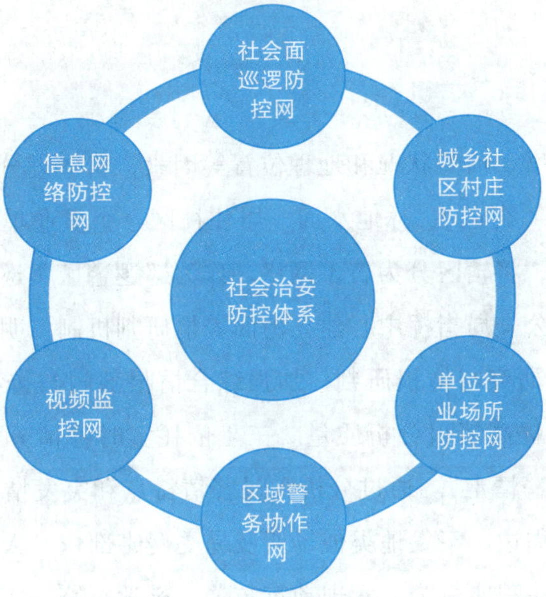

图7-2　立体化社会治安防控体系建设的“六张网”

一、社会面巡逻防控网建设

社会面巡逻防控网是立体化社会治安防控体系的主要组成部分，社会面巡逻防控网建设应做大做强巡警，整合交警、武警以及治安员、保安员、治安志愿者等巡逻力量；坚持警情引导、动态布警；完善巡逻机制，提高街面犯罪防范打击能力。

（一）整合巡逻力量

一是按照“大巡警”三级巡防要求，合理划分巡警队、派出所、警务室巡逻民警的职责分工，巡警队负责道路（街道）、林地水面治安巡逻，派出所巡逻力量负责辖区内公共活动场所的治安巡逻和安全守护，派出所警务室巡逻民警依托社区警务工作负责居住社区、企事业单位（企业、学校等）的治安巡逻。二是强化巡警、交警的协作联动，发挥一警多能、一警多用的综合优势，在治安巡逻与交通管理间形成警力相互补充、相互支持的良好局面。三是加强公安与武警联勤武装巡逻，在警力、编组、巡逻路段、装备配置、通信保障等方面加强对接协调，建立健全统一指挥、高效调度的联合指挥体系。四是充分整合治安巡逻的各种社会力量，按照与民警的一定比例配置治安员，发动企事业单位和社区保安员、治安志愿者等群防群治力量参与治安巡逻防范。

（二）坚持警情引导、实现动态布警

一是根据人口密度、治安状况和地理位置等因素，科学划分巡逻区域，基于地理信息系统，按照道路（街道）、林地水面、居住社区、企事业单位（企业、学校等）、公共活动场所等分类，将辖区分为若干网格，作为巡逻警区（巡区、巡段）划分和实施的依据。二是依托公安局指挥中心建立街面警情研判机制，明确专人负责每日街面巡逻防控工作的分析研究与情报研判，加强综合情报部门与警种情报部门的情报分析研判与协调配合，提高情报分析质量。三是依托实时警情分析，机动调整巡防重点，实现“警力随着警情走”。通过分析实时警情特点和突发情况，及时调整巡逻方案，临时增强案发地周边、案发地类似场所及易受侵害部位、人群的巡防部署，有效威慑、防范、打击违法犯罪行为，实现动态布警、科学布警。四是依托阶段历史警情分析，局部调整巡防部署。通过分析近一阶段巡防区内的高发类案，及其发案时间、地段、作案手段和嫌疑人（车）等规律特点，合理调整巡逻线路和时段，完善早晚高峰等节点人员密集场所重点勤务工作机制，减少死角和盲区，提升社会面动态控制能力。

（三）完善巡逻机制

一是实兵巡逻与视频巡逻相结合机制。指挥中心组建专职的视频巡控队伍，实行24小时视频动态监控，并与街面警力和专门机动警力有机结合，相互补充，及时发现、跟踪和查处街面违法犯罪活动。二是公开巡逻与秘密巡逻相结合机制。除安排充足警力开展着装巡逻、公开震慑犯罪外，还应组织一定数量的便衣巡逻警力实行秘密巡逻，重点打击治安问题突出的街面、道路和公共活动场所的现行违法犯罪活动，起到以打促防的作用。三是动态巡逻与定点巡守相结合机制。除安排巡逻警力在划定区段内开展动态巡逻外，还应在治安复杂、案件多发、群众需要的重要部位、公共活动场所设立固定巡控点，开展重点巡逻守护。四是街面巡逻防控与卡点堵控相结合机制。按照“内巡外堵”的方式，将街面巡逻防控与治安卡口结合起来，并在指挥中心的统一指挥下，形成围堵违法犯罪的包围圈，严密防控网络。

二、城乡社区村庄防控网建设

社区是社会治安防控的基础和重要组成部分。加强社区防控网建设，就必须针对社区人口、经济、社会与治安的特点，遵循治安管理与治安防范社会化的基本思路，创新治安管理、治安防范的机制和方法，切实加强社区防控网建设。

（一）全面实施社区警务战略

一是合理划分社区，科学设置警务室。按照公安部社区划分的要求，结合治安管理网格化，合理划分社区，设立社区警务室，按照实有人口、治安状况等科学调配和充实警力，以一区一警或一区多警的模式灵活配置社区民警。[①] 在大型企事业单位设立社区警务室，配齐配强社区民警和治安员。探索建立流动警务室、网上警务室等新型警务模式，更好地服务群众。通过科学设置考评指标，引导社区民警积极走访调查、宣传发动、巡逻守护、街面核查、实地检查和警情通报，把主要精力放在社区警务工作上。

（二）加强社区群防群治力量建设

一是依托基层党组织和居委会，发动社区社工、党员等参与社会治安防控，依托企事业单位党组织或者内保组织，发动单位员工、大学生，进一步壮大群防群治力量。二是积极争取由政府出资，按照每个社区民警配备1~3名治安员的标准，配齐配强治安辅助力量。三是充分利用市场机制，有条件的社区、企业按照市场运作的模式配齐社区物业保安或企业保安队伍，由公安机关加大业务培训和业务指导力度，充分发挥社会力量在维护社区、企业内部治安秩序和安全防范方面的作用。四是对各种群防群治力量加强统一调配使用，围绕社区防控的点、线、面、事等，合理划分巡逻防控区域、合理安排巡逻密度，统一调配治安人力资源。

（三）全面加强实有人口管理

实有人口管理是立体化治安防控体系的重要组成部分。一是按照“以证管人、以业管人、以房管人”和“谁用工谁负责”的原则，结合“实有人口、实有房屋”的“两

---

① 熊一新，李健和.治安管理学概论［M］.北京：中国人民公安大学出版社，2004.

实”登记管理和警用地理信息系统（PGIS）信息采集，全面掌握辖区实有人口和实有房屋基本情况，[①]并及时录入警综平台。二是以企业集中住宿房屋、建筑工地、娱乐场所等为重点，全面开展流动人口登记工作，提高流动人口登记率，强化流动人口动态服务管理，通过提供异地受理、办理居民身份证等服务，加强流动人员信息采集、关联分析，解决人户分离管理难题。三是进一步加强重点人员管控，强化公安机关对网吧、旅馆、企业集中住所房屋、娱乐场所的监管、检查力度，强化社会动态信息采集和社会活动信息整合力度，掌握重点人员和涉稳、涉恐、涉毒、在逃、重大刑事犯罪前科、易肇事肇祸精神障碍患者、重点违法上访等重点人员的吃住行消乐等信息，做好情报信息分析研判和具体管控工作。四是积极协调卫生、民政等部门加强对重点青少年和心态失衡、有严重人格缺陷等特殊人群的帮扶帮教和心理疏导，建立帮扶帮教和心理疏导档案，了解心理状态，掌握活动情况，减少违法犯罪的发生。积极配合卫生部门开展对重症精神病人的调查摸底和风险评估工作，严格落实好危险等级为三级（含）以上重症精神病人的管控措施，做到辖区重症精神病人底数清、情况明、不漏管、不漏评、不失控。五是做好监外执行罪犯的社区矫正工作，建立由司法干部、社区民警、治保干部、治安积极分子、居民群众组成的监管小组，落实监管制度和措施。六是将境外来华人员纳入实有人口管理，通过完善落实境外来华人员住宿登记管理，确保境外来华人员住宿登记率、准确率，并以此为基础，加强对境外来华人员的全程动态服务和管理。

（四）大力促进人防、物防、技防结合

通过人防、物防、技防措施的结合，形成严密的社区治安防控网络，不断提高社区治安防范能力和水平。一是落实人防措施。社区民警要督促、指导居委会、物业公司、企业等落实治安防控的群防群治力量，并坚持每天由社区民警带队，采用步巡、自行车巡等方式，重点加强对社区内背街小巷、交叉地带、易发高发案部位和时段的巡逻防控。二是落实物防措施。社区民警要督促、指导居委会、物业公司、企业等落实对社区、企业的封闭式管理；建立并落实小区出入口人车凭证出入管理制度；通过集中管理，强化车辆安全防盗措施等。三是落实技防措施。社区民警要督促、指导居委会、物业公司、社区居民、企业等落实社区出入口、厂区学校出入口、主要道路交叉口、楼道

---

① 伍先江.论流动人口服务管理创新［J］.中国人民公安大学学报，2011（2）.

出入口、重点部位、楼房电梯等的视频监控措施，并鼓励其接入公安机关视频监控系统，最大限度地实现视频信息共享。

（五）强化矛盾纠纷排查化解

一是坚持抓早、抓小、抓苗头，发动社区民警依托社区警务工作平台进社区、进单位、进家庭，结合治安信息员建设，通过政务信息系统共享相关部门涉及社会稳定的信息，多渠道收集社区各种矛盾纠纷信息，不间断地开展矛盾纠纷排查化解工作。二是大力推广“公调对接”机制建设，在社区、企事业单位设立综治信访维稳工作站和调解室，建立责任明确、运转协调的矛盾纠纷分流、联动调处机制，实现公安行政调解与人民调解、司法调解紧密衔接、良性互动。[①]三是依托警务室，会同居（村）委会等基础组织，把老党员、老干部、基层法律工作者、社会工作志愿者组织起来，参与矛盾纠纷调解工作，深入细致地做好家庭矛盾、邻里纠纷、劳动纠纷、涉访涉诉矛盾等调解化解工作，为群众提供多元便捷的纠纷解决方式。四是结合日常社区巡逻防范工作和防范队伍建设，广开渠道，加大宣传和发动，通过业务培训，积极争取将社区的离退休人员、治安积极分子、群防群治人员、物业保安等作为反恐、防恐信息员，通过人民群众的积极参与，建立反恐、防恐的坚固阵地。

（六）加强偏远农村、城乡接合部等薄弱区域的社会安全治理

对防控体系进行一体规划、一体建设，对打防管控工作进行一体研判、一体部署，使城乡治安防控工作协调发展。

三、单位行业场所防控网建设

各种类型的单位是社会治安防控的基本单元。构建机关、团体、企业内部的单位治安防控单元，是维护单位内部稳定、打击违法犯罪、建立和完善社会治安防控体系的基础性保障。要按照“预防为主、突出重点、单位负责、政府监管”的原则，进一步加强机关、企事业单位内部治安保卫工作。

---

① 王和，寿远景.浙江公安机关加强和创新社会管理的理论与实践［M］.北京：浙江工商大学出版社，2011.

（一）强化单位内部治安保卫

《企业事业单位内部治安保卫条例》规定，派出所要按照“预防为主、突出重点、单位负责、政府监管”的原则，督促单位落实内部治安保卫工作。一是明确治安保卫责任。严格落实单位主要负责人治安保卫责任制，派出所要依据《企业事业单位内部治安保卫条例》，指导和督促单位完善巡逻检查、守卫防护、要害保卫、治安隐患和问题排查处理等各项治安保卫制度，健全保卫机构，充实保卫力量。[①]加强单位内部保卫、保安人员教育培训和考核，确保治安保卫重点单位、企业、高等院校等保卫、保安人员教育培训达标。二是在人防、物防、技防相结合的基础上加强单位内部技防设施建设。严格监督企事业单位按照国家、行业和地方有关标准，加大技防投入，对治安保卫重点单位逐步普及入侵报警、视频监控系统，对一般企事业单位在重要部位、易发案部位安装自动报警设施和视频监控系统，并逐步完成接入公安机关视频监控网和管理平台。三是针对实际情况，重点加强学校校园治安防控体系建设。建立维护高校安全稳定长效工作机制，配合综治、教育主管部门开展平安校园创建活动。加强警校联建，开展校园周边治安秩序整治行动，强化校园周边巡逻防控，督促学校、幼儿园配齐配强专业保安人员，提高防范水平。按照属地管理原则，由派出所在辖区内高校和中小学设立校园警务室，足额配备驻校民警，指导、监督学校治安保卫机构完善各项保卫制度、配齐保安队、护校队、学生义务巡逻队等各类治安保卫力量，指导学校加大投入，加强治安防范设施和技防设备建设，提高防控水平。四是加强对重要基础设施的安全防范。加强供水、供电、供气、供油、交通、通信、网络等关系国计民生重要基础设施安全防范工作，全面完善和落实各项安全保卫措施，确保安全稳定。五是完善幼儿园、学校、金融机构、商业场所、医院等重点场所安全防范机制，强化重点场所及周边治安综合治理，确保秩序良好。

（二）强化行业场所管控

一是切实加强旅馆业、旧货业、公章刻制业、机动车改装业、废品收购业、娱乐服务业等重点行业的治安管理工作，落实法人责任，推动实名制登记，推进治安管理信

---

① 朱守科，朱来胜，刘海瑞.对加强社会治安防控体系建设的思考：以甘肃省为例［J］.甘肃警察职业学院学报，2009（4）.

息系统建设。二是通过物建秘密力量、暗访检查等途径，结合定期检查、随机抽查等方式，全面掌握行业场所治安与安全状况，消除治安与安全隐患。三是大力推进旅馆业、洗浴业等行业场所协会建设，加强行业场所的自我约束、自我管理能力，提升管理水平。四是健全机制，加强治安乱点和突出治安问题的整治工作，以零容忍的态度迅速整治群众反映较为强烈的行业场所治安问题，净化社会环境。五是加强公共交通安保工作，强化人防、物防、技防建设和日常管理，完善和落实安检制度，加强对公交车站、地铁站、机场、火车站、码头、口岸、高铁沿线等重点部位的安全保卫，严防针对公共交通工具的暴力恐怖袭击和个人极端案（事）件。六是加强对新业态领域的安全管理。加强快件寄递和物流运输安全管理工作，完善禁寄物品名录，建立健全安全管理制度，有效预防利用寄递、物流渠道实施违法犯罪。加强对网约车、共享单车、共享汽车、网络集资等新兴领域的安全监管。

（三）强化重点物品管控

一是全面落实民用爆炸物品、烟花爆竹、管制刀具、剧毒化学品、易爆化学品等危险物品安全管理，对危爆物品采取源头控制、定点销售、流向管控、实名登记等全过程管理措施，严防危爆物品非法流散社会。利用物联网等信息化管理手段，逐步实现对危险物品流向的全程动态监控。持续开展治爆缉枪、管制刀具治理等整治行动。二是会同新闻出版、文化、工商等部门，开展“扫黄打非”和“互联网整治”专项行动，坚决遏制政治性非法出版物和有害信息非法印制、非法传播渠道；坚决遏制利用互联网、手机传播淫秽色情信息等问题，净化社会文化环境。三是联合药监、卫生部门，做好精神药品和麻醉药品管理工作，掌握麻醉药品和精神药品的流通、使用情况，避免其非法流入社会。

四、区域警务协作网建设

单个区域实现社会治安好转，不能以其他区域大规模的犯罪转移为代价，而是要从整体上共同提高打防控效能，维持更大区域的长治久安。各个区域的社会安全治理必须跳出行政区划的限制，形成区域治安协作的全局观念。区域警务协作就是在一定的区域范围内，根据社会治安问题的性质和特点，借助警务协作制度和平台，形成以一个行政区域为中心、周边行政区域联合协作、共同参与，不同地区之间、不同部门之间协同行动工作局面的一种警务工作方式，是社会治安防控体系建设的重要组成部分。

链接：区域警务协作

2011年5月，东北、环首都、西北、泛西南、苏浙皖沪、中部5省、珠三角7大区域警务合作机制全面建成。

（一）完善治安卡口系统建设

一是在区域层面，按照“扼守要道、辐射周边、全面查控”的要求，在区域内公路与邻近地区交界的道口，构建起由24小时常态工作的治安卡口和警务工作站组成的区域外围的封控网络。二是确保所有警务工作站全部安装公安专网、公安查询比对系统、视频监控系统和车辆自动抓拍系统，并实现视频图像和车辆信息的及时上传。

治安卡口系统通过在某一城市或区域内与周边接口的交通道口、公共停车场的出入口设置卡口，安装与指挥中心联通的相关拍照设施设备，对过往卡口的每一辆机动车及前排司乘人员进行抓拍，自动识别车辆牌照，清晰反映司乘人员面部特征，并对车辆人员信息进行自动分析、自动保存、自动对比、自动报警。

在当前社会人口流动性、犯罪流动性异常突出的形势下，治安卡口系统的建设与完善对于打击违法犯罪具有非常重要的积极意义。治安卡口系统的建设具有极为突出的地方和区域属性，因此，应结合各地的路网建设、地理环境和现有治安卡口系统建设情况统筹规划，有针对性地加以建设完善。当前形势下，治安卡口系统建设内容主要突出表现在以下几个方面：一是在城市或各级行政区域层面上，在区域内每条道路上需建设数字高清治安卡口。二是分期分批，将现有卡口模拟拍照系统逐步更新为数字高清拍照系统。三是逐步将公共停车场出入口设置卡口工作纳入治安卡口系统，扩大覆盖面。四是深化警务应用。一方面，与指挥中心警用地理信息系统进行关联，通过系统实现快速组织周边警力、治安视频监控等对涉及违法犯罪机动车实时跟踪、拦截，深化勤务指挥应用；另一方面，通过数据分析，对侦破各类涉车违法犯罪、处置交通违章提供重要线索和证据。

（二）建立周边地区区域警务协作网

一是根据警务协作机制要求，在区域邻近的警务工作站之间建立联勤协作机制，相互提供同频基地台、手持终端和道路监控图像，实现音频、视频和信息的互联互通，确保一有问题，能迅速反应、有效处置。二是区域层面的公安机关及基层派出所与周边城市或地区临近的警务工作站（治安卡口）要共同制定应急处突预案，适时组织冲卡堵截、联勤查控等实战演练，进一步完善情报信息共享，加强区域治安状况的分析研判，全面提升警务工作站应急处突和协同作战能力。三是建立警务协作联席会议制度，定期召开联席会议，协调推进合作事项的进展。一旦出现重大警情，如杀人、爆炸、绑架、纵火、重大抢劫、重大交通肇事逃逸，需要对犯罪嫌疑人和车辆协助盘查堵截时，可直接指令相关单位立即上卡堵截。情况特别紧急时，为争取时间，抢抓战机，可在向所属公安指挥中心报告的同时，直接请求对方相关单位协助。

（三）把公安局指挥中心建设成警务协作平台

公安机关应建立以公路公安检查站和相关警种为成员的日常协作机制，实现处置紧急警务和突发事件时，各警种在规定时间内全部到岗。同时，定期开展城市或区域与周边城市或区域之间跨区域警情互动、模拟实战演练等工作，实现通信畅通、警情互通的工作目标。

五、视频监控网建设

视频监控网是以维护社会安全为目的，综合运用安全防范技术和其他科学技术，把从重点单位、重点场所、敏感区域、治安复杂地区、重要路口等部位采集的图像，按需求传输到公安监控中心的综合系统。在当前社会流动性日益增强的形势下，视频监控网建设对于公安机关加强违法犯罪的实时控制、协助查破案件都具有重要作用。

（一）加大视频监控系统建设应用力度，实现治安监控全面化

一是各地党委和政府按照“平安建设”工作中治安视频监控建设的规划，结合一些地方开展的“智慧城市”智能安防规划，在科学布点特别是在强化案件多发地点（段）、治安乱点、社会秩序乱点、重要民生基础设施、人员聚集地点、地理环境复杂地域的监控方面开展建设工作，扩大治安视频监控覆盖面，为推进治安视频监控全面化打下基础，为实现扁平化、可视化指挥调度提供保障。

（二）落实公安内部视频监控系统资源整合共享

针对当前各地普遍存在的视频监控各自建设、各自管理、难以互补共享的弊端，要

通过110指挥中心和122道路交通管理指挥中心的合并，结合交巡协作联动机制的建立完善，整合公安内部治安与交通管理的视频监控系统，实现资源整合和信息共享，以最大限度发挥资源共享优势。

（三）加大社会资源的整合力度

针对当前各地视频监控系统建设资金渠道多元化、建设单位和部门多样化的现实，通过党委和政府或上级部门的协调协商，努力实现将政府相关部门和社会单位自筹资金建设的视频监控系统纳入公安视频监控联网平台，切实把社会视频资源统筹好、整合好，并通过边界接入平台，将大量的社会资源整合到公安监控平台之中，[①]实现与警用地理信息系统、公安指挥调度等系统关联，提高视频监控资源利用效率。

（四）探索技术视频监控智能预警应用

由城市应急指挥中心牵头，派出所配合，建立视频智能预警分析机制，把入侵检测、遗弃物检测、物品搬移检测、突然加速、区域人员密集报警、人脸识别、车牌自动识别等视频智能预警功能加入治安监控平台，实现治安视频监控从全人工巡查向智能提醒与人工分析转变。在确保治安视频监控在线的基础上，加大指挥中心专门人员配置，在重要时段、对重点地区（如案件高发、学校周边等）加大视频巡查力度，及时发现可疑人员车辆，监控违法犯罪、科学调度警力予以打击。

六、信息网络防控网建设

随着信息社会的发展，信息网络对社会治安秩序构建的影响越来越明显，不法分子利用互联网进行违法犯罪活动的趋势日益明显，网上网下问题交织叠加，各类风险容易聚积迸发，信息网络防控网建设已经成为社会治安防控体系建设的主要方面之一。这就要求社会治安防控体系的构建要坚持网上和网下的协调统一，必须建设法律规范、行政监管、行业自律、技术保障、公众监督、社会教育相结合的信息网络管理体系。

---

① 中国安全防范产品行业协会.加强公共安全视频监控建设联网应用，服务社会治安防控体系构建［J］.中国安防，2015（15）.

（一）充实网络安全力量，加强互联网网上信息巡查监控

一是充实各级公安机关网安部门警力、配强监控力量，并将区域内网民活动的网上社区和网络群体的监控责任落实到具体责任民警。二是按照“属地”原则，分级分类分时落实区域内网站服务器、网上社区和网络群体互联网网上信息巡查监控工作，对于成员多、社会关注度高、各类有害和敏感信息频发以及本地重点人员、重点组织开办或经常活动的网上社区和网络群体，严格落实24小时不间断巡查监控措施。

（二）实行网络实名制，实现“虚拟社会”现实化管理

通过手机和网络用户实名制把住上网关卡，弄清“虚拟人”真实身份。一是要在网吧全面落实上网实名制，通过即时采集上网人员头像资料并自动与身份证相片特征进行关联比对，验证“人证一致”。二是要在有条件上网的旅馆全部安装前端设备，纳入全区、全市上网场所网络管理系统，并与旅馆业治安管理信息系统关联互通，快速查证上网人员的真实身份。三是结合实有人口、实有房屋管理，掌握家庭上网用户的登记信息，实现人、房、网有效关联。

（三）加强互联网接入服务单位管理

加强网络安全保护，落实相关主体的法律责任。一是督促互联网接入服务单位和用户及时向网安部门备案，建立基础数据报送长效机制，并及时报送安全保护所需信息、资料及数据文件，确保各项基础数据准确鲜活。二是强化对互联网服务提供者和联网使用服务单位的安全检查，对未落实安全管理制度和安全保护技术措施的，提出改进意见并通知其及时整改。

（四）加强网络舆情导控队伍建设

一是在城市逐步建立完善公安局、分局、派出所三级舆情导控警务体系，在城市公安局、分局网安部门和派出所分别设置舆情导控民警，在网络社区布建虚拟身份，开展日常工作，配合宣传部门开展网上舆情引导，防止负面舆情在网上蔓延放大。二是组织网安舆情导控队伍，对事关本地、影响大、人气旺的重点网上阵地开展网上网下摸排，强化重点高危人员侦控，掌握吧主、版主、群主和意见领袖。三是善于调动网站、互联网企业和广大网民的积极性，努力形成网络信息人人共享、网络安全人人有责的良好局

面，坚持新应用、新业务和安全管理同步发展。

（五）加大对虚拟社会违法犯罪的打击力度

一是充实网络安全和网络侦查力量，充分发挥其专业优势，进一步加大对群众反映强烈的网络诈骗、网络赌博、网上淫秽色情、网络传销、网上销售违禁品、网络贩枪贩毒、网上违法有害信息、网络攻击等违法犯罪活动的打击力度，形成打击涉网违法犯罪的高压震慑态势，打击网上违法犯罪分子的嚣张气焰，实现网上违法信息明显减少，涉网犯罪发案率明显下降。二是公安机关牢固树立主动警务意识，落实网络犯罪案件侦办首问责任和多警种协作制度，建立虚拟社会侦查与现实社会侦查对接、多警种合成作战和动态打击工作机制，完善案件线索移交、配合协作办案、案件通报等工作方法；主动加大与网络管理部门、网络运营商、互联网站等各部门各单位的协同作战，做到大案要案必破必办和各类小案及时侦办，努力实现对网络犯罪的联合打击、快速打击、延伸打击。三是建立健全打击网络犯罪区域合作机制尤其是市域和周边区域合作机制，加强技术、人员、情报信息交流，在上级统一协调下开展联合办案、联合侦破，共同打击网络违法犯罪，实现共赢。

第三节　立体化社会治安防控体系的运行机制

治安防控的运行机制是治安防控体系的能动要素。在治安防控体系中，各运行机制相互耦合，共同作用，从而使系统整体达到最优。立体化社会治安防控体系的运行机制主要包括统一指挥机制、情报信息整合与共享机制、社会力量动员参与机制、效能评估机制等。

一、统一指挥机制

公安机关要按照人员权威、信息权威、职责权威的要求，加强实战型指挥中心建设，集110接处警、社会治安突发事件应急指挥处置和紧急警务活动统筹协调等功能于一体，及时有效地调整用警方向和强度。推行扁平化勤务指挥模式，减少指挥层级，畅通指挥关系，紧急状态下实行“点对点”指挥，确保就近调度、快速反应、及时妥善处置。

以快速反应为目标的统一指挥机制是社会治安防控体系的核心。在应对各类案件、突发事件的过程中，快速反应能有效地预防、遏制与打击犯罪。应建立以指挥中心为主体的权威高效的指挥平台，实现对信息的共享，通过强化对情报信息的研判实现快速反应。

（一）各级公安机关以指挥中心为主体，建立权威高效的指挥平台

以指挥中心为主体，建立权威高效的指挥平台在以快速反应为目标的统一指挥机制建设中处于龙头地位，对整个社会治安防控体系具有重要的辐射联动作用。指挥是否协调统一，直接影响和决定着对社会治安的快速反应能力和整体战斗力的发挥。将分散的管理、信息、技术资源整合起来，依托指挥平台的建立，实行统一指挥和调度，使整个社会治安防控体系处于组织化、有序化的状态，进而形成各项警务工作的优势互补，实现从分散作战向整体作战、合成作战的转变，减少行政层级命令传达的滞后效应，实现扁平化指挥模式，提高社会治安防控的整体效能。

各级各类应急机构应当努力形成统一指挥、功能齐全、反应灵敏、运转高效的处置机制，具体而言，当突发事件发生后，必须坚持宁快勿慢原则，迅速反应，紧急行动，组织专门力量奔赴现场，采取必要的控制措施，尽可能地减轻突发事件造成的危害，并防止事态的进一步扩大。因此要充分整合城市各种应急救援力量及市政服务资源，实现多警种、多部门、多层次、跨地域的统一接警，统一指挥，联合行动。采用联动机制能及时、有序、高效地开展紧急救援和抢险救灾行动，从而保障城市公共安全。

（二）加强情报收集与研判，建立预警信息发布机制

快速反应不仅依托于权威高效指挥平台的建立，更是以情报的收集、分析和研判为重要基础和依据。指挥中心作为上传下达的枢纽，各类情报信息汇聚于此，所掌握的信息来源广泛、信息内容多样，在情报信息方面具有得天独厚的优势，这也是实现统一指挥的必要前提。实现快速反应、精确打击、重点防范、有力控制就必须充分发挥指挥中心的情报信息优势，及时获取、掌握千变万化的情报信息，强化对情报信息的分析研判，做到超前预警，以增强控制和驾驭动态社会治安局势的能力。

指挥中心要成立情报信息分析研判的专门机构，建立情报信息分析研判机制，对掌握的大量情报信息进行汇总分析，去粗取精，去伪存真。面对暴力恐怖犯罪日益猖獗、群体性事件此起彼伏的治安形势，尤其要加强对涉及国家安全、政治稳定、治安稳定情报信息的综合分析和研判。在强化对情报信息的分析研判的基础上，要建立预警信息发布机制。对情报信息的分析和研判，包括对近期典型违法犯罪案例的剖析、对潜在违法犯罪情况的摸底排查、对动态社会治安局势的总体把握等，利用情报分析研判得出对犯罪区域分布、犯罪手段等规律特点的把握，对内向有关地区、警种提出打防控的意见，实现情报主导警务；对外向社会公众提出相应的防范建议，提高公众治安防范意识和能力，从被害预防上减少不法侵害的发生。

二、情报信息整合与共享机制

在大数据时代，如果各级政府部门各自为战，区域独立，信息封闭势必导致防控的被动与滞后。如何实现基础信息的整合与共享成为及时防控的重要前提，是保证社会安全治理先发制人的重要基础。立体化治安防控体系离不开基层的基础信息收集工作，更离不开信息的整合与共享。在治安防控体系建设中，必须建立信息整合与共享机制，加强信息整合与共享步伐，为警情的研判和预警工作打好基础。

（一）完善情报信息整合机制

一是从各级领导做起，做好信息整合保障。信息部门要经常向领导汇报信息整合情况，重点反映工作中存在的问题，建立健全请示汇报机制。二是从做好需求调研入手，明确信息整合方向。确定信息整合范围必须抱着科学、严谨的态度开展，坚决禁止不切实际地无限扩大信息范围，因为过分地扩大信息采集范围将不可避免地增加信息整合工作的难度，影响信息整合工作进度、数据储存和数据库的运行效能。三是开阔视野，拓宽信息整合渠道。紧紧围绕需求调研的结果，牢牢把握紧贴实战的原则，放开眼界，划定信息整合范围，有计划、有目的地广泛整合信息。四是制定统一标准、确保信息整合同步推进。只有在格式上统一、质量上相符、时效上及时，才能确保信息整合工作正常运行，信息才能更有效。五是制定工作责任制度，严格管理执行。为了确保研判结果准确，必须制定严格的责任制度或责任倒查制度。对于信息采集、信息整合的每个环节进行责任落实，随时发现问题，随时处理问题，随时追究责任。六是制定信息保密制度、严格防范信息泄露。

（二）完善情报信息共享机制

建立情报信息共享机制，是提高情报信息利用效率的有效途径。指挥中心要发挥多部门联动效应，切实开展政府相关部门、社会公众的联动和协调，充分调动社会治安资源，参与社会治安防控体系的建设和完善。

情报信息共享机制主要涵盖了两个次级机制的建立，即政府相关职能部门之间的信息共享与协作机制和依托公安信息平台构建起的跨区域信息共享与协作机制。一方面，要有效利用各类社会资源，广辟信息来源渠道，建立全警采集、运行顺畅、信息共享、集约高效的信息网络，加强公安、工商、税务、金融、通信、文化等部门协作，多层次、全方位、宽领域地获取政治、经济、文化等方面的信息资源，实现与社会有关部门的信息共享；另一方面，要依托信息网络建立城际情报信息快速交互平台，实现异地间情报信息资源共享。

统一标准是信息共享、互联互通、协同业务的基础，是确保信息工作基础设施建设的优质高效和信息网络的无缝连接，以及信息安全可靠的关键。为满足信息系统开发需要，保障对信息系统的管理，促进工作的规范化和信息资源共享的顺利实现，要全面执行信息化建设的一系列标准，包括数据标准、应用支撑标准、基础设施标准、工程管理标准、安全标准、总体标准等，促进信息工作标准在信息资源共享建设中的贯彻落实。

搭建信息资源共享平台，保证应用结构的统一性、系统的先进性、数据的安全性、运行的可靠性，为信息工作提供安全、可靠、便捷的信息共享支持，为信息系统的利用与开发提供技术支撑，为防止重复建设，避免人力、资金的浪费提供科学的基础设施。

（三）实现资源整合，打破信息壁垒

应用整合是资源整合的关键所在，既是打破信息壁垒的直接手段，也是为使用者提供集成而个性化服务的基础。社会治安防控体系建设要整合承载区域空间上各类社会和自然物的基础信息的基础地理信息（GIS），以人、地、物、事、组织、信息等管理要素为对象的行政管理和违法犯罪打击的管理信息，通过视频监控系统获取的在一定时空范围的人、物的社会活动图像的视频监控信息，包括劳动与社会保障、住房（房产）、税收、教育、民政、卫生、计生等相关信息在内的政府管理和社会服务信息。

（四）挖掘利用信息，服务领导决策

一是利用数据挖掘技术、精练数据。将各部门收集的数据收录到信息数据仓库，利用数据仓库主题明确、相对稳定、反映时间变化的特点，使用关联（association）、分级（classification）、聚集（clustering）、估值（estimation）、预测（prediction）等数据挖掘技术对数据仓库中的数据进行处理，从而进一步形成针对未来走势的分析、评估资料，服务领导决策。二是组建专门研判部门辅助信息研判。组建专门研判部门，通过独立的、科学的分析判断，协助决策部门发现问题、明确目标、拟定并论证各种决策方案，使之成为研判体系的中心。

三、社会力量动员参与机制

在当前治安形势严峻、警力严重不足的情况下，如何动员社会各方力量参与治安防控、如何联通政府其他部门共同打造治安防控体系，从而实现治安防控主体从“公安一元”到“社会多元”的转变，进而形成“公安主导、各方参与”的社会治安防控格局，是公安机关面临的迫切任务。面对新的时代要求，只有在社会治安防控体系中建立社会参与机制，逐步引导各方力量参与社会治安防控，才能有效地缓解治安形势严峻与警力不足的严重矛盾，进而有效降低社会安全治理成本，提升社会安全治理的水平。

（一）打破传统治安服务模式，开展警务市场化实践

改革开放以来，我国的治安服务主要是公安机关提供，机关、团体、企事业单位的保卫部门和基层群众性治安防范组织是治安服务的补充力量。随着我国经济社会的深刻转型，传统的治安服务供给模式已很难适应社会发展的需要。在当前我国市场经济快速发展的大背景下，公安机关要敢于打破传统思维方式和工作理念的束缚，积极探索公安部门工作的新机制，实现警务服务的市场化，以寻求市场机制和公共职能的有效均衡。这样，不仅可以有效减轻公安部门的负担，而且也在很大程度上提升了警察服务的效率和质量。规范发展保安服务市场，积极引导保安行业参与社会治安防控工作。规范警务辅助人员管理，明确其聘用条件和程序、职责任务、保障待遇等，发挥好协助维护社会治安的作用。

（二）充分发挥行业协会功效，协助公安机关监督管理

行业协会，作为市场经济国家普遍存在的，旨在促进行业发展、规范行业秩序的社会经济组织形式，是一种主要由同行业单位和个人自发成立的会员制的、以行业为标识的、非营利的、非政府的组织。在社会主义市场经济条件下，行业协会在行业管理方面发挥着重要的作用，它既是联系政府和企业的桥梁，同时也是政府的参谋和助手。

行业协会作为由同行业单位和个人成立的社会组织，拥有庞大的会员数量、广泛的社会接触面，可以收集大量的犯罪情报。同时，行业协会会员可以利用他们在公共复杂场所和特种行业工作的有利条件，及时发现犯罪活动和案件线索，制止各种预谋犯罪，进而发挥公安机关在打击犯罪中主动进攻，先发制敌的作用，极大地增强了侦查破案工作的针对性和有效性。

要加大对行业协会商会类、科技类、公益慈善类、城乡社区服务类社会组织的培育扶持力度，将适合由社会组织承担的矛盾纠纷调解、特殊人群服务管理、预防青少年违法犯罪等社会治安防控体系建设任务纳入政府购买服务目录，通过竞争性选择等方式，交给相关社会组织承担，发挥好它们在社会治安防控体系建设中的重要作用。

充分发挥行业协会自管自律作用，引导企业在经营活动中履行治安防控责任。转变职能、创新机制，采取政府搭台、市场运作、社会参与等方式，积极提供公益岗位，鼓励发展责任保险以及治安保险、社区综合保险等新兴业务，支持保险机构运用股权投资、战略合作等方式参与保安服务产业链整合，激发社会各方面力量参与社会治安防控体系建设的积极性、主动性、创造性。

（三）警力有限、民力无穷，发动人民群众参与社会治安防控

警力严重不足制约着公安基础工作。面对人口基数大、社会安全治理难度大、警力严重不足的实际，树立“警力有限、民力无穷”的理念，积极发动人民群众参与社会治安防控就显得尤为重要。

一是坚持人民主体地位，进一步拓宽群众参与社会治安防控的渠道，依法保障人民群众的知情权、参与权、建议权、监督权。加强城乡基层群众自治组织建设，搭建群

众参加防控体系建设的新平台，通过各种方式就社会治安防控体系建设问题进行广泛协商，广纳群言，增进共识。二是继承和发扬专群结合的优良传统，开展群防群治，大力支持工会、共青团、妇联等人民团体和群众组织参与社会治安防控体系建设，充分发挥企事业单位建立的治保会、巡逻队作用，积极为他们发挥作用创造有利的环境和条件。发展壮大平安志愿者、社区工作者、群防群治队伍等专业化、职业化、社会化力量，积极探索新形势下群防群治工作新机制、新模式。三是落实举报奖励制度，对于提供重大线索、帮助破获重大案件或者有效制止违法犯罪活动、协助抓获犯罪分子的，给予重奖。完善见义勇为人员认定机制、补偿救济机制，加强见义勇为人员权益保障工作，扩大见义勇为基金规模，加大对见义勇为人员的表彰力度，按照有关规定严格落实抚恤待遇。四是充分发挥传统媒体与新媒体的作用，采取群众喜闻乐见的宣传教育方式，提高群众的安全防范意识，组织动员群众关心、支持和参与社会治安防控体系建设，努力提升新媒体时代的社会沟通能力。

四、效能评估机制

推进社会治安防控体系的科学化、合理化，是社会安全治理工作中的重要问题。为确保防控体系各具体运行机制能够在规范化、有序化的轨道上运行，需要通过对各具体运行机制的运行效果进行评估，从而强化对社会治安防控体系监督管理，以发挥其最大防控效能。

（一）运行效果评估的目的和内涵

所谓运行效果评估就是对社会治安防控体系各具体运行机制可能产生的防控效果预先进行估计和评价。其根本目的在于，通过评估能够更为全面客观地掌握各个具体运行机制的运行过程和具体情况，充分反映出现行社会治安防控体系整体实施和管理过程中存在的问题，并结合实际，对下一步的防控体系的管理与发展提出更为科学合理的指引和具体建议。

建立社会治安防控体系运行评估可以有效掌握治安管理工作的主动权，增强社会安全治理的针对性和预见性，及时了解社会治安的客观变化情况并做出快速、灵敏、准确的反应和形成科学的决策，及时改进和加强社会治安管理工作。社会治安防控评估体系的构建既是对社会治安防控工作的客观反映，也是社会治安防控评估工作走向科学化的标志。[①]通过评估，可以有效地实现对不同时期的治安形势的监测和对不同时期的治安防控工作的综合分析，进而做出比较客观全面的评估，定期向社会公布监测与评估的结果，形成经常性的制度，以便于进一步提高群众的防范意识，改进、提高管理机构的工作效率。社会治安防控体系效果评估不仅仅是对各具体机制运行效果的评估，更重要的是对运行效果发生前后的价值判断和管理反思，以及基于现实社会治安环境变化而提出的适应性评判，这将有助于整个防控体系适应不断变化的环境，真正发挥其应有效能。

（二）运行效果评估的平台建设

社会治安防控体系效能评估平台建设，是通过开发相应的评估系统、数学模型和软件模块，对社会治安防控体系建成并投入运作后在预防、发现、控制和打击犯罪方面的功效进行综合评估，以从整体或特定方面改进治安防控工作。其建设内容主要包括：一是评估指标体系的因子筛选模块，通过在各级公安机关指挥中心建设指标重要性（权重）评估系统，由公安机关中层以上干部、民警代表、公安行业专家和市民代表进行评价来确定。[②]二是评估指标体系的因子水平确定，主要通过各级公安机关指挥中心对各项业务工作的客观统计分析、市民主观感受的问卷调查、实证分析、数据标准化后确定，[③]并自动导入评估模块。三是综合评估模块开发，通过开发相应的评估软件嵌入指挥中心系统，并以可视化的方式呈现综合评估结果。

（三）运行效果评估的一般程序

1. 评估指标的确定

社会治安防控体系各运行机制的效果评估的前提是确定一个科学、合理的评估指标。社会治安防控体系各运行机制涉及交警、巡警、刑警多个警种，巡逻、指挥、户籍管理多种警务工作，涉及公安、内保、村委会多个组织，因此评估指标确定必须因警种而异、因工作而异、因岗位而异。评估指标不仅要有正面指标，同时还应具备负面指

① 郑列，王瑞山. 社会转型时期治安防控体系的思考［J］. 犯罪研究，2005（5）.

② 伍先江. 城市社区安全评估指标体系的构建：以北京市为例［J］. 中国人民公安大学学报，2009（4）.

③ 伍先江. 城市社区安全评估模型的构建：以北京市为例［J］. 中国人民公安大学学报，2009（6）.

标，准确反映出各具体运行机制的合法性、合理性、程序性、技术性，同时，必须和各机制的具体工作相结合，能真实反映该机制在整个防控体系中的作用。

2. 评估指标的量化

社会治安防控体系是一个系统工程，由于各个运行机制的层次差异与个别差异，通过量化的方式可以解决各机制的差异矛盾。因此，运行效果评估应当建立在量化的基础上，其实质是将各具体运行机制的评估指标数学化、具体化、可执行化，这既有利于体现公开、公平的运行效果评估原则，也保证了评估的合理性、规范性，通过科学的数据量化分析评估各机制的运行效果。

3. 评估方式的选择

效果评估的方式多种多样，应当根据各具体运行机制的实际工作来选择。常用的评估方式有关键绩效指标法、平衡计分卡、等级评估法等。在评估指标的框架内，通过专家打分法等方法赋予各指标相应的比重，将各具体运行机制运行效果进行加权并进行综合评估。各指标得分可采取十分制或百分制。根据不同指标的最终估值，可以在事先确定的范围内评价该机制的效果。

4. 评估结果的反馈

与评估机制相配套的是反馈机制，即对社会治安防控体系的评价结果要能反馈给政府有关部门，或者反馈给意见表达的正式机构和正式组织，实现意见的交换，使防控体系的运行机制成为一个良性循环系统。良好的反馈机制的关键是评估结果要及时、准确地分享给有关部门。通过统计数据、统计分析报告、研究报告、建立信息平台等方式，让各个具体运行机制的有关单位、组织能够清晰地认识目前的社会治安形势和防控体系的细节信息，及时地掌握所负责的模块的效果优劣及在整个体系中的作用，以此促进社会治安防控体系效能的不断增强。

五、基础保障机制

社会治安防控的保障机制是为防控主体履行职责、行使职权、实现职能所提供的全方位的支持，既是防控主体依法行使职权的先决条件，也是构建社会治安防控体系的重要保证。立体化社会治安防控体系的基础保障是指为保障治安防控工作的落实，从人力、财力、科技、法治和责任等各方面给予的支持。

（一）社会治安防控体系的人力保障

社会治安防控体系是多元治理理念的实践创新，政府相关部门、企事业单位、志愿者组织和广大社会公众都是社会治安防控的人力资源。构建社会治安防控体系，没有警力保障是无法完成的，应从两方面加强：一是增加警力；二是提高警察素质。进一步完善统一考录制度，切实把好“入口关”，从源头上保证公安队伍的素质。通过加强培训，深入实施科技强警、“人才兴警”战略，不断加大教育培训力度，严格按照《公安机关人民警察训练条令》的要求，提高警察的素质。

（二）社会治安防控体系的经费装备保障

社会治安防控体系建设牵涉大量的人、财、物，尤其是要装备大量先进的科技防范设备，需要大量资金。一是经费保障，经费保障是社会治安防控体系建设最基本、最重要的组成部分。多年来，党中央、国务院和地方党委政府对公安经费保障这项工作给予了高度重视。《人民警察法》第37条规定：“国家保障人民警察的经费。人民警察的经费，按照事权划分的原则，分别列入中央和地方的财政预算。”二是装备保障，装备保障是指用于公安工作的武器、警械、警服、警用标志、警用交通工具和警用技术器材等的保障。

（三）社会治安防控体系的科技保障

科技保障，就是在社会治安防控体系建设中，要充分发挥信息技术、数字地图技术、警用移动通信技术、视频监控技术、统计分析与数据挖掘技术等的作用，充分依靠科技的力量，挖掘信息资源，提高人员素质，提升社会安全治理工作效能，更好地维护社会稳定和治安秩序。

（四）社会治安防控体系的法治保障

充分发挥法治的引导、规范、保障、惩戒作用，做到依法化解社会矛盾、依法预防打击犯罪、依法规范社会秩序、依法维护社会稳定。紧紧围绕加强社会治安防控体系建设的总体需要，推动相关法律法规的立、改、废、释和相关政策的制定完善工作。各地要以重大问题为导向，针对社会治安治理领域的重点难点问题，适时出台相关地方性法规、地方政府规章，促进从法治层面予以解决。完善维护公民、法人等合法权益的途径，从源头上预防侵权案件发生。坚持依法行政，加强食品药品、安全生产、环境保护、文化市场和网络安全等重点领域基层执法，强化行政执法与刑事司法的衔接，着力解决好人民群众反映强烈的突出问题。深化司法体制改革，加快建设公正、高效、权威的社会主义司法制度，提高办案质量。贯彻宽严相济刑事政策，在依法严厉打击极少数严重刑事犯罪分子的同时，最大限度地减少社会对抗，努力化消极因素为积极因素。加强和改进法治宣传教育工作，着力增强法治宣传教育的针对性和实效性，推动全社会树立法治意识，增强全民法治观念，促进全民遵法、守法，引导干部群众把法律作为指导和规范自身行为的基本准则，在全社会形成办事依法、遇事找法、解决问题用法、化解矛盾靠法的良好法治环境。

（五）社会治安防控体系的责任保障

1. 加强党委和政府对社会治安防控体系建设的领导

各级党委和政府要进一步提高对社会治安防控体系建设重要性的认识，列入重要议事日程，认真研究解决警力配置、经费投入、警察职业保障、基础设施和技防设施建设、考核奖惩等重要问题。要把社会治安防控体系建设列入国民经济和社会发展总体规划，重点做好基础设施、技防设备、装备建设的立项规划，做到与城乡规划、旧城改造、社区建设、基层综合服务管理平台建设等工作统筹推进。加大投入力度，将社会治安防控体系建设经费列入年度财政预算，从人力、物力、财力上保证社会治安防控体系建设顺利实施。各地党政主要负责同志既是平安建设的第一责任人，也是社会治安防控体系建设的第一责任人，要亲自研究部署，一级抓一级，层层抓落实，真正担负起维护一方稳定、确保一方平安的重大政治责任。要充分发挥基层党组织作用，特别是在农村和城市社区，党组织要发挥领导核心作用，切实保障推进社会治安防控体系建设的各项任务走完“最后一公里”。

2. 充分发挥综治组织的组织协调作用

各级综治组织要在党委和政府领导下，认真组织各有关单位参与社会治安防控工作，加强调查研究和督促检查，及时通报、分析社会治安形势，协调解决工作中遇到的突出问题，总结推广典型经验，统筹推进社会治安防控体系建设。加强各级综治组织自身建设，细化工作职责，健全组织机构，配齐配强力量。乡镇（街道）综治委主任可由乡镇（街道）党（工）委书记担任；综治办主任应由党（工）委副书记担任；村（社区）综治机构主要负责人由党组织书记担任，并明确1名负责人主管综治工作，确保这项工作有人抓、有人管。

把社会治安防控体系建设纳入综治工作（平安建设）考核评价指标体系，将考核评价结果作为对领导班子和领导干部考核评价的重要内容。坚持采用评估、督导、考核、激励、惩戒等措施，形成正确的激励导向，推进社会治安防控体系建设工作落到实处。

对社会治安问题突出的地区和单位通过定期通报、约谈、挂牌督办等方式，引导其分析发生重特大案（事）件的主要原因，找准症结，研究提出解决问题的措施，限期进行整改。对因重视不够、社会治安防范措施不落实而导致违法犯罪现象严重、治安秩序严重混乱或者发生重特大案（事）件的地区，依法实行一票否决制，并追究有关领导干部的责任。

3.充分发挥政法各机关和其他各有关部门的职能作用

进一步明确各有关部门在社会治安防控体系建设中的职责任务，做到各负其责、各司其职，通力协作、齐抓共管，增强整体合力。各级政法机关要发挥好主力军作用。

公安机关要充分发挥骨干作用，根据社会治安防控体系建设需要调整工作重点、警力部署、警务保障和勤务制度，改进工作方法，投入更多人力和精力加强基层治安基础工作，及时掌握影响社会治安的情况，依法查处危害社会治安的行为。

法院、检察院要结合批捕、起诉和审判工作，善于发现社会治安防控体系建设中的漏洞，及时提出司法建议和检察建议，督促有关单位健全规章制度，完善工作机制。

司法行政机关要加强监狱和强制隔离戒毒场所的管理工作，做好社区矫正、刑满释放人员安置帮教、人民调解、法治宣传、法律服务、法律援助等工作。

其他各有关部门要按照“谁主管谁负责”的原则，结合自身职能，主动承担好预防违法犯罪、维护社会治安的责任，认真抓好本部门、本系统参与社会治安防控体系建设的任务，与部门工作同规划、同部署、同检查、同落实。

案例 7-1：大连市立体化社会治安防控体系建设

2015年9月23日，全国社会治安防控体系建设工作会议在大连召开，会上介绍的“大连经验”对各地加强社会治安防控体系建设具有重要参考价值，“大连样板”可学习、可推广、可复制，“大连经验”引领示范全国，在全国推进立体化社会治安防控体系建设进程中，留下了深刻的大连印记。[①]

大连市全面推进立体化社会治安防控体系建设，着眼于提升动态化、信息化条件下打、防、管、控、服、建的实战需求，围绕建立科学化的决策指挥机制、精确化的打防管控机制、合成化的联动作战机制、实战化的教育训练机制、现代化的警务保障机制，不断织牢织密点线面结合、人防物防技防结合、打防管控结合的城市"平安网络"，人民群众安全感和满意度明显提升，将广大市民对"平安大连"的期盼一步步变为现实，把大连打造成具有大连地域特色、符合治安管控规律、保障人民群众安居乐业的"平安高地"。

一、与时俱进，统筹谋划，不断提升社会治安防控体系建设的层次与水平

大连市立体化社会治安防控体系建设经历了一个从逐渐探索到完善成熟的发展历程。大连市历来重视顶层设计、系统规划，是我国最早开展社会治安防控体系建设的城市之一。早在1996年就制定了《大连市社会治安防控体系建设总体规划》，计划用3年时间，使大连市社会治安防控体系建设再上新台阶。2006年出台的《大连市社会治安防控体系指导意见》明确提出"信息化建设助推防控体系建设"，这与公安部在全国推行的"信息主导警务"理念高度一致。2012年，在总结以往经验的基础上，出台了《大连市社会治安防控体系建设纲要》，对未来3年的防控体系建设作出了更高标准、更为细致的总体规划。

2014年，大连市政府研究完善、制定出台了《大连市社会治安防控体系建设三年规划（2014—2016）》，决定利用3年时间，1年打基础，2年上层次，3年上水平，不断推进深化完善社会治安防控体系建设，全力推动实现更高水平的"政治局面安定、重大活动安稳、社会生活安宁、公共领域安全"。接着，以大连市政府名义起草了《关于加快推进大连市社会治安防控体系建设三年规划落实工作的意见》，明确了政府27个相关委、办、局防控工作职责，以市、区、街道为主，建立横向到边、纵向到底的社会治安防控体系。2015年9月大连召开现场会之后，大连市公安机关确立了科学务实的防控体系升级思路，更注重整体规划、科技应用、改革驱动、机制完善四个方面内容。

二、党政主导，部门联动，构建社会治安防控体系建设的整体工作格局

大连市以提升人民群众安全感和满意度为出发点和落脚点，把创新完善立体化社会治安防控体系建设上升为党政工程，把综合治理及平安建设纳入全市经济社会发展总

---

① 安文元. 大连公安打造立体化社会治安防控体系保卫城市平安［N］. 大连晚报，2017-07-27.

体目标，纳入党委、政府工作绩效考评体系，纳入党委、政府重点民生工程，统筹谋划“平安大连”建设工作，有力推动了防控体系建设的整体效果。大连市公安机关积极争取党委政府的支持，加快创新立体化社会治安防控体系的工作部署及目标任务，推动以大连市委、市政府名义制定出台的《关于加快推进立体化社会治安防控体系建设的实施意见》，将社会治安防控体系建设经费列入年度财政预算，在政策导向、资源整合、部门协作、力量建设、经费投入等方面给予强有力保障，推动防控体系各项建设高标准落实。重点解决基础设施、技防设备、装备建设等保障投入和体制机制问题。近5年全市投入125亿元，织牢立体化社会治安防控体系网，确保公共安全体系有效运行，提高维护公共安全能力水平。[①]

大连市充分发挥党委和政府对社会治安防控体系建设的牵动作用，把各项任务分解到相关部门、警种，实行项目化管理，分步组织实施，增强防控工作的整体合力。按照“谁主管、谁负责”的原则，把立体化防控体系建设作为政绩考核评价相关单位和部门领导干部的重要内容，实行一票否决制，加强跟踪督导，确保各项建设任务落实到位、见到实效。大连市公安机关抓好立体化社会治安防控体系建议的部署和措施的落实，特别是增加辅警力量、落实经费保障标准等问题主动向党委、政府专题汇报，在解决实际问题上迈出坚实的步伐，为加快推进立体化社会治安防控体系建设提供强有力的保障。

三、注重预防，专群结合，建立社会治安防控体系建设的长效机制

大连市建立立体化社会治安防控体系，注重从源头上进行防范和治理，发挥民意网作用，借助互联网畅通民意表达渠道，健全完善矛盾纠纷排查调处机制，不断减少和消除产生社会治安问题、影响社会稳定的诸多社会矛盾和消极因素，最大限度地预防、控制和减少违法犯罪，最大限度地增加社会和谐因素，维护社会治安秩序和长期稳定。

只有广泛发动群众参与社会防控，才能筑牢社会平安的根基。大连市拓宽群众参与社会治安防控的渠道，吸纳外部社会力量介入，充分发动出租车司机、公交司机等特殊从业人员提供治安信息和线索来源，真正把人民群众变成公安机关的千里眼、顺风耳。以加强社会治安志愿者组织建设和管理为重点，拓宽群众参与社会治安防控的渠道。通过颁布实施《大连志愿服务条例》《大连市平安志愿者队伍建设实施方案》等法规和规范

① 刘星．唐军在日前召开的全国社会治安防控体系建设工作会议上作经验介绍防控体系建设“大连经验”引起强烈反响［N］．大连日报，2015-09-28.

性文件规范平安志愿者的组织领导体系、招募注册办法、职责任务、工作步骤、保障措施等。建立志愿者管理网站，通过“互联网+平安志愿者”，简化群众参与治安志愿服务的程序，力争在3年内大连市平安志愿者注册人数达到居民人口比例5%以上。[①]根据社会发展需要和人民群众愿望创新设计，采取项目化运作的方式积极开展平安志愿服务活动。

社会治安防控体系建设与加强社会民生相结合，实现治理工作的体系化是大连经验的具体体现。大连在防控体系建设中积极推动民生服务体系与社会治安防控体系深度融合发展，构建市民综合服务、矛盾纠纷化解、社会组织孵化、深化平安建设四大工作体系。2015年，大连公安服务城乡发展，办理民心网、民意网群众诉求等20余项指标均位居省、市首位；大力推进简政放权，大连公安削减了546项行政审批事项，推出近百项便民利民举措；200余个全市公安信访、户籍、出入境、车管等窗口，为百姓提供最优服务。[②]

四、量化分解，逐一落实，推进社会治安防控体系的各项工作任务

大连市立体化社会治安防控体系建设注重实效，在整体规划方面梳理确定了52个项目、132项重点工作，全部量化分解，逐个落实。在众多项目中又确定了立体化社会治安防控体系的十大重点建设工程。

一是打造智能化、实战化的指挥调度系统。按照人员权威、信息权威、职责权威的要求，把实战化指挥调度系统建设确定为大连市公安局“一号工程”来推进落实，并将其功能定位为“4+3”。“4”即扁平化、信息化、规范化、实战化；“3”即整合职能、整合警种、整合科技。通过对新警综平台、指挥调度平台、警用地理平台、视频综合应用平台、350兆数字集群系统等系统平台进行科学有效整合，规划建成能够实现智能接警、动态布警、视频巡控、警情流转、预案生成、联勤联动等具有九大功能作用的智能化指挥调度平台，发挥其在快速反应机制中的中枢作用，推动将警情舆情社情监测分析、情报研判预警和实战指挥调度相结合，并将预警情报快速推送至打防管控一线实战部门和街面警力，缩短警情滞留和指挥运行时间，真正做到警力跟着警情走、勤务围着问题转。

① 闫平，蔡拥军.社会治安防控体系建设系列报道（之三）[EB/OL].[2015-09-22].http：//szb.dlxww.com/dlrb/html/2015-09/22/content_1198424.htm?div=-1.

② 白云飞.立体化社会治安防控体系打造平安大连.[EB/OL].[2016-01-11].http：//www.dldj.gov.cn/show.aspx?id=91474&cid=118.

最终实现多警联勤联动、快速反应、高效应对的合成指挥调度体系。同时健全完善应急预案和行动方案，明确各有关部门、单位的职责任务和工作要求，定期开展应急处突实战演练，锻炼队伍，磨合预案。

二是自主研发建设公安信息综合应用平台。大连将新警综平台建设确定为“二号工程”。围绕立体化防控体系建设中涉及的人、地、事、物四方面管理要素，研发借鉴大城市的先进成熟经验，调研论证，深入基层了解业务需求。平台率先应用虚拟化、云计算、大数据、主数据管理、服务总线等新的信息化技术，整合警用地理平台、视频综合应用、车辆轨迹系统、电子围栏数据融合平台、智能交通平台等各类平台信息资源，最终形成标准化、服务化、可拓展的综合警务业务支撑平台。并根据不同警种需要，研发符合专业实战的前端应用软件，确保各种发案信息准确鲜活地录入警务综合应用系统平台上，实现了公安内部信息互联互通、高度融合。

三是建立“4+1”合成作战机制。大连将其确定为“三号工程”来推进落实。按照“机构统一、人员合成、系统集成、资源共享”的工作思路，依托新警综平台，建设了由刑侦主导，技侦、网安、图侦、情报等部门同步上案的合成侦查打击模式。联合市、区两级合成作战平台，实行资源共享、优势互补、合理布局、联动攻坚。平台整合了现场勘查、指纹、DNA、足迹等刑侦内部信息，对接了大情报以及相关业务部门的数据信息，共享了公安、社会、互联网等信息全部汇入大连公安信息综合应用平台，通过云计算、大数据技术，实现海量信息的充分融合、高度共享、自动关联、智能比对。同时，接入技侦、网安专线，集中电子围栏、天网工程、视频卡口、350兆通信集群等多种手段和工具，实现多种侦查手段同步、快速、高效合成使用，确保产出情报产品更加科学、精准。

四是建设350兆数字化集群通信系统。建成了以87个地面基站、493部基地台和6 772部手持台为保障支撑，一网覆盖全市的350兆数字集群通信系统，一线实战民警全部“人手一台、机不离手、5秒钟应答”，并与移动警务终端对接，在应对各类警情和突发事件时，减少指挥层级、缩短响应时间，让扁平化指挥有了工具，成为现实。

五是建设覆盖全市的天网工程。按照“先复杂、后一般区域，先核心后城郊再涉农”的发展原则，重视公共安全视频监控等基础性设施建设，确保科技信息化“钢筋铁骨”，保证立体化社会治安防控体系在整体运行中的支撑作用。以原有的“平安城市”视频监控系统为基础，融入大连智慧城市总体布局，实现了对全市重点要害部位、公共场所、主要路口路段、城市出入口、案件多发地带以及涉及国计民生等18类重点监控区域有效覆盖，实现了目标区域“合围成圈”，主要街路“连接成线”，重点区域“成面织密”。

六是整合建设电子围栏工程。大连重新定位规划了一大批电子围栏基站，实现了全市重点要害部位和陆海空出入口的全覆盖，全部数据通过公安边界平台接入数据融合平台，实现了信息采集速度更快、数据更全，对关注目标“动知轨迹”。

七是构筑“三横八纵两边”封控网。以大连“北大门”高速公路口为中心，联动全市陆路14个警务工作站、118个卡点，以及黄、渤海岸线的岗勤哨所，配合蓝鲨反恐机动队形成了陆路“三横八纵”和海岸“两边”封控网。封控网各支点均24小时接受指挥中心调度，随时局部连点堵控、全网联点封控，加之两架警用直升机巡航联动，遇有紧急事态，指挥中心一道指令后1分钟见警、3分钟处警、5分钟全城响应，半小时海陆空全封闭。

八是组建应急反恐处突蓝鲨机动队。大连创新反恐处突应急体制机制建设，通过加强公安与武警联勤武装巡逻，强力推进组建了71支陆地、14支海上蓝鲨机动队，采取“三警合一”“四警合一”模式，分散到全市要害部位，集中驻勤、动中备勤、武装巡逻、应急处突。战时，接受市局指挥中心一级指令，以快制快，最先临场处置，确保了主城区任意地点均在“3分钟、3公里”快速反应控制圈内。

九是组建专业特侦队伍。在网侦、技侦、刑侦、经侦、国保、治安等主战警种成立6支特侦队，用更加专业化的手段和专业化的力量打造公安机关“尖刀铁拳”。

十是打造固本强基工程。按照“减压、放权、从优、投入、激活”的工作思路，大连制定了天网工程、警综平台、文职警员捆绑下基层、立体化防控体系落地基层、情报信息主导覆盖基层“三项重点”工作；实行了“三个倾斜”政策，即领导精力和注意力向基层倾斜；人力、物力向基层倾斜；政治经济待遇向基层倾斜，确保派出所和社区民警把主要精力放在人口管理、治安防范、群众工作、信息采集等基础工作上，进一步夯实筑牢立体化社会治安防控体系的基石。同时，通过推动政府购买公益岗位的做法，招录2 898名具有大专以上文化、年龄在20周岁至35周岁的文职警员，充实到社区管理和交通管理岗位，将置换出的正式警力投放到公安机关更亟须的执法岗位。合理规划派出所警务区，划分出1 627个责任单元，对1 848名社区文职警员实行“定岗、定位、定责”，实行电子网络化管理，实现社区文职警员专职化。按照城区人口3 000：1比例，农村按照6 000：1比例标准，配齐文职警员与社区民警的比例搭配，选配优秀社区民警当文职警员师傅，搞好传帮带。

| 附　录 |

附录 1　中华人民共和国反恐怖主义法

为了防范和惩治恐怖活动，加强反恐怖主义工作，维护国家安全、公共安全和人民生命财产安全，根据宪法制定。由中华人民共和国主席于2015年12月27日发布，2016年1月1日起施行。

第一章　总则

第一条　为了防范和惩治恐怖活动，加强反恐怖主义工作，维护国家安全、公共安全和人民生命财产安全，根据宪法，制定本法。

第二条　国家反对一切形式的恐怖主义，依法取缔恐怖活动组织，对任何组织、策划、准备实施、实施恐怖活动，宣扬恐怖主义，煽动实施恐怖活动，组织、领导、参加恐怖活动组织，为恐怖活动提供帮助的，依法追究法律责任。

国家不向任何恐怖活动组织和人员作出妥协，不向任何恐怖活动人员提供庇护或者给予难民地位。

第三条　本法所称恐怖主义，是指通过暴力、破坏、恐吓等手段，制造社会恐慌、危害公共安全、侵犯人身财产，或者胁迫国家机关、国际组织，以实现其政治、意识形态等目的的主张和行为。

本法所称恐怖活动，是指恐怖主义性质的下列行为：

（一）组织、策划、准备实施、实施造成或者意图造成人员伤亡、重大财产损失、公共设施损坏、社会秩序混乱等严重社会危害的活动的；

（二）宣扬恐怖主义，煽动实施恐怖活动，或者非法持有宣扬恐怖主义的物品，强制他人在公共场所穿戴宣扬恐怖主义的服饰、标志的；

（三）组织、领导、参加恐怖活动组织的；

（四）为恐怖活动组织、恐怖活动人员、实施恐怖活动或者恐怖活动培训提供信息、资金、物资、劳务、技术、场所等支持、协助、便利的；

（五）其他恐怖活动。

本法所称恐怖活动组织，是指三人以上为实施恐怖活动而组成的犯罪组织。

本法所称恐怖活动人员，是指实施恐怖活动的人和恐怖活动组织的成员。

本法所称恐怖事件，是指正在发生或者已经发生的造成或者可能造成重大社会危害的恐怖活动。

第四条　国家将反恐怖主义纳入国家安全战略，综合施策，标本兼治，加强反恐怖主义的能力建设，运用政治、经济、法律、文化、教育、外交、军事等手段，开展反恐怖主义工作。

国家反对一切形式的以歪曲宗教教义或者其他方法煽动仇恨、煽动歧视、鼓吹暴力等极端主义，消除恐怖主义的思想基础。

第五条　反恐怖主义工作坚持专门工作与群众路线相结合，防范为主、惩防结合和先发制敌、保持主动的原则。

第六条　反恐怖主义工作应当依法进行，尊重和保障人权，维护公民和组织的合法权益。

在反恐怖主义工作中，应当尊重公民的宗教信仰自由和民族风俗习惯，禁止任何基于地域、民族、宗教等理由的歧视性做法。

第七条　国家设立反恐怖主义工作领导机构，统一领导和指挥全国反恐怖主义工作。

设区的市级以上地方人民政府设立反恐怖主义工作领导机构，县级人民政府根据需要设立反恐怖主义工作领导机构，在上级反恐怖主义工作领导机构的领导和指挥下，负责本地区反恐怖主义工作。

第八条　公安机关、国家安全机关和人民检察院、人民法院、司法行政机关以及其他有关国家机关，应当根据分工，实行工作责任制，依法做好反恐怖主义工作。

中国人民解放军、中国人民武装警察部队和民兵组织依照本法和其他有关法律、行政法规、军事法规以及国务院、中央军事委员会的命令，并根据反恐怖主义工作领导机构的部署，防范和处置恐怖活动。

有关部门应当建立联动配合机制，依靠、动员村民委员会、居民委员会、企业事业单位、社会组织，共同开展反恐怖主义工作。

第九条　任何单位和个人都有协助、配合有关部门开展反恐怖主义工作的义务，发现恐怖活动嫌疑或者恐怖活动嫌疑人员的，应当及时向公安机关或者有关部门报告。

第十条　对举报恐怖活动或者协助防范、制止恐怖活动有突出贡献的单位和个人，以及在反恐怖主义工作中作出其他突出贡献的单位和个人，按照国家有关规定给予表彰、奖励。

第十一条　对在中华人民共和国领域外对中华人民共和国国家、公民或者机构实施的恐怖活动犯罪，或者实施的中华人民共和国缔结、参加的国际条约所规定的恐怖活动犯罪，中华人民共和国行使刑事管辖权，依法追究刑事责任。

第二章　恐怖活动组织和人员的认定

第十二条　国家反恐怖主义工作领导机构根据本法第三条的规定，认定恐怖活动组织和人员，由国家反恐怖主义工作领导机构的办事机构予以公告。

第十三条　国务院公安部门、国家安全部门、外交部门和省级反恐怖主义工作领导机构对于需要认定恐怖活动组织和人员的，应当向国家反恐怖主义工作领导机构提出申请。

第十四条　金融机构和特定非金融机构对国家反恐怖主义工作领导机构的办事机构公告的恐怖活动组织和人员的资金或者其他资产，应当立即予以冻结，并按照规定及时向国务院公安部门、国家安全部门和反洗钱行政主管部门报告。

第十五条　被认定的恐怖活动组织和人员对认定不服的，可以通过国家反恐怖主义工作领导机构的办事机构申请复核。国家反恐怖主义工作领导机构应当及时进行复核，作出维持或者撤销认定的决定。复核决定为最终决定。

国家反恐怖主义工作领导机构作出撤销认定的决定的，由国家反恐怖主义工作领导机构的办事机构予以公告；资金、资产已被冻结的，应当解除冻结。

第十六条　根据刑事诉讼法的规定，有管辖权的中级以上人民法院在审判刑事案件的过程中，可以依法认定恐怖活动组织和人员。对于在判决生效后需要由国家反恐怖主义工作领导机构的办事机构予以公告的，适用本章的有关规定。

第三章　安全防范

第十七条　各级人民政府和有关部门应当组织开展反恐怖主义宣传教育，提高公民的反恐怖主义意识。

教育、人力资源行政主管部门和学校、有关职业培训机构应当将恐怖活动预防、应急知识纳入教育、教学、培训的内容。

新闻、广播、电视、文化、宗教、互联网等有关单位，应当有针对性地面向社会进行反恐怖主义宣传教育。

村民委员会、居民委员会应当协助人民政府以及有关部门，加强反恐怖主义宣传教育。

第十八条　电信业务经营者、互联网服务提供者应当为公安机关、国家安全机关依法进行防范、调查恐怖活动提供技术接口和解密等技术支持和协助。

第十九条　电信业务经营者、互联网服务提供者应当依照法律、行政法规规定，落实网络安全、信息内容监督制度和安全技术防范措施，防止含有恐怖主义、极端主义内容的信息传播；发现含有恐怖主义、极端主义内容的信息的，应当立即停止传输，保存相关记录，删除相关信息，并向公安机关或者有关部门报告。

网信、电信、公安、国家安全等主管部门对含有恐怖主义、极端主义内容的信息，应当按照职责分工，及时责令有关单位停止传输、删除相关信息，或者关闭相关网站、关停相关服务。有关单位应当立即执行，并保存相关记录，协助进行调查。对互联网上跨境传输的含有恐怖主义、极端主义内容的信息，电信主管部门应当采取技术措施，阻断传播。

第二十条　铁路、公路、水上、航空的货运和邮政、快递等物流运营单位应当实行安全查验制度，对客户身份进行查验，依照规定对运输、寄递物品进行安全检查或者开封验视。对禁止运输、寄递，存在重大安全隐患，或者客户拒绝安全查验的物品，不得运输、寄递。

前款规定的物流运营单位，应当实行运输、寄递客户身份、物品信息登记制度。

第二十一条　电信、互联网、金融、住宿、长途客运、机动车租赁等业务经营者、服务提供者，应当对客户身份进行查验。对身份不明或者拒绝身份查验的，不得提供服务。

第二十二条　生产和进口单位应当依照规定对枪支等武器、弹药、管制器具、危险化学品、民用爆炸物品、核与放射物品作出电子追踪标识，对民用爆炸物品添加安检示踪标识物。

运输单位应当依照规定对运营中的危险化学品、民用爆炸物品、核与放射物品的运输工具通过定位系统实行监控。

有关单位应当依照规定对传染病病原体等物质实行严格的监督管理，严密防范传染病病原体等物质扩散或者流入非法渠道。

对管制器具、危险化学品、民用爆炸物品，国务院有关主管部门或者省级人民政府根据需要，在特定区域、特定时间，可以决定对生产、进出口、运输、销售、使用、报废实施管制，可以禁止使用现金、实物进行交易或者对交易活动作出其他限制。

第二十三条　发生枪支等武器、弹药、危险化学品、民用爆炸物品、核与放射物品、传染病病原体等物质被盗、被抢、丢失或者其他流失的情形，案发单位应当立即采取必要的控制措施，并立即向公安机关报告，同时依照规定向有关主管部门报告。公安机关接到报告后，应当及时开展调查。有关主管部门应当配合公安机关开展工作。

任何单位和个人不得非法制作、生产、储存、运输、进出口、销售、提供、购买、使用、持有、报废、销毁前款规定的物品。公安机关发现的，应当予以扣押；其他主管部门发现的，应当予以扣押，并立即通报公安机关；其他单位、个人发现的，应当立即向公安机关报告。

第二十四条　国务院反洗钱行政主管部门、国务院有关部门、机构依法对金融机构和特定非金融机构履行反恐怖主义融资义务的情况进行监督管理。

国务院反洗钱行政主管部门发现涉嫌恐怖主义融资的，可以依法进行调查，采取临时冻结措施。

第二十五条　审计、财政、税务等部门在依照法律、行政法规的规定对有关单位实施监督检查的过程中，发现资金流入流出涉嫌恐怖主义融资的，应当及时通报公安机关。

第二十六条　海关在对进出境人员携带现金和无记名有价证券实施监管的过程中，发现涉嫌恐怖主义融资的，应当立即通报国务院反洗钱行政主管部门和有管辖权的公安机关。

第二十七条　地方各级人民政府制定、组织实施城乡规划，应当符合反恐怖主义工作的需要。

地方各级人民政府应当根据需要，组织、督促有关建设单位在主要道路、交通枢纽、城市公共区域的重点部位，配备、安装公共安全视频图像信息系统等防范恐怖袭击的技防、物防设备、设施。

第二十八条　公安机关和有关部门对宣扬极端主义，利用极端主义危害公共安全、扰乱公共秩序、侵犯人身财产、妨害社会管理的，应当及时予以制止，依法追究法律责任。

公安机关发现极端主义活动的，应当责令立即停止，将有关人员强行带离现场并登记身份信息，对有关物品、资料予以收缴，对非法活动场所予以查封。

任何单位和个人发现宣扬极端主义的物品、资料、信息的，应当立即向公安机关报告。

第二十九条　对被教唆、胁迫、引诱参与恐怖活动、极端主义活动，或者参与恐怖活动、极端主义活动情节轻微，尚不构成犯罪的人员，公安机关应当组织有关部门、村民委员会、居民委员会、所在单位、就读学校、家庭和监护人对其进行帮教。

监狱、看守所、社区矫正机构应当加强对服刑的恐怖活动罪犯和极端主义罪犯的管理、教育、矫正等工作。监狱、看守所对恐怖活动罪犯和极端主义罪犯，根据教育改造和维护监管秩序的需要，可以与普通刑事罪犯混合关押，也可以个别关押。

第三十条　对恐怖活动罪犯和极端主义罪犯被判处徒刑以上刑罚的，监狱、看守所应当在刑满释放前根据其犯罪性质、情节和社会危害程度，服刑期间的表现，释放后对所居住社区的影响等进行社会危险性评估。进行社会危险性评估，应当听取有关基层组织和原办案机关的意见。经评估具有社会危险性的，监狱、看守所应当向罪犯服刑地的中级人民法院提出安置教育建议，并将建议书副本抄送同级人民检察院。

罪犯服刑地的中级人民法院对于确有社会危险性的，应当在罪犯刑满释放前作出责令其在刑满释放后接受安置教育的决定。决定书副本应当抄送同级人民检察院。被决定安置教育的人员对决定不服的，可以向上一级人民法院申请复议。

安置教育由省级人民政府组织实施。安置教育机构应当每年对被安置教育人员进行评估，对于确有悔改表现，不致再危害社会的，应当及时提出解除安置教育的意见，报决定安置教育的中级人民法院作出决定。被安置教育人员有权申请解除安置教育。

人民检察院对安置教育的决定和执行实行监督。

第三十一条　公安机关应当会同有关部门，将遭受恐怖袭击的可能性较大以及遭受恐怖袭击可能造成重大的人身伤亡、财产损失或者社会影响的单位、场所、活动、设施等确定为防范恐怖袭击的重点目标，报本级反恐怖主义工作领导机构备案。

第三十二条 重点目标的管理单位应当履行下列职责：

（一）制定防范和应对处置恐怖活动的预案、措施，定期进行培训和演练；

（二）建立反恐怖主义工作专项经费保障制度，配备、更新防范和处置设备、设施；

（三）指定相关机构或者落实责任人员，明确岗位职责；

（四）实行风险评估，实时监测安全威胁，完善内部安全管理；

（五）定期向公安机关和有关部门报告防范措施落实情况。

重点目标的管理单位应当根据城乡规划、相关标准和实际需要，对重点目标同步设计、同步建设、同步运行符合本法第二十七条规定的技防、物防设备、设施。

重点目标的管理单位应当建立公共安全视频图像信息系统值班监看、信息保存使用、运行维护等管理制度，保障相关系统正常运行。采集的视频图像信息保存期限不得少于九十日。

对重点目标以外的涉及公共安全的其他单位、场所、活动、设施，其主管部门和管理单位应当依照法律、行政法规规定，建立健全安全管理制度，落实安全责任。

第三十三条 重点目标的管理单位应当对重要岗位人员进行安全背景审查。对有不适合情形的人员，应当调整工作岗位，并将有关情况通报公安机关。

第三十四条 大型活动承办单位以及重点目标的管理单位应当依照规定，对进入大型活动场所、机场、火车站、码头、城市轨道交通站、公路长途客运站、口岸等重点目标的人员、物品和交通工具进行安全检查。发现违禁品和管制物品，应当予以扣留并立即向公安机关报告；发现涉嫌违法犯罪人员，应当立即向公安机关报告。

第三十五条 对航空器、列车、船舶、城市轨道车辆、公共电汽车等公共交通运输工具，营运单位应当依照规定配备安保人员和相应设备、设施，加强安全检查和保卫工作。

第三十六条 公安机关和有关部门应当掌握重点目标的基础信息和重要动态，指导、监督重点目标的管理单位履行防范恐怖袭击的各项职责。

公安机关、中国人民武装警察部队应当依照有关规定对重点目标进行警戒、巡逻、检查。

第三十七条 飞行管制、民用航空、公安等主管部门应当按照职责分工，加强空域、航空器和飞行活动管理，严密防范针对航空器或者利用飞行活动实施的恐怖活动。

第三十八条　各级人民政府和军事机关应当在重点国（边）境地段和口岸设置拦阻隔离网、视频图像采集和防越境报警设施。

公安机关和中国人民解放军应当严密组织国（边）境巡逻，依照规定对抵离国（边）境前沿、进出国（边）境管理区和国（边）境通道、口岸的人员、交通运输工具、物品，以及沿海沿边地区的船舶进行查验。

第三十九条　出入境证件签发机关、出入境边防检查机关对恐怖活动人员和恐怖活动嫌疑人员，有权决定不准其出境入境、不予签发出境入境证件或者宣布其出境入境证件作废。

第四十条　海关、出入境边防检查机关发现恐怖活动嫌疑人员或者涉嫌恐怖活动物品的，应当依法扣留，并立即移送公安机关或者国家安全机关。

检验检疫机关发现涉嫌恐怖活动物品的，应当依法扣留，并立即移送公安机关或国家安全机关。

第四十一条　国务院外交、公安、国家安全、发展改革、工业和信息化、商务、旅游等主管部门应当建立境外投资合作、旅游等安全风险评估制度，对中国在境外的公民以及驻外机构、设施、财产加强安全保护，防范和应对恐怖袭击。

第四十二条　驻外机构应当建立健全安全防范制度和应对处置预案，加强对有关人员、设施、财产的安全保护。

第四章　情报信息

第四十三条　国家反恐怖主义工作领导机构建立国家反恐怖主义情报中心，实行跨部门、跨地区情报信息工作机制，统筹反恐怖主义情报信息工作。

有关部门应当加强反恐怖主义情报信息搜集工作，对搜集的有关线索、人员、行动类情报信息，应当依照规定及时统一归口报送国家反恐怖主义情报中心。

地方反恐怖主义工作领导机构应当建立跨部门情报信息工作机制，组织开展反恐怖主义情报信息工作，对重要的情报信息，应当及时向上级反恐怖主义工作领导机构报告，对涉及其他地方的紧急情报信息，应当及时通报相关地方。

第四十四条　公安机关、国家安全机关和有关部门应当依靠群众，加强基层基础工作，建立基层情报信息工作力量，提高反恐怖主义情报信息工作能力。

第四十五条　公安机关、国家安全机关、军事机关在其职责范围内，因反恐怖主义情报信息工作的需要，根据国家有关规定，经过严格的批准手续，可以采取技术侦查措施。

依照前款规定获取的材料，只能用于反恐怖主义应对处置和对恐怖活动犯罪、极端主义犯罪的侦查、起诉和审判，不得用于其他用途。

第四十六条　有关部门对于在本法第三章规定的安全防范工作中获取的信息，应当根据国家反恐怖主义情报中心的要求，及时提供。

第四十七条　国家反恐怖主义情报中心、地方反恐怖主义工作领导机构以及公安机关等有关部门应当对有关情报信息进行筛查、研判、核查、监控，认为有发生恐怖事件危险，需要采取相应的安全防范、应对处置措施的，应当及时通报有关部门和单位，并可以根据情况发出预警。有关部门和单位应当根据通报做好安全防范、应对处置工作。

第四十八条　反恐怖主义工作领导机构、有关部门和单位、个人应当对履行反恐怖主义工作职责、义务过程中知悉的国家秘密、商业秘密和个人隐私予以保密。

违反规定泄露国家秘密、商业秘密和个人隐私的，依法追究法律责任。

第五章　调查

第四十九条　公安机关接到恐怖活动嫌疑的报告或者发现恐怖活动嫌疑，需要调查核实的，应当迅速进行调查。

第五十条　公安机关调查恐怖活动嫌疑，可以依照有关法律规定对嫌疑人员进行盘问、检查、传唤，可以提取或者采集肖像、指纹、虹膜图像等人体生物识别信息和血液、尿液、脱落细胞等生物样本，并留存其签名。

公安机关调查恐怖活动嫌疑，可以通知了解有关情况的人员到公安机关或者其他地点接受询问。

第五十一条　公安机关调查恐怖活动嫌疑，有权向有关单位和个人收集、调取相关信息和材料。有关单位和个人应当如实提供。

第五十二条　公安机关调查恐怖活动嫌疑，经县级以上公安机关负责人批准，可以查询嫌疑人员的存款、汇款、债券、股票、基金份额等财产，可以采取查封、扣押、冻结措施。查封、扣押、冻结的期限不得超过二个月，情况复杂的，可以经上一级公安机关负责人批准延长一个月。

第五十三条　公安机关调查恐怖活动嫌疑，经县级以上公安机关负责人批准，可以根据其危险程度，责令恐怖活动嫌疑人员遵守下列一项或者多项约束措施：

（一）未经公安机关批准不得离开所居住的市、县或者指定的处所；

（二）不得参加大型群众性活动或者从事特定的活动；

（三）未经公安机关批准不得乘坐公共交通工具或者进入特定的场所；

（四）不得与特定的人员会见或者通信；

（五）定期向公安机关报告活动情况；

（六）将护照等出入境证件、身份证件、驾驶证件交公安机关保存。

公安机关可以采取电子监控、不定期检查等方式对其遵守约束措施的情况进行监督。

采取前两款规定的约束措施的期限不得超过三个月。对不需要继续采取约束措施的，应当及时解除。

第五十四条　公安机关经调查，发现犯罪事实或者犯罪嫌疑人的，应当依照刑事诉讼法的规定立案侦查。本章规定的有关期限届满，公安机关未立案侦查的，应当解除有关措施。

第六章　应对处置

第五十五条　国家建立健全恐怖事件应对处置预案体系。

国家反恐怖主义工作领导机构应当针对恐怖事件的规律、特点和可能造成的社会危害，分级、分类制定国家应对处置预案，具体规定恐怖事件应对处置的组织指挥体系和恐怖事件安全防范、应对处置程序以及事后社会秩序恢复等内容。

有关部门、地方反恐怖主义工作领导机构应当制定相应的应对处置预案。

第五十六条　应对处置恐怖事件，各级反恐怖主义工作领导机构应当成立由有关部门参加的指挥机构，实行指挥长负责制。反恐怖主义工作领导机构负责人可以担任指挥长，也可以确定公安机关负责人或者反恐怖主义工作领导机构的其他成员单位负责人担任指挥长。

跨省、自治区、直辖市发生的恐怖事件或者特别重大恐怖事件的应对处置，由国家反恐怖主义工作领导机构负责指挥；在省、自治区、直辖市范围内发生的涉及多个行政区域的恐怖事件或者重大恐怖事件的应对处置，由省级反恐怖主义工作领导机构负责指挥。

第五十七条　恐怖事件发生后，发生地反恐怖主义工作领导机构应当立即启动恐怖事件应对处置预案，确定指挥长。有关部门和中国人民解放军、中国人民武装警察部队、民兵组织，按照反恐怖主义工作领导机构和指挥长的统一领导、指挥，协同开展打击、控制、救援、救护等现场应对处置工作。

上级反恐怖主义工作领导机构可以对应对处置工作进行指导，必要时调动有关反恐怖主义力量进行支援。

需要进入紧急状态的，由全国人民代表大会常务委员会或者国务院依照宪法和其他有关法律规定的权限和程序决定。

第五十八条　发现恐怖事件或者疑似恐怖事件后，公安机关应当立即进行处置，并向反恐怖主义工作领导机构报告；中国人民解放军、中国人民武装警察部队发现正在实施恐怖活动的，应当立即予以控制并将案件及时移交公安机关。

反恐怖主义工作领导机构尚未确定指挥长的，由在场处置的公安机关职级最高的人员担任现场指挥员。公安机关未能到达现场的，由在场处置的中国人民解放军或者中国人民武装警察部队职级最高的人员担任现场指挥员。现场应对处置人员无论是否属于同一单位、系统，均应当服从现场指挥员的指挥。

指挥长确定后，现场指挥员应当向其请示、报告工作或者有关情况。

第五十九条　中华人民共和国在境外的机构、人员、重要设施遭受或者可能遭受恐怖袭击的，国务院外交、公安、国家安全、商务、金融、国有资产监督管理、旅游、交通运输等主管部门应当及时启动应对处置预案。国务院外交部门应当协调有关国家采取相应措施。

中华人民共和国在境外的机构、人员、重要设施遭受严重恐怖袭击后，经与有关国家协商同意，国家反恐怖主义工作领导机构可以组织外交、公安、国家安全等部门派出工作人员赴境外开展应对处置工作。

第六十条　应对处置恐怖事件，应当优先保护直接受到恐怖活动危害、威胁人员的人身安全。

第六十一条　恐怖事件发生后，负责应对处置的反恐怖主义工作领导机构可以决定由有关部门和单位采取下列一项或者多项应对处置措施：

（一）组织营救和救治受害人员，疏散、撤离并妥善安置受到威胁的人员以及采取其他救助措施；

（二）封锁现场和周边道路，查验现场人员的身份证件，在有关场所附近设置临时警戒线；

（三）在特定区域内实施空域、海（水）域管制，对特定区域内的交通运输工具进行检查；

（四）在特定区域内实施互联网、无线电、通讯管制；

（五）在特定区域内或者针对特定人员实施出境入境管制；

（六）禁止或者限制使用有关设备、设施，关闭或者限制使用有关场所，中止人员密集的活动或者可能导致危害扩大的生产经营活动；

（七）抢修被损坏的交通、电信、互联网、广播电视、供水、排水、供电、供气、供热等公共设施；

（八）组织志愿人员参加反恐怖主义救援工作，要求具有特定专长的人员提供服务；

（九）其他必要的应对处置措施。

采取前款第三项至第五项规定的应对处置措施，由省级以上反恐怖主义工作领导机构决定或者批准；采取前款第六项规定的应对处置措施，由设区的市级以上反恐怖主义工作领导机构决定。应对处置措施应当明确适用的时间和空间范围，并向社会公布。

第六十二条　人民警察、人民武装警察以及其他依法配备、携带武器的应对处置人员，对在现场持枪支、刀具等凶器或者使用其他危险方法，正在或者准备实施暴力行为的人员，经警告无效的，可以使用武器；紧急情况下或者警告后可能导致更为严重危害后果的，可以直接使用武器。

第六十三条　恐怖事件发生、发展和应对处置信息，由恐怖事件发生地的省级反恐怖主义工作领导机构统一发布；跨省、自治区、直辖市发生的恐怖事件，由指定的省级反恐怖主义工作领导机构统一发布。

任何单位和个人不得编造、传播虚假恐怖事件信息；不得报道、传播可能引起模仿的恐怖活动的实施细节；不得发布恐怖事件中残忍、不人道的场景；在恐怖事件的应对处置过程中，除新闻媒体经负责发布信息的反恐怖主义工作领导机构批准外，不得报道、传播现场应对处置的工作人员、人质身份信息和应对处置行动情况。

第六十四条　恐怖事件应对处置结束后，各级人民政府应当组织有关部门帮助受影响的单位和个人尽快恢复生活、生产，稳定受影响地区的社会秩序和公众情绪。

第六十五条　当地人民政府应当及时给予恐怖事件受害人员及其近亲属适当的救

助，并向失去基本生活条件的受害人员及其近亲属及时提供基本生活保障。卫生、民政等主管部门应当为恐怖事件受害人员及其近亲属提供心理、医疗等方面的援助。

第六十六条　公安机关应当及时对恐怖事件立案侦查，查明事件发生的原因、经过和结果，依法追究恐怖活动组织、人员的刑事责任。

第六十七条　反恐怖主义工作领导机构应当对恐怖事件的发生和应对处置工作进行全面分析、总结评估，提出防范和应对处置改进措施，向上一级反恐怖主义工作领导机构报告。

第七章　国际合作

第六十八条　中华人民共和国根据缔结或者参加的国际条约，或者按照平等互惠原则，与其他国家、地区、国际组织开展反恐怖主义合作。

第六十九条　国务院有关部门根据国务院授权，代表中国政府与外国政府和有关国际组织开展反恐怖主义政策对话、情报信息交流、执法合作和国际资金监管合作。

在不违背我国法律的前提下，边境地区的县级以上地方人民政府及其主管部门，经国务院或者中央有关部门批准，可以与相邻国家或者地区开展反恐怖主义情报信息交流、执法合作和国际资金监管合作。

第七十条　涉及恐怖活动犯罪的刑事司法协助、引渡和被判刑人移管，依照有关法律规定执行。

第七十一条　经与有关国家达成协议，并报国务院批准，国务院公安部门、国家安全部门可以派员出境执行反恐怖主义任务。

中国人民解放军、中国人民武装警察部队派员出境执行反恐怖主义任务，由中央军事委员会批准。

第七十二条　通过反恐怖主义国际合作取得的材料可以在行政处罚、刑事诉讼中作为证据使用，但我方承诺不作为证据使用的除外。

第八章　保障措施

第七十三条　国务院和县级以上地方各级人民政府应当按照事权划分，将反恐怖主义工作经费分别列入同级财政预算。

国家对反恐怖主义重点地区给予必要的经费支持，对应对处置大规模恐怖事件给予经费保障。

第七十四条　公安机关、国家安全机关和有关部门，以及中国人民解放军、中国人民武装警察部队，应当依照法律规定的职责，建立反恐怖主义专业力量，加强专业训练，配备必要的反恐怖主义专业设备、设施。

县级、乡级人民政府根据需要，指导有关单位、村民委员会、居民委员会建立反恐怖主义工作力量、志愿者队伍，协助、配合有关部门开展反恐怖主义工作。

第七十五条　对因履行反恐怖主义工作职责或者协助、配合有关部门开展反恐怖主义工作导致伤残或者死亡的人员，按照国家有关规定给予相应的待遇。

第七十六条　因报告和制止恐怖活动，在恐怖活动犯罪案件中作证，或者从事反恐怖主义工作，本人或者其近亲属的人身安全面临危险的，经本人或者其近亲属提出申请，公安机关、有关部门应当采取下列一项或者多项保护措施：

（一）不公开真实姓名、住址和工作单位等个人信息；

（二）禁止特定的人接触被保护人员；

（三）对人身和住宅采取专门性保护措施；

（四）变更被保护人员的姓名，重新安排住所和工作单位；

（五）其他必要的保护措施。

公安机关、有关部门应当依照前款规定，采取不公开被保护单位的真实名称、地址，禁止特定的人接近被保护单位，对被保护单位办公、经营场所采取专门性保护措施，以及其他必要的保护措施。

第七十七条　国家鼓励、支持反恐怖主义科学研究和技术创新，开发和推广使用先进的反恐怖主义技术、设备。

第七十八条　公安机关、国家安全机关、中国人民解放军、中国人民武装警察部队因履行反恐怖主义职责的紧急需要，根据国家有关规定，可以征用单位和个人的财产。任务完成后应当及时归还或者恢复原状，并依照规定支付相应费用；造成损失的，应当补偿。

因开展反恐怖主义工作对有关单位和个人的合法权益造成损害的，应当依法给予赔偿、补偿。有关单位和个人有权依法请求赔偿、补偿。

第九章　法律责任

第七十九条　组织、策划、准备实施、实施恐怖活动，宣扬恐怖主义，煽动实施恐怖活动，非法持有宣扬恐怖主义的物品，强制他人在公共场所穿戴宣扬恐怖主义的服饰、标志，组织、领导、参加恐怖活动组织，为恐怖活动组织、恐怖活动人员、实施恐怖活动或者恐怖活动培训提供帮助的，依法追究刑事责任。

第八十条　参与下列活动之一，情节轻微，尚不构成犯罪的，由公安机关处十日以上十五日以下拘留，可以并处一万元以下罚款：

（一）宣扬恐怖主义、极端主义或者煽动实施恐怖活动、极端主义活动的；

（二）制作、传播、非法持有宣扬恐怖主义、极端主义的物品的；

（三）强制他人在公共场所穿戴宣扬恐怖主义、极端主义的服饰、标志的；

（四）为宣扬恐怖主义、极端主义或者实施恐怖主义、极端主义活动提供信息、资金、物资、劳务、技术、场所等支持、协助、便利的。

第八十一条　利用极端主义，实施下列行为之一，情节轻微，尚不构成犯罪的，由公安机关处五日以上十五日以下拘留，可以并处一万元以下罚款：

（一）强迫他人参加宗教活动，或者强迫他人向宗教活动场所、宗教教职人员提供财物或者劳务的；

（二）以恐吓、骚扰等方式驱赶其他民族或者有其他信仰的人员离开居住地的；

（三）以恐吓、骚扰等方式干涉他人与其他民族或者有其他信仰的人员交往、共同生活的；

（四）以恐吓、骚扰等方式干涉他人生活习俗、方式和生产经营的；

（五）阻碍国家机关工作人员依法执行职务的；

（六）歪曲、诋毁国家政策、法律、行政法规，煽动、教唆抵制人民政府依法管理的；

（七）煽动、胁迫群众损毁或者故意损毁居民身份证、户口簿等国家法定证件以及人民币的；

（八）煽动、胁迫他人以宗教仪式取代结婚、离婚登记的；

（九）煽动、胁迫未成年人不接受义务教育的；

（十）其他利用极端主义破坏国家法律制度实施的。

第八十二条　明知他人有恐怖活动犯罪、极端主义犯罪行为，窝藏、包庇，情节轻微，尚不构成犯罪的，或者在司法机关向其调查有关情况、收集有关证据时，拒绝提供的，由公安机关处十日以上十五日以下拘留，可以并处一万元以下罚款。

第八十三条　金融机构和特定非金融机构对国家反恐怖主义工作领导机构的办事机构公告的恐怖活动组织及恐怖活动人员的资金或者其他资产，未立即予以冻结的，由公安机关处二十万元以上五十万元以下罚款，并对直接负责的董事、高级管理人员和其他直接责任人员处十万元以下罚款；情节严重的，处五十万元以上罚款，并对直接负责的董事、高级管理人员和其他直接责任人员，处十万元以上五十万元以下罚款，可以并处五日以上十五日以下拘留。

第八十四条　电信业务经营者、互联网服务提供者有下列情形之一的，由主管部门处二十万元以上五十万元以下罚款，并对其直接负责的主管人员和其他直接责任人员处十万元以下罚款；情节严重的，处五十万元以上罚款，并对其直接负责的主管人员和其他直接责任人员，处十万元以上五十万元以下罚款，可以由公安机关对其直接负责的主管人员和其他直接责任人员，处五日以上十五日以下拘留：

（一）未依照规定为公安机关、国家安全机关依法进行防范、调查恐怖活动提供技术接口和解密等技术支持和协助的；

（二）未按照主管部门的要求，停止传输、删除含有恐怖主义、极端主义内容的信息，保存相关记录，关闭相关网站或者关停相关服务的；

（三）未落实网络安全、信息内容监督制度和安全技术防范措施，造成含有恐怖主义、极端主义内容的信息传播，情节严重的。

第八十五条　铁路、公路、水上、航空的货运和邮政、快递等物流运营单位有下列情形之一的，由主管部门处十万元以上五十万元以下罚款，并对其直接负责的主管人员和其他直接责任人员处十万元以下罚款：

（一）未实行安全查验制度，对客户身份进行查验，或者未依照规定对运输、寄递物品进行安全检查或者开封验视的；

（二）对禁止运输、寄递，存在重大安全隐患，或者客户拒绝安全查验的物品予以运输、寄递的；

（三）未实行运输、寄递客户身份、物品信息登记制度的。

第八十六条　电信、互联网、金融业务经营者、服务提供者未按规定对客户身份进行查验，或者对身份不明、拒绝身份查验的客户提供服务的，主管部门应当责令改正；拒不改正的，处二十万元以上五十万元以下罚款，并对其直接负责的主管人员和其他直接责任人员处十万元以下罚款；情节严重的，处五十万元以上罚款，并对其直接负责的主管人员和其他直接责任人员，处十万元以上五十万元以下罚款。

住宿、长途客运、机动车租赁等业务经营者、服务提供者有前款规定情形的，由主管部门处十万元以上五十万元以下罚款，并对其直接负责的主管人员和其他直接责任人员处十万元以下罚款。

第八十七条　违反本法规定，有下列情形之一的，由主管部门给予警告，并责令改正；拒不改正的，处十万元以下罚款，并对其直接负责的主管人员和其他直接责任人员处一万元以下罚款：

（一）未依照规定对枪支等武器、弹药、管制器具、危险化学品、民用爆炸物品、核与放射物品作出电子追踪标识，对民用爆炸物品添加安检示踪标识物的；

（二）未依照规定对运营中的危险化学品、民用爆炸物品、核与放射物品的运输工具通过定位系统实行监控的；

（三）未依照规定对传染病病原体等物质实行严格的监督管理，情节严重的；

（四）违反国务院有关主管部门或者省级人民政府对管制器具、危险化学品、民用爆炸物品决定的管制或者限制交易措施的。

第八十八条　防范恐怖袭击重点目标的管理、营运单位违反本法规定，有下列情形之一的，由公安机关给予警告，并责令改正；拒不改正的，处十万元以下罚款，并对其直接负责的主管人员和其他直接责任人员处一万元以下罚款：

（一）未制定防范和应对处置恐怖活动的预案、措施的；

（二）未建立反恐怖主义工作专项经费保障制度，或者未配备防范和处置设备、设施的；

（三）未落实工作机构或者责任人员的；

（四）未对重要岗位人员进行安全背景审查，或者未将有不适合情形的人员调整工作岗位的；

（五）对公共交通运输工具未依照规定配备安保人员和相应设备、设施的；

（六）未建立公共安全视频图像信息系统值班监看、信息保存使用、运行维护等管理制度的。

大型活动承办单位以及重点目标的管理单位未依照规定对进入大型活动场所、机场、火车站、码头、城市轨道交通站、公路长途客运站、口岸等重点目标的人员、物品和交通工具进行安全检查的，公安机关应当责令改正；拒不改正的，处十万元以下罚款，并对其直接负责的主管人员和其他直接责任人员处一万元以下罚款。

第八十九条　恐怖活动嫌疑人员违反公安机关责令其遵守的约束措施的，由公安机关给予警告，并责令改正；拒不改正的，处五日以上十五日以下拘留。

第九十条　新闻媒体等单位编造、传播虚假恐怖事件信息，报道、传播可能引起模仿的恐怖活动的实施细节，发布恐怖事件中残忍、不人道的场景，或者未经批准，报道、传播现场应对处置的工作人员、人质身份信息和应对处置行动情况的，由公安机关处二十万元以下罚款，并对其直接负责的主管人员和其他直接责任人员，处五日以上十五日以下拘留，可以并处五万元以下罚款。

个人有前款规定行为的，由公安机关处五日以上十五日以下拘留，可以并处一万元以下罚款。

第九十一条　拒不配合有关部门开展反恐怖主义安全防范、情报信息、调查、应对处置工作的，由主管部门处二千元以下罚款；造成严重后果的，处五日以上十五日以下拘留，可以并处一万元以下罚款。

单位有前款规定行为的，由主管部门处五万元以下罚款；造成严重后果的，处十万元以下罚款；并对其直接负责的主管人员和其他直接责任人员依照前款规定处罚。

第九十二条　阻碍有关部门开展反恐怖主义工作的，由公安机关处五日以上十五日以下拘留，可以并处五万元以下罚款。

单位有前款规定行为的，由公安机关处二十万元以下罚款，并对其直接负责的主管人员和其他直接责任人员依照前款规定处罚。

阻碍人民警察、人民解放军、人民武装警察依法执行职务的，从重处罚。

第九十三条　单位违反本法规定，情节严重的，由主管部门责令停止从事相关业务、提供相关服务或者责令停产停业；造成严重后果的，吊销有关证照或者撤销登记。

第九十四条　反恐怖主义工作领导机构、有关部门的工作人员在反恐怖主义工作中滥用职权、玩忽职守、徇私舞弊，或者有违反规定泄露国家秘密、商业秘密和个人隐私等行为，构成犯罪的，依法追究刑事责任；尚不构成犯罪的，依法给予处分。

反恐怖主义工作领导机构、有关部门及其工作人员在反恐怖主义工作中滥用职权、玩忽职守、徇私舞弊或者有其他违法违纪行为的，任何单位和个人有权向有关部门检举、控告。有关部门接到检举、控告后，应当及时处理并回复检举、控告人。

第九十五条　对依照本法规定查封、扣押、冻结、扣留、收缴的物品、资金等，经审查发现与恐怖主义无关的，应当及时解除有关措施，予以退还。

第九十六条　有关单位和个人对依照本法作出的行政处罚和行政强制措施决定不服的，可以依法申请行政复议或者提起行政诉讼。

第十章　附则

第九十七条　本法自2016年1月1日起施行。2011年10月29日第十一届全国人民代表大会常务委员会第二十三次会议通过的《全国人民代表大会常务委员会关于加强反恐怖工作有关问题的决定》同时废止。

附录2　中共中央办公厅、国务院办公厅印发《关于加强社会治安防控体系建设的意见》

为有效应对影响社会安全稳定的突出问题，创新立体化社会治安防控体系，依法严密防范和惩治各类违法犯罪活动，全面推进平安中国建设，现提出如下意见。

一、加强社会治安防控体系建设的指导思想和目标任务

（一）指导思想。以邓小平理论、“三个代表”重要思想、科学发展观为指导，全面贯彻落实党的十八大和十八届二中、三中、四中全会精神，深入贯彻落实习近平总书记系列重要讲话精神，紧紧围绕完善和发展中国特色社会主义制度、推进国家治理体系和治理能力现代化的总目标，牢牢把握全面推进依法治国的总要求，着力提高动态化、信息化条件下驾驭社会治安局势能力，以确保公共安全、提升人民群众安全感和满意度为目标，以突出治安问题为导向，以体制机制创新为动力，以信息化为引领，以基础建设为支撑，坚持系统治理、依法治理、综合治理、源头治理，健全点线面结合、网上网下结合、人防物防技防结合、打防管控结合的立体化社会治安防控体系，确保人民安居乐业、社会安定有序、国家长治久安。

（二）目标任务。形成党委领导、政府主导、综治协调、各部门齐抓共管、社会力量积极参与的社会治安防控体系建设工作格局，健全社会治安防控运行机制，编织社会治安防控网，提升社会治安防控体系建设法治化、社会化、信息化水平，增强社会治安整体防控能力，努力使影响公共安全的暴力恐怖犯罪、个人极端暴力犯罪等得到有效遏制，使影响群众安全感的多发性案件和公共安全事故得到有效防范，人民群众安全感和满意度明显提升，社会更加和谐有序。

二、加强社会治安防控网建设

（三）加强社会面治安防控网建设。根据人口密度、治安状况和地理位置等因素，科学划分巡逻区域，优化防控力量布局，加强公安与武警联勤武装巡逻，建立健全指挥和保障机制，完善早晚高峰等节点人员密集场所重点勤务工作机制，减少死角和盲区，提升社会面动态控制能力。加强公共交通安保工作，强化人防、物防、技防建设和日常管理，完善和落实安检制度，加强对公交车站、地铁站、机场、火车站、码头、口岸、高铁沿线等重点部位的安全保卫，严防针对公共交通工具的暴力恐怖袭击和个人极端案（事）件。完善幼儿园、学校、金融机构、商业场所、医院等重点场所安全防范机制，强化重点场所及周边治安综合治理，确保秩序良好。加强对偏远农村、城乡接合部、城中村等社会治安重点地区、重点部位以及各类社会治安突出问题的排查整治。总结推广零命案县（市、区、旗）和刑事案件零发案社区的经验，加强规律性研究，及时发现和处置引发命案和极端事件的苗头性问题，预防和减少重特大案（事）件特别是命案的发生。

（四）加强重点行业治安防控网建设。切实加强旅馆业、旧货业、公章刻制业、机动车改装业、废品收购业、娱乐服务业等重点行业的治安管理工作，落实法人责任，推动实名制登记，推进治安管理信息系统建设。加强邮件、快件寄递和物流运输安全管理工作，完善禁寄物品名录，建立健全安全管理制度，有效预防利用寄递、物流渠道实施违法犯罪。持续开展治爆缉枪、管制刀具治理等整治行动，对危爆物品采取源头控制、定点销售、流向管控、实名登记等全过程管理措施，严防危爆物品非法流散社会。加强社区服刑人员、扬言报复社会人员、易肇事肇祸等严重精神障碍患者、刑满释放人员、吸毒人员、易感染艾滋病病毒危险行为人群等特殊人群的服务管理工作，健全政府、社会、家庭“三位一体”的关怀帮扶体系，加大政府经费支持力度，加强相关专业社会组织、社会工作人才队伍等建设，落实教育、矫治、管理以及综合干预措施。

（五）加强乡镇（街道）和村（社区）治安防控网建设。以网格化管理、社会化服务为方向，健全基层综合服务管理平台，推动社会治安防控力量下沉。把网格化管理列入城乡规划，将人、地、物、事、组织等基本治安要素纳入网格管理范畴，做到信息掌握到位、矛盾化解到位、治安防控到位、便民服务到位。因地制宜确定网格管理职责，纳入社区服务工作或群防群治管理，通过政府购买服务等方式，加强社会治安防控网建设。到2020年，实现全国各县（市、区、旗）的中心城区网格化管理全覆盖。整合各种资源力量，加强基层综合服务管理平台建设，逐步在乡镇（街道）推进建设综治中心，村（社区）以基层综合服务管理平台为依托建立实体化运行机制，强化实战功能，做到矛盾纠纷联调、社会治安联防、重点工作联动、治安突出问题联治、服务管理联抓、基层平安联创。到2020年实现县（市、区、旗）、乡镇（街道）、村（社区）三级综合服务管理平台全覆盖，鼓励有条件的地方提前完成。深化社区警务战略，加强社区（驻村）警务室建设。将治安联防矛盾化解和纠纷调解纳入农村社区建设试点任务。

（六）加强机关、企事业单位内部安全防控网建设。按照预防为主、突出重点、单位负责、政府监管的原则，进一步加强机关、企事业单位内部治安保卫工作，严格落实单位主要负责人治安保卫责任制，完善巡逻检查、守卫防护、要害保卫、治安隐患和问题排查处理等各项治安保卫制度。加强单位内部技防设施建设，普及视频监控系统应用，实行重要部位、易发案部位全覆盖。加强供水、供电、供气、供热、供油、交通、信息通信网络等关系国计民生基础设施的安全防范工作，全面完善和落实各项安全保卫措施，确保安全稳定。

（七）加强信息网络防控网建设。建设法律规范、行政监管、行业自律、技术保障、公众监督、社会教育相结合的信息网络管理体系。加强网络安全保护，落实相关主体的法律责任。落实手机和网络用户实名制。健全信息安全等级保护制度，加强公民个人信息安全保护。深入开展专项整治行动，坚决整治利用互联网和手机媒体传播暴力色情等违法信息及低俗信息。

三、提高社会治安防控体系建设科技水平

（八）加强信息资源互通共享和深度应用。按照科技引领、信息支撑的思路，加快构建纵向贯通、横向集成、共享共用、安全可靠的平安建设信息化综合平台。在确保信

息安全、保护公民合法权益前提下，提高系统互联、信息互通和资源共享程度。强化信息资源深度整合应用，充分运用现代信息技术，增强主动预防和打击犯罪的能力。将社会治安防控信息化纳入智慧城市建设总体规划，充分运用新一代互联网、物联网、大数据、云计算和智能传感、遥感、卫星定位、地理信息系统等技术，创新社会治安防控手段，提升公共安全管理数字化、网络化、智能化水平，打造一批有机融合的示范工程。建立健全相关的信息安全保障体系，实现对基础设施、信息和应用等资源的立体化、自动化安全监测，对终端用户和应用系统的全方位、智能化安全防护。

（九）加快公共安全视频监控系统建设。高起点规划、有重点有步骤地推进公共安全视频监控建设、联网和应用工作，提高公共区域视频监控系统覆盖密度和建设质量。加大城乡接合部、农村地区公共区域视频监控系统建设力度，逐步实现城乡视频监控一体化。完善技术标准，强化系统联网，分级有效整合各类视频图像资源，逐步拓宽应用领域。加强企事业单位安防技术系统建设，实施“技防入户”工程和物联网安防小区试点，推进技防新装备向农村地区延伸。

四、完善社会治安防控运行机制

（十）健全社会治安形势分析研判机制。政法综治机构要加强组织协调，会同政法机关和其他有关部门开展对社会治安形势的整体研判、动态监测，并提出督办建议。公安机关要坚持情报主导警务的理念，建立健全社会治安情报信息分析研判机制，定期对社会治安形势进行分析研判。加强对社会舆情、治安动态和热点、敏感问题的分析预测，加强对社会治安重点领域的研判分析，及时发现苗头性、倾向性问题，提升有效应对能力。建立健全治安形势播报预警机制，增强群众自我防范意识。

（十一）健全实战指挥机制。公安机关要按照人员权威、信息权威、职责权威的要求，加强实战型指挥中心建设，集110接处警、社会治安突发事件应急指挥处置、紧急警务活动统筹协调等功能于一体，及时有效地调整用警方向和强度。推行扁平化勤务指挥模式，减少指挥层级，畅通指挥关系，紧急状态下实行“点对点”指挥，确保就近调度、快速反应、及时妥善处置。

（十二）健全部门联动机制。建立完善社会治安形势分析研判联席会议制度、社会治安重点地区排查整治工作协调会议和月报制度等，进一步整合各部门资源力量，强化工作联动，增强打击违法犯罪、加强社会治安防控工作合力。对群众反映强烈的黑拐抢、黄赌毒以及电信诈骗、非法获取公民个人信息、非法传销、非法集资、危害食品药品安全、环境污染、涉邪教活动等突出治安问题，要加强部门执法合作，开展专项打击整治，形成整体合力。对打防管控工作中发现的薄弱环节和突出问题，政法综治机构要牵头组织、督促有关部门及时整改，堵塞防范漏洞。针对可能发生的突发案（事）件，制定完善应急预案和行动方案，明确各有关部门、单位的职责任务和措施要求，定期开展应急处突实战演练，确保一旦发生社会治安突发案（事）件能够快速有效处置。创新报警服务运行模式，提高紧急警情快速处置能力，提高非紧急求助社会联动服务效率。

（十三）健全区域协作机制。按照常态、共享、联动、共赢原则，积极搭建治安防控跨区域协作平台，共同应对跨区域治安突出问题，在预警预防、维稳处突、矛盾化解、打击犯罪等方面互援互助、协调联动，以区域平安保全国平安。总结推广区域警务协作机制建设经验，推动建立多地区多部门共同参与的治安防控区域协作机制，增强防控整体实效。

五、运用法治思维和法治方式推进社会治安防控体系建设

（十四）运用法律手段解决突出问题。充分发挥法治的引导、规范、保障、惩戒作用，做到依法化解社会矛盾、依法预防打击犯罪、依法规范社会秩序、依法维护社会稳定。紧紧围绕加强社会治安防控体系建设的总体需要，推动相关法律法规的立、改、废、释和相关政策的制定完善工作。各地要以重大问题为导向，针对社会治安治理领域的重点难点问题，适时出台相关地方性法规、地方政府规章，促进从法治层面予以解决。完善维护公民、法人等合法权益的途径，从源头上预防侵权案件发生。坚持依法行政，加强食品药品、安全生产、环境保护、文化市场和网络安全等重点领域基层执法，强化行政执法与刑事司法的衔接，着力解决好人民群众反映强烈的突出问题。深化司法体制改革，加快建设公正高效权威的社会主义司法制度，提高办案质量。贯彻宽严相济刑事政策，在依法严厉打击极少数严重刑事犯罪分子的同时，最大限度地减少社会对抗，努力化消极因素为积极因素。加强和改进法治宣传教育工作，着力增强法治宣传教育的针对性和实效性，推动全社会树立法治意识，增强全民法治观念，促进全民尊法、守法，引导干部群众把法律作为指导和规范自身行为的基本准则，在全社会形成办事依法、遇事找法、解决问题用法、化解矛盾靠法的良好法治环境。

（十五）加强基础性制度建设。建立以居民身份证号码为唯一代码、统一共享的国家人

口基础信息库，建立健全相关方面的实名登记制度。建立公民统一社会信用代码制度、法人和其他组织统一社会信用代码制度，加强社会信用管理，促进信息共享，强化对守信者的鼓励和对失信者的惩戒，探索建立公民所有信息的一卡通制度。落实重大决策社会稳定风险评估制度，切实做到应评尽评，着力完善决策前风险评估、实施中风险管控和实施后效果评价、反馈纠偏、决策过错责任追究等操作性程序规范。落实矛盾纠纷排查调处工作协调会议纪要月报制度，完善人民调解、行政调解、司法调解联动工作体系，建立调处化解矛盾纠纷综合机制，着力防止因决策不当、矛盾纠纷排查化解不及时等引发重大群体性事件。推进体现社会主义核心价值观要求的行业规范、社会组织章程、村规民约、社区公约建设，充分发挥社会规范在调整成员关系、约束成员行为、保障成员利益等方面的作用，通过自律、他律、互律使公民、法人和其他组织的行为符合社会共同行为准则。

（十六）严格落实综治领导责任制。把社会治安防控体系建设纳入综治工作（平安建设）考核评价指标体系，将考核评价结果作为对领导班子和领导干部考核评价的重要内容。坚持采用评估、督导、考核、激励、惩戒等措施，形成正确的激励导向，推进社会治安防控体系建设工作落到实处。对社会治安问题突出的地区和单位通过定期通报、约谈、挂牌督办等方式，引导其分析发生重特大案（事）件的主要原因，找准症结，研究提出解决问题的措施，限期进行整改。对因重视不够、社会治安防范措施不落实而导致违法犯罪现象严重、治安秩序严重混乱或者发生重特大案（事）件的地区，依法实行一票否决权制，并追究有关领导干部的责任。

六、建立健全社会治安防控体系建设工作格局

（十七）加强党委和政府对社会治安防控体系建设的领导。各级党委和政府要进一步提高对社会治安防控体系建设重要性的认识，列入重要议事日程，认真研究解决警力配置、经费投入、警察等职业保障、基础设施和技防设施建设、考核奖惩等重要问题。要把社会治安防控体系建设列入国民经济和社会发展总体规划，重点做好基础设施、技防设备、装备建设的立项规划，做到与城乡规划、旧城改造、社区建设、基层综合服务管理平台建设等工作统筹推进。加大投入力度，将社会治安防控体系建设经费列入年度财政预算，从人力、物力、财力上保证社会治安防控体系建设顺利实施。各地党政主要负责同志是平安建设的第一责任人，也是社会治安防控体系建设的第一责任人，要亲自研究部署，一级抓一级，层层抓落实，真正担负起维护一方稳

定、确保一方平安的重大政治责任。要充分发挥基层党组织作用，特别是在农村和城市社区，党组织要发挥领导核心作用，切实保障推进社会治安防控体系建设的各项任务走完“最后一公里”。

（十八）充分发挥综治组织的组织协调作用。各级综治组织要在党委和政府领导下，认真组织各有关单位参与社会治安防控工作，加强调查研究和督促检查，及时通报、分析社会治安形势，协调解决工作中遇到的突出问题，总结推广典型经验，统筹推进社会治安防控体系建设。加强各级综治组织自身建设，细化工作职责，健全组织机构，配齐配强力量。乡镇（街道）综治委主任可由乡镇（街道）党（工）委书记担任，综治办主任应由党（工）委副书记担任；村（社区）综治机构主要负责人由党组织书记担任，并明确1名负责人主管综治工作，确保这项工作有人抓、有人管。

（十九）充分发挥政法各机关和其他各有关部门的职能作用。进一步明确各有关部门在社会治安防控体系建设中的职责任务，做到各负其责、各司其职，通力协作、齐抓共管，增强整体合力。各级政法机关要发挥好主力军作用。公安机关要充分发挥骨干作用，根据社会治安防控体系建设需要调整工作重点、警力部署、警务保障和勤务制度，改进工作方法，投入更多人力和精力加强基层治安基础工作，及时掌握影响社会治安的情况，依法查处危害社会治安行为。法院、检察院要结合批捕、起诉和审判工作，善于发现社会治安防控体系建设中的漏洞，及时提出司法建议和检察建议，督促有关单位健全规章制度，完善工作机制。司法行政机关要加强监狱和强制隔离戒毒场所的管理工作，做好社区矫正、刑满释放人员安置帮教、人民调解、法治宣传、法律服务、法律援助等工作。其他各有关部门要按照“谁主管谁负责”的原则，结合自身职能，主动承担好预防违法犯罪、维护社会治安的责任，认真抓好本部门、本系统参与社会治安防控体系建设的任务，与部门工作同规划、同部署、同检查、同落实。

（二十）充分发挥社会协同作用。坚持党委和政府领导下的多方参与、共同治理，发挥市场、社会等多方主体在社会治安防控体系建设中的协同协作、互动互补、相辅相成作用。大力支持工会、共青团、妇联等人民团体和群众组织参与社会治安防控体系建设，积极为他们发挥作用创造有利环境和条件。要加大对行业协会商会类、科技类、公益慈善类、城乡社区服务类社会组织的培育扶持力度，将适合由社会组织承担的矛盾纠纷调解、特殊人群服务管理、预防青少年违法犯罪等社会治安防控体系建设任务纳入政府购买服务目录，通过竞争性选择等方式，交给相关社会组织承担，发挥好他们在社会治安防控体系建设中的重要作用。规范警务辅助人员管理，明确其聘用条件和程序、职责任务、保障待遇等，发挥好协助维护社会治安的作用。规范发展保安服务市场，积极引导保安行业参与社会治安防控工作。加强城乡基层群众自治组织建设，搭建群众参加社会治安防控体系建设的新平台，通过各种方式就社会治安防控体系建设问题进行广泛协商，广纳群言，增进共识。充分发挥行业协会商会自管自律作用，引导企业在经营活动中履行治安防控责任。转变职能、创新机制，采取政府搭台、市场运作、社会参与等方式，积极提供公益岗位，鼓励发展责任保险以及治安保险、社区综合保险等新兴业务，支持保险机构运用股权投资、战略合作等方式参与保安服务产业链整合，激发社会各方面力量参与社会治安防控体系建设的积极性、主动性、创造性。

（二十一）积极扩大公众参与。坚持人民主体地位，进一步拓宽群众参与社会治安防控的渠道，依法保障人民群众的知情权、参与权、建议权、监督权。继承和发扬专群结合的优良传统，充分发挥共产党员、共青团员模范带头作用，发挥民兵预备役人员等的重要作用，发展壮大平安志愿者、社区工作者、群防群治队伍等专业化、职业化、社会化力量，积极探索新形势下群防群治工作新机制、新模式，力争到2020年社区志愿者注册人数占居民人口的比例大幅增加。落实举报奖励制度，对于提供重大线索、帮助破获重大案件或者有效制止违法犯罪活动、协助抓获犯罪分子的，给予重奖。完善见义勇为人员认定机制、补偿救济机制，加强见义勇为人员权益保障工作，扩大见义勇为基金规模，加大对见义勇为人员的表彰力度，按照有关规定严格落实抚恤待遇。充分发挥传统媒体与新媒体的作用，采取群众喜闻乐见的宣传教育方式，提高群众安全防范意识，组织动员群众关心、支持和参与社会治安防控体系建设，努力提升新媒体时代社会沟通能力。

各地区要根据本意见要求，结合本地区社会治安状况和经济社会发展实际，分级分类研究制定加强社会治安防控体系建设的指导意见和具体实施方案，把任务和责任落实到相关部门和单位。

附录3　中共中央、国务院《关于进一步加强社会治安综合治理的意见》

1991年，中央在总结改革开放以来我国社会治安综合治理基本经验的基础上，作出了《关于加强社会治安综合治理的决定》，明确提出了社会治安综合治理的指导思想、基本原则、主要任务和工作措施。10年来，各地区、各部门认真贯彻执行中央决定，全面开展社会治安综合治理工作，着力解决影响社会治安的突出问题，取得了积极的效果，有力地维护了社会政治稳定，对促进经济发展和社会进步起到了重要作用。实践证明，加强社会治安综合治理是建立和保持良好的社会治安秩序、维护社会政治稳定的基本方针，是解决社会治安问题的根本途径。

进入新世纪，我国开始向现代化建设第三步战略目标迈进。实现这一宏伟目标，必须坚定不移地贯彻党在社会主义初级阶段的基本路线，正确处理改革、发展、稳定的关系，始终保持安定团结的社会政治局面。目前，我国经济发展、政治稳定、民族团结、社会进步，总体形势很好。但也要看到，我国仍面临着错综复杂的国内外环境，影响社会稳定的因素依然存在。主要是：敌对势力加紧对我国进行渗透和破坏活动，境内外民族分裂势力、宗教极端势力和暴力恐怖势力相互勾结，利用所谓民族、宗教、人权等问题制造事端，企图破坏我国的社会稳定。“法轮功”邪教组织不断策划和煽动闹事，严重扰乱社会秩序。一些地方社会治安形势相当严峻，带黑社会性质的犯罪团伙和流氓恶势力横行，爆炸、杀人、绑架、投毒、拐卖妇女儿童等重大恶性案件时有发生，盗窃、抢劫等多发性案件居高不下。不少地方人民内部矛盾突出，群体性事件增多。同时，在我国改革开放不断深化和社会主义市场经济加快发展的新形势下，我们的法制建设、思想教育和治安管理等方面工作还没有完全跟上，一些地方基层组织软弱涣散，群防群治工作受到削弱，社会治安综合治理措施没有落到实处，这也在一定程度上影响了上述问题的解决。今年年初，针对社会治安存在的突出问题，中央召开全国社会治安工作会议，对进一步做好新世纪初的社会治安工作作出了部署。江泽民同志在庆祝中国共产党成立80周年大会上发表的重要讲话，精辟阐述了“三个代表”重要思想的科学内涵，对于全面推进党的建设新的伟大工程和建设有中国特色社会主义的伟大事业具有极其重大的指导意义，也为做好新形势下的社会治安综合治理工作提供了强大的思想武器。全党必须认真学习贯彻江泽民同志的重要讲话精神，以“三个代表”重要思想为指导，始终坚持社会治安综合治理的方针，积极探索新形势下做好社会治安综合治理工作的新方法、新措施，切实维护社会政治稳定，努力为改革开放和社会主义现代化建设创造更好的社会治安环境。

一、认真贯彻“三个代表”重要思想，加强对社会治安综合治理工作的领导

社会治安不仅是一个重大的社会问题，也是一个重大的政治问题。加强社会治安综合治理，有效地预防和打击违法犯罪，维护社会治安秩序和市场经济秩序，扫除黄赌毒等社会丑恶现象，保护广大人民的生命财产安全，为先进生产力和先进文化的发展创造良好的社会环境，为实现和发展最广大人民的根本利益提供有力保证，是落实“三个代表”重要思想的必然要求。加强社会治安综合治理，关系到党和政府在人民群众心目中的形象，关系到改革发展稳定的大局，关系到国家的长治久安，关系到党的执政地位的巩固，符合广大人民群众的愿望和要求。全党、全社会要充分认识加强社会治安综合治理工作的极端重要性，进一步增强做好这项工作的紧迫感和责任感。

各级党委、政府的主要领导要进一步提高对社会治安综合治理工作重要性的认识，切实加强组织领导，担负起维护社会治安和社会稳定、保一方平安的政治责任，按照“三个代表”的要求，坚持“两手抓、两手都要硬”的方针，紧紧围绕全党全国工作大局，扎扎实实地抓好社会治安综合治理工作，把各项措施落到实处。要把社会治安综合治理工作作为一项重要任务，纳入各地经济社会发展的总体规划和年度计划之中，拿出足够的时间和精力，常抓不懈，持之以恒。要定期听取社会治安综合治理部门的工作汇报，帮助解决工作中的困难和问题。要大力加强社会治安综合治理队伍建设，配强各级领导班子，增加必要的工作力量，加强教育培训，全面提高干部队伍的政治素质和业务素质。各级政府在安排财政预算时，对社会治安综合治理的经费要予以保证。

二、坚持“打防结合，预防为主”的方针，大力加强防范工作

“打防结合，预防为主”是做好社会治安综合治理工作的指导方针。要坚持打击与防范并举，治标和治本兼顾，重在防范，重在治本。

打击犯罪是社会治安综合治理的首要环节，必须毫不动摇地依法从重从快严厉打击严重刑事犯罪活动，整治治安混乱的地区，解决突出的治安问题。各级政法部门要把“严打”落实到各个执法环节，把集中打击、专项整治和经常性打击紧密结合起来。要重点打击有组织犯罪和带黑社会性质的团伙犯罪，流氓恶势力犯罪，爆炸、杀人、抢

劫、绑架等严重暴力犯罪，打击盗窃、抢夺等严重影响群众安全感的多发性犯罪，打击破坏社会主义市场经济秩序的金融犯罪、走私犯罪等严重经济犯罪。要加强协作配合，形成打击合力，始终保持对各种犯罪活动的高压态势。要正确执行法律和政策，坚持“稳、准、狠”的原则，切实提高“严打”整治斗争的实效。

预防犯罪是维护社会治安秩序的积极措施，要进一步把严打、严管、严防、严治有机结合起来。要坚决纠正“重打轻防”的错误倾向，切实把思想观念、工作重点、警力配置、经费投入、考核奖惩机制等真正落到“预防为主”上来；要集中力量，切实解决好影响社会稳定和社会治安的重点、难点问题；要进一步加强群防群治工作，建立和完善全社会的防控体系，下大力气做好预防和减少违法犯罪工作。当前和今后一个时期，要突出抓好以下几个方面的工作：

——深入开展矛盾纠纷排查调处工作。要深入基层，深入实际，深入群众，加强调查研究，了解群众关注的治安难点、热点问题，及时发现和掌握本地区、本部门和本单位的矛盾纠纷，采取有效措施，进行妥善处置，把矛盾和问题解决在萌芽状态，避免矛盾纠纷激化或酿成群体性事件；要充分发挥信访、人民调解等组织的作用，明确责任，建立健全矛盾纠纷排查调处工作机制和制度，把这项工作纳入经常化、规范化的轨道。

——认真落实各项安全防范措施。加大对重点地区、要害部位、特种行业、枪支弹药、爆炸物品、有毒有害物品和特殊群体的管理力度，严格落实责任制，严防危险物品和枪支弹药丢失、被盗和流散社会。要强化安全生产工作，落实安全生产责任制，检查、督促各地区、各部门认真执行安全生产的法律法规和规章制度，有效防止重大事故的发生。

——深入持久地开展基层安全创建活动。要把基层安全创建活动作为城市社区建设的重要内容，从群众关心的问题入手，为群众办实事、办好事，重点抓好严重影响群众安全感的盗窃、抢劫等多发性案件的预防工作；要努力提高安全创建的质量，扩大覆盖面，增加治安防范的科技含量，不断探索和深化各种形式的基层安全创建活动；要深入扎实地开展创建安全文明铁道线、平安大道、安全文明校园、无毒社区和企业地方共建安全社区等工作，巩固和扩大基层安全创建成果。

——切实加强对流动人口的管理。各级党委、政府要加强领导，公安、人事、劳动和社会保障、民政、教育、卫生、计划生育、房屋管理和共青团、妇联等部门和单位，要加强协作配合，把管理、教育、服务紧密结合起来，引导人口有序流动，保护流动人口的合法权益，预防和控制违法犯罪。人口流出、流入地要密切配合，互通信息，提高劳动力的组织化程度，保证管理措施落实到位。社会各方面要本着“谁用工谁负责”、“谁出租谁负责”的原则，加强对出租房屋和流动人口其他落脚点的管理。要重点做好无合法证件、无固定住所和无正当生活来源的流浪乞讨人员的收容遣送工作。要克服“重收费轻管理”的错误倾向，建立健全流动人口管理体系。

——进一步加强对刑满释放、解除劳教人员的安置、帮教工作。监狱、劳动教养场所要提高教育、改造的质量。要加快信息管理系统建设，做好服刑、在教人员刑满释放、解除劳动教养时的衔接工作，做到不漏管、不失控，特别要重点做好有可能重新违法犯罪人员的防范管理工作；要广开刑满释放、解除劳教人员的就业渠道，动员社会各方面力量做好帮教工作，尽可能地减少重新违法犯罪。同时，要采取措施，做好管制、缓刑、假释以及保外就医人员的管理、教育和改造工作。

——加强法制和道德教育，进一步落实预防青少年违法犯罪的工作措施。按照依法治国和以德治国相结合的要求，加强普法工作，特别要加强对青少年的思想政治教育和法制、道德教育，使他们增强法制观念，有效地预防和减少违法犯罪。各级各类学校要开设法制、德育课程，落实计划、课时、教材、教师，改进教育的方式方法，增强针对性和实效性。要把家庭教育、学校教育与社会教育紧密结合起来，建立健全相互协作配合的工作机制，重点做好社会闲散青少年的管理和教育工作。要加强学校及周边地区治安环境的综合治理，加强青少年活动场所的建设与管理，查禁淫秽色情活动和各种非法出版物，消除黄赌毒等社会丑恶现象对青少年的不良影响，在全社会形成关心青少年健康成长、预防和减少违法犯罪的良好氛围。

三、加强基层基础建设，把社会治安综合治理各项措施落实到基层

乡镇(街道)的综合治理工作，是将社会治安综合治理各项措施落到实处的关键，是维护社会秩序和社会稳定的基础性工作。乡镇(街道)党委、政府的主要领导要强化政权意识，大力加强乡镇(街道)的社会治安综合治理工作。进一步加强乡镇(街道)综治委(办)建设，配齐、配强专职干部，确保这项工作有人抓、有人管。要帮助他们解决工作中遇到的困难和问题，充分发挥其协调各方、共同维护社会秩序和社会稳定的职能作用。要进一步加强基层公安派出所、人民法庭、司法所等政法基层组织建设，充分发挥他们在社会治安综合治理工作中的重要作用。搞好村(居)委会的综合治理工作，关键要

大力加强党支部和村(居)委会的领导班子建设。村(居)委会要有专人负责社会治安综合治理工作，充分发挥治保会、调解会在维护社会稳定中的重要作用。

要认真研究社会主义市场经济条件下加强社会治安群防群治的方式方法和途径。注意从实际出发，多渠道地筹集群防群治队伍建设所需的经费，除政府财政适当补贴以外，应根据“谁受益谁出资”“取之于民、用之于民”的原则，由受益单位和个人适当投入一定的人力、物力、财力，建立适应社会主义市场经济要求的群防群治经费保障机制。要建立多种形式的军警民联防队伍，充分发挥党员、团员、治保积极分子和离退休干部职工在维护社会治安方面的作用，协助专门机关维护社会治安。城市社区物业管理公司要发挥协助维护居民住宅区治安秩序的积极作用。保安服务公司要进一步加强规范管理，逐步推进保安服务专业化。公安机关要推行警务到社区的活动，努力实现“一区一警”，力争把更多的警力投入到社区治安防范和群防群治工作之中。

基层党政领导和政法、综治干部要切实改进工作作风，增强责任意识，狠抓落实，认真解决维护社会治安、社会稳定工作中存在的各种问题，确保社会治安综合治理各项措施进村入户，落实到人。

四、进一步健全和完善全社会齐抓共管的社会治安综合治理工作机制

经过多年的实践，社会治安综合治理工作已初步形成了党政统一领导，综治机构组织协调，各部门各方面各负其责、齐抓共管，广大人民群众积极参与的工作格局。要适应新的形势，进一步健全和完善这一工作格局。

各级社会治安综合治理委员会要积极协助同级党委、政府，协调各部门和社会各方面参与社会治安综合治理，不断推动工作的深入开展。要定期分析研究社会治安形势，针对本地区一个时期的突出治安问题作出部署；指导和监督各部门、各单位落实综合治理各项措施。各级社会治安综合治理委员会办公室要充分发挥职能作用，加强调查研究和督促检查，指导和协调各地区、各部门、各单位认真落实社会治安综合治理各项措施，不断强化齐抓共管的工作机制。

党政军各部门和各人民团体要各负其责，充分发挥职能作用，积极参与社会治安综合治理，主动承担起减少违法犯罪、维护社会治安和社会稳定的责任；认真抓好本系统的综合治理工作，加强内部人员的思想教育和各项安全防范工作，防止发生重大犯罪和重大治安问题，切实做到“管好自己的人，看好自己的门，办好自己的事”，将“谁主

管谁负责”的原则真正落到实处。

要针对社会治安的新特点，组织有关部门逐步建立和完善“打、防、控”一体化的工作机制，充分发挥现代科学技术在治安管理和防范中的作用，对社会治安实行动态管理，建立快速反应机制，加强对社会面的控制，堵塞违法犯罪漏洞，减少社会治安问题。

企事业单位包括非公有制经济组织在社会治安综合治理工作中，要按照“属地管理”的原则，自觉服从所在地党委、政府的统一领导，接受社会治安综合治理机构的指导、协调和监督，加强单位内部的治安管理和防范工作，防止违法犯罪案件的发生。同时，要积极参与所在地区的社会治安综合治理工作。

要加强综合治理的宣传和理论研究工作。广泛动员人民群众参与社会治安综合治理，建立起广大人民群众同违法犯罪分子作斗争的激励机制和社会保障机制，大力褒奖见义勇为的先进人物，弘扬社会正气。

加强社会治安综合治理工作必须与社会主义精神文明建设相结合，与党风廉政建设相结合，与加强社会主义民主法制建设、实施依法治国基本方略相结合。要不断完善综合治理的法律、法规，使社会治安综合治理工作进一步规范化、法制化。

五、严格执行责任制，确保社会治安综合治理各项措施的落实

严格执行责任制是将社会治安综合治理各项措施落到实处的重要保证。各级党委、政府要进一步健全和落实社会治安综合治理目标管理责任制、社会治安综合治理领导责任制和社会治安综合治理一票否决权制等各项制度。要建立健全落实责任制联席会议制度。要把各级党政领导干部抓社会治安综合治理工作的实绩，列为干部考核的重要内容，并把考核结果作为干部升降奖惩的重要依据，与晋职晋级、奖惩直接挂钩。各级党委组织部门在考察党政主要领导和分管治安工作的领导干部工作实绩时，须征求所在地区、部门社会治安综合治理领导机构的意见。要表彰奖励真抓实干、成效显著的地方、部门和单位及其领导干部，宣传他们的先进事迹和典型经验。

要严格执行领导责任查究制度，进一步加大对因领导干部工作不力而导致发生严重危害社会稳定和社会治安问题的地方、单位及部门进行领导责任查究的力度，坚决实施一票否决，追究有关领导的责任。各地区、各部门要层层抓落实，一级抓一级，切实将社会治安综合治理领导责任制落到实处。

参考文献

［1］ 张宝锋.现代城市社区治理结构研究［M］.北京：中国社会出版社，2006.

［2］ 张国庆.公共行政学［M］.北京：北京大学出版社，2007.

［3］ 毛寿龙.西方政府的治道变革［M］.北京：中国人民大学出版社，1998.

［4］ 俞可平.治理与善治［M］.北京：社会科学文献出版社，2000.

［5］ 国务院新闻办公室，中央文献研究室，中国外文局.习近平谈治国理政［M］.北京：外文出版社，2014.

［6］ 何增科.中国社会管理体制改革路线图［M］.北京：国家行政学院出版社，2009.

［7］ 俞可平.全球化：全球治理［M］.北京：社会科学文献出版社，2003.

［8］ 王伟光.恐怖主义·国家安全与反恐战略［M］.北京：时事出版社，2011.

［9］ 谢川豫.治安管理学概要［M］.北京：中国人民大学出版社，2016.

［10］ 谢勇，王燕飞.有组织犯罪研究［M］.北京：中国检察出版社，2005.

［11］ 卢建平.有组织犯罪比较研究［M］.北京：法律出版社，2004.

［12］ 贾凌，杨超.黑社会性质犯罪专项整理［M］.北京：中国人民公安大学出版社，2011.

［13］ 阎耀军.现代实证性社会预警［M］.北京：社会科学文献出版社，2005.

［14］ 范道津，陈伟珂.风险管理理论与工具［M］.天津：天津大学出版社，2009.

［15］ 薛澜，张强.危机管理［M］.北京：清华大学出版社，2003.

［16］ 郭太生.公共安全危机管理［M］.北京：中国人民公安大学出版社，2009（109）.

［17］ 郭济.政府应急管理实务［M］.北京：中共中央党校出版社，2004.

［18］ 熊一新，李健和.治安管理学概论［M］.北京：中国人民公安大学出版社，2004.

［19］ 王和，寿远景.浙江公安机关加强和创新社会管理的理论与实践［M］.北京：浙江工商大学出版社，2011.

［20］ 杨顺勇，王晶.会展风险管理［M］.北京：化学工业出版社，2013.

［21］［美］格罗弗·斯塔林.公共部门管理［M］.陈宪，等，译.上海：上海译文出版社，2003.

［22］［美］罗伯特·登哈特，珍妮特·登哈特.新公共服务：服务，而不是掌舵［M］.丁煌，译.北京：中国人民大学出版社，2010.

［23］［美］约翰·J.麦休尼斯.社会学（第14版）［M］.风笑天，译. 北京：中国人民大学出版社，2015.

［24］［美］詹姆斯·罗西姆.没有政府的治理［M］.张胜军，刘小林，等，译.南昌：江西人民出版社，2001.

［25］［英］安东尼·吉登斯.第三条道路：社会民主主义的复兴［M］.北京：北京大学出版社，2000.

［26］［德］乌尔里希·贝克.风险社会［M］.何博闻，译.北京：译林出版社，2004.

［27］ Barry Buzan.People，*States and Fear*［M］.Brighton：Harvester Whestsheaf，1983.

［28］ Wolfgang，Maesen，Thomese，Walker. *Social Quality*：*A Vision for Europe*［M］.The Hague：KluwerLaw International，2001.

［29］ 张瑜. 从社会管理走向社会治理：内涵、动力与路径分析［J］. 北方民族大学学报：哲学社会科学版，2015（4）：96–98.

［30］ 孙晓莉.西方国家政府社会治理的理念及其启示［J］.社会科学研究，2005（2）.

［31］［英］格里·斯托克.作为理论的治理：五个论点［J］.国际社会科学（中文版），1999（2）.

［32］ 胡联合，胡鞍钢，王磊.影响社会稳定的社会矛盾变化态势的实证分析［J］.社会科学战线，2006（4）.

［33］ 华乃强.社会治安综合治理概念源头考［J］.公安学刊，2009（3）.

［34］ 周义程.治理理论与我国第三部门的培育［J］.中共南京市委党校学报，

2003（3）.

［35］ 胡联合.准确把握恐怖主义的基本含义［J］.国际政治研究，2006（5）.

［36］ 李强.当前中国的四个利益群体［J］.学术界，2000（3）：5–19.

［37］ 寇丽平.突发事件中的谣言及其控制［J］.中国人民公安大学学报：社会科学版，2013（1）.

［38］ 杨立华，程诚，刘宏福.政府回应与网络群体性事件的解决［J］.北京师范大学学报：社会科学版，2017（2）.

［39］ 陈翠英.群体性事件根源及其化解、应对、处置对策［J］.安徽行政学院学报，2017（4）.

［40］ 韩敏.创新社会治理视角下我国群体性事件预防对策研究［J］.北京警察学院学报，2017（1）.

［41］ 何挺.论我国黑恶犯罪形势及“打黑除恶”工作［J］.中国人民公安大学学报，2005（3）.

［42］ 张建，胡云雄.关于黑恶势力有组织犯罪的刑法思考［J］.犯罪研究，2010（5）.

［43］ 陈兴良.关于黑社会性质犯罪的理性思考［J］.法学，2002（8）.

［44］ 黄立.有组织犯罪类型研究［J］.中国刑事法杂志，2000(6）.

［45］ 赵国玲，徐然.黑社会犯罪组织形成机制研究［J］.国家行政学院学报，2012（2）.

［46］ 康树华.农村封建宗族势力与黑恶势力的区别及防治对策［J］.公安学刊（浙江公安高等专科学校学报），2006（2）.

［47］ 张成，许宪隆，郭福亮.省际接合部民族因素群体性事件调查报告［J］.西南民族大学学报：人文社会科学版，2012（4）.

［48］ 李若菊.黑恶势力“社会组织化”的趋势及对策研究［J］.吉林公安高等专科学校学报，2011(5）.

［49］ 王金红.“两委矛盾”：经验分析与理论批评［J］.华中师范大学学报：人文社会科学版，2005（5）.

［50］ 崔亚东.从贵州瓮安“6·28”事件看打黑除恶斗争：关于贵州瓮安“6·28”事件的反思之三［J］.公安研究，2010（5）.

[51] 赵国玲，于小川. 澳门有组织犯罪研究 [J]. 人民检察，2011（6）.

[52] 金泽刚. 论惩治黑社会犯罪的刑事立法 [J]. 法学评论，1997（6）.

[53] 陈兴良. 关于黑社会性质犯罪的理性思考 [J]. 法学，2002（8）.

[54] 陈柏峰. 群众路线三十年（1978—2008）——以乡村治安工作为中心 [J]. 北大法律评论，2010（1）.

[55] 胡健. 民众安全感上升的深层思考 [J]. 公民导刊，2006（2）.

[56] 罗文进，王小锋. 安全感概念界定、形成过程和改善途径 [J]. 江苏警官学院学报，2004（5）.

[57] 柴艳茹. 黑社会性质犯罪侦查防范与控制：当前打黑除恶专项斗争面临的难题和对策 [J]. 政法学刊，2008（4）.

[58] 师索. 犯罪与风险研究论纲——风险社会视野下的犯罪治理 [J]. 中南大学学报：社会科学版，2011（6）.

[59] 刘宁宁. 意大利德国打击有组织犯罪的做法及其对我国打黑工作的启示 [J]. 公安研究，2012（2）.

[60] 靳高风，吴敏洁，赵文利. 个人极端暴力事件防控对策研究 [J]. 中国人民公安大学学报：社会科学版，2013（5）.

[61] 张小川，杨辉解. 我国个体极端犯罪的现状、特征及趋势 [J]. 中国刑警学院学报，2012（4）.

[62] 李国军. 论极端暴力犯罪案件现场处置中的警察第一响应者 [J]. 中国人民公安大学学报：社会科学版，2014（2）.

[63] 靳高风，李易尚，朱双洋. 当前我国校园个人极端暴力犯罪研究 [J]. 山东警察学院学报，2017（3）.

[64] 司鹄，贾文梅. 城市公共安全风险评估指标敏感性分析 [J]. 中国安全生产科学技术，2014（10）：11.

[65] 胡联合，胡鞍钢，王磊. 关于我国社会不稳定因素变化态势的实证分析 [J]. 探索，2007（6）：105-114.

[66] 宋林飞. 中国社会风险预警系统的设计与运行 [J]. 东南大学学报：哲学社会科学版，1999（1）：69-76.

[67] 范维澄，刘奕，翁文国. 公共安全科技的“三角形”框架与“4+ 1”方法学

[J].科技导报，2009（6）：3.

[68] 宋林飞.中国社会风险预警系统设计[J].人大复印报刊资料：社会学，2000（1）.

[69] 王二平.群体性事件的监测与预警研究[J].领导科学，2012（2）.

[70] 王俊秀.面对风险：公众安全感研究[J].社会，2008（4）.

[71] 张黎明，张晓新.美国公共安全危机管理卫生快速反应机制及SARS防治预警系统[J].中国医院管理，2003（7）.

[72] 宫志刚，周延东.行走在自由与秩序之间：构建治安实践运作中轴[J].中国人民公安大学学报，2015（1）.

[73] 伍先江.论流动人口服务管理创新[J].中国人民公安大学学报，2011（2）.

[74] 朱守科，朱来胜，刘海瑞.对加强社会治安防控体系建设的思考：以甘肃省为例[J].甘肃警察职业学院学报，2009（4）.

[75] 中国安全防范产品行业协会.加强公共安全视频监控建设联网应用 服务社会治安防控体系构建[J].中国安防，2015（15）.

[76] 郑列，王瑞山.社会转型时期治安防控体系的思考[J].犯罪研究，2005（5）.

[77] 伍先江.城市社区安全评估指标体系的构建：以北京市为例[J].中国人民公安大学学报，2009（4）.

[78] 伍先江.城市社区安全评估模型的构建：以北京市为例[J].中国人民公安大学学报，2009（6）.

[79] 安文元. 大连公安打造立体化社会治安防控体系保卫城市平安[N]. 大连晚报，2017-07-27.

[80] 廖永安，刘青.构建全民共建共享的社会矛盾纠纷多元化解机制[N].光明日报，2016-04-13.

[81] 周文彬.转型时期中国社会风险评估指标体系研究[D].武汉：华中师范大学，2007.

[82] 郑士立.有组织犯罪立法完善研究[D].重庆：西南政法大学，2014.

[83] 刘克军.中小学校园极端暴力袭击事件应急防控问题研究[D].长沙：湖南大学，2012.

［84］ 闫平，蔡拥军.社会治安防控体系建设系列报道（之三）［EB/OL］.［2015-09-22］.http：//szb.dlxww.com/dlrb/html/2015-09/22/content_1198424.htm?div=-1.

［85］ 白云飞.立体化社会治安防控体系打造平安大连.［EB/OL］.［2016-01-11］.http：//www.dldj.gov.cn/show.aspx?id=91474&cid=118.

［86］ 广州："城市之眼"助力大数据时代社会治安防控［EB/OL］.［2017-05-10］.http：//www.chinapeace.gov.cn/2017-05/10/content_11408755.htm.

后 记

《国家突发公共事件总体应急预案》将突发公共事件分为四类：自然灾害、事故灾难、公共卫生事件和社会安全事件。其中，社会安全事件主要包括恐怖袭击事件、经济安全事件和涉外突发事件等。而在实践中一般将重大刑事案件、恐怖袭击事件、涉外突发事件、经济安全事件、群体性事件、民族宗教事件等事件都归于社会安全事件的范围。在我国的公共安全体系中，社会安全是与防灾减灾、生产安全、公共卫生安全并列的，以维护社会秩序和社会稳定为主要内容的更为具体的一种安全范畴。在突发事件分类中，社会安全事件是极为特殊的一类，由于此类事件表现形式多样、涉及因素复杂，又与其他几类事件存在一定的关联性，因此，自然灾害、事故灾难、公共卫生事件的发生都可能会成为社会安全事件爆发的导火索。

习近平总书记在中央国家安全委员会第一次会议上强调，要准确把握国家安全形势变化新特点新趋势，坚持总体国家安全观，走出一条中国特色国家安全道路，要构建集政治安全、国土安全、军事安全、经济安全、文化安全、社会安全、科技安全、信息安全、生态安全、资源安全、核安全等于一体的国家安全体系。国安才能国治，治国必先治安。社会安全作为总体国家安全观的基本保障，成为公共安全治理中的重要内容。

本书作为《公共安全治理新格局》丛书中针对社会安全治理领域的研究和探索，最初是执行主编在对公共安全治理全方位思考的基础上提出的。经过与执行主编的多次沟通，中国人民公安大学治安学院组成了专门的研究团队，由寇丽平教授、张小兵教授和伍先江教授牵头对书稿提纲进行多次研讨，根据丛书的总体要求和社会安全治理的特点，形成了最初的框架。为保证本书能够体现社会安全治理方面的最新研究和实践，为各地的社会安全治理提供有益的借鉴，研究团队根据各自的研究专长进行了分工：绪论由寇丽平、周延东、伍先江、孙静撰写，第一章由于小川、寇丽平、周延东撰写，第二章由张小兵、刘艺、于小川、孙静撰写，第三章由王建新、刘艺撰写，第四章由王建新撰写，第五章由寇丽平、张翠梅撰写，第六章由于小川、王建新撰写，第七章由张小兵撰写。

本书是研究团队对社会安全治理新格局相关问题不断思考和提炼的过程。在写作的过程中，一方面，从中国人民公安大学治安学专业“治安管理学”“公共安全危机管理”“社会治安防控”等课程的教学中获得了丰富的资源；另一方面，也得到了首都社会安全研究基地的大力支持。

衷心感谢丛书主编的信任。在撰写和出版过程中，执行主编多次参加书稿研讨并提出很多宝贵意见，国家行政学院出版社为书稿的完善提供了热诚帮助，在此一并致谢。

社会安全治理的研究和实践任重道远，由于作者水平有限，书中错误之处在所难免，敬请批评指正。